"十四五"大学生创新创业规划教材

互联网产品运营教程
（第二版）

苏 博 陈 媛 苏元粉 编著

中国铁道出版社有限公司
CHINA RAILWAY PUBLISHING HOUSE CO., LTD.

内 容 简 介

本书根据“互联网 +”时代的社会经济发展需要和教育部部署推动的大学生互联网 + 创新创业教育、新文科教育的目标编写而成。全书共分三篇，分别是：基础理论篇，主要阐述互联网运营“是什么”；方法工具篇，主要阐述互联网运营“怎么做”；实践应用篇，主要通过案例和实训展示理论方法“如何用”。

本书适合作为高等院校市场营销、广告、电子商务、数字媒体等新文科相关专业或大学生创新创业教育课程的教材，也可作为大学图书馆“互联网 +”普及系列的馆藏图书，还可作为专业基础、行业经历“双空白”并希望转型从事互联网产品运营工作的初学人员的入门书籍和参考工具书。

图书在版编目（CIP）数据

互联网产品运营教程 / 苏博，陈媛，苏元粉编著 . —2 版 . —北京：中国铁道出版社有限公司，2021.1（2022.8 重印）
“十四五”大学生创新创业规划教材
ISBN 978-7-113-27398-9

Ⅰ. ①互… Ⅱ. ①苏… ②陈… ③苏… Ⅲ. ①电子商务－商业经营－高等学校－教材 Ⅳ. ① F713.365.2

中国版本图书馆 CIP 数据核字（2020）第 221449 号

书　　名：互联网产品运营教程
作　　者：苏　博　陈　媛　苏元粉

策　　划：汪　敏　　编辑部电话：（010）51873628
责任编辑：汪　敏　许　璐
封面设计：王镜夷
封面制作：刘　颖
责任校对：张玉华
责任印制：樊启鹏

出版发行：中国铁道出版社有限公司（100054，北京市西城区右安门西街 8 号）
网　　址：http://www.tdpress.com/51eds/
印　　刷：北京柏力行彩印有限公司
版　　次：2018 年 3 月第 1 版　2021 年 1 月第 2 版　2022 年 8 月第 3 次印刷
开　　本：787 mm×1 092 mm　1/16　印张：13　字数：304 千
书　　号：ISBN 978-7-113-27398-9
定　　价：39.80 元

第二版前言

《互联网产品运营教程》(第一版)出版发行已经有2年多的时间了，作为一本专门供专业基础、行业经营“双空白”人群入门互联网产品运营的基础教材，填补了互联网运营人才培养中缺乏一本“具有体系化、概论性、导引性而又不失思想性、方法论的学习材料”的空白，很荣幸地受到广大互联网运营初学者及一些开设互联网产品设计、运营和营销类课程的高校教师的欢迎，来自读者极为热情的好评反馈和鼓励，让我们备受鼓舞！

鉴于互联网运营始终是基于互联网技术条件而展开的，而互联网技术在这几年里又有了新元素、新动态和新趋势，为了能够及时吸纳当前互联网运营领域里的新鲜血液，让本书成为学习互联网运营的人们永不过时的必备的一本基础入门教材，我们决定在吸取行业新动态及参照前期读者使用反馈的基础上进行改版。

本次改版主要从3个方面展开：

第一，内容框架重新布局。为了使本书内容更加具有体系性，更能反映和适应互联网运营实践工作的实际需要，我们对第一版内容重新进行了谋篇布局，总体分成3篇，分别是：基础理论篇，主要阐述互联网运营是什么；方法工具篇，主要阐述互联网运营怎么做；实践应用篇，主要展示理论方法如何用。

第二，内容调整与完善。为了使得本书内容与当前互联网运营实践保持一致，我们对部分过时的内容进行了更新；补充了互联网运营发展的一些新动态、新趋势方面的内容，比如对于近两年热门的新媒体运营、社群运营等内容进行了适当的增补和加强；同时对一些内容进行了删减，比如第一版中互联网产品运营先导知识部分，考虑到这部分内容没法展开讲述，与其蜻蜓点水地试图面面俱到，不如直接缩减为一个学习的“引子”，只是言简意赅地提出一个方向，让读者自行通过额外的学习途径去深入学习。

第三，注重理实结合。互联网运营最终还是要为商业实践服务，为了加强本书所讲的基础理论和方法工具的实践应用，专门调整新增一章，展示互联网产品运营的实践案例，通过多个行业真实运营案例，分析拆解如何将互联网产品运营的方法论应用到具体的实践之中。以此让读者学习之后即能快速上手实战。

改版后，本书更加适合作为高等院校市场营销、广告、电子商务、数字媒体等新文科相关专业或大学生创新创业教育课程的教材，也可作为大学图书馆“互联网+”普及系列的馆藏书籍，还可作为专业基础、行业经历“双空白”并希望转型从事互联网产品运营工作的初学人员的入门书籍和参考工具书。

本书主要由苏博拟定大纲并负责最终的内容统筹和审定。其中，第1、2、6、8章由苏博撰写；第3、4章由陈媛撰写；第5、7章由苏元粉撰写。

同时，本书能够付梓出版，得益于多方的协力与襄助，为避免挂一漏万，恕不能一一列举。不管是第一版的读者还是出版社编辑、同事、好友、家人，在此一并表示深切感谢。

由于时间仓促，加之编者知识水平有限，书中难免存在疏漏与不妥之处，恳请广大读者继续批评、指正。读者可以关注微信公众号（搜索ID：NBisNO1或扫描下方二维码），获取本书配套资料及其他最新关于互联网运营的学习资源。

扫码关注

编　者

2020年10月

第一版前言

本书缘何而写

◎互联网产品运营人才紧缺

当前，社会已全面进入“互联网 +”时代，各种各样的互联网产品层出不穷。随着竞争日渐激烈，互联网产品的技术构成或功能模式已经到了同质化的阶段，决定互联网产品能否在竞争中脱颖而出的核心越来越依赖于运营，互联网产品的发展已经转向主要由运营驱动。所以，市场上对互联网产品运营人才的需求急剧上升。据 2017 年 11 月 27 日百度招聘实时搜索统计，目前市场企业在招的运营相关岗位需求量达 6 万多个。与运营相关人才稀缺形成鲜明对比的是，目前的高校尚无专门培养互联网产品运营人才的专业或课程。当前市场上的互联网产品运营人才培养主要依赖网络相关专业人才半路出家转行以及社会教育培训机构的短期培训。然而，培训重技能训练和工具使用，而互联网产品运营所需要的关于用户心理学知识及策划设计学原理等方面的底蕴，并不是靠短时间的耳提面命就能获得的。这是写作本书的原因之一：弥补互联网产品运营人才培养中存在的高校人才培养与社会企业用人需求的断层和脱节问题。

◎市面上缺一本适合零基础入门的互联网产品运营基础书籍

市面上关于互联网产品运营的学习资源十分有限，个别知名互联网产品运营从业者出版了一些书籍，但多是基于个人实践经历的案例和技巧汇编而成，适合具有一些从业经验的学习者使用，不适合没有任何实践经验的零基础学习者学习，很容易让他们陷入似是而非、知其然不知其所以然的境地。我们有责任为零基础的学习者专门开发一本互联网产品运营的入门基础性的学习书籍，从而去衔接社会上已有的学习材料。这是写作本书的原因之二：为有志于成为互联网产品运营人才的零基础学习者，创作一本互联网产品运营概论，奠定其从 0 到 1 的基础。

◎运营能力应是创新创业教育的重要培养目标

为适应“互联网 +”时代的社会发展，响应国家“大众创业，万众创新”的号召，教育部部署推动我国高校广泛开展大学生创新创业教育，而创新创业教育的重要目标之一是培养学生的用户经营思维和产品运营能力，因为任何成功的创新创业实践都是前期产品设计生产和后期产品经营运转的有机衔接过程。但目前绝大多数高校的创新创业教育都未纳入这部分内容，需要及时引起重视和予以补充。这是写作本书的原因之三：完善创新创业教育内容，培养学生创新创业实践所必需的用户经营思维和产品运营能力。

本书有何特色

首先，这是一本专门针对“专业基础、行业经历双空白”的零基础学习者的教材，在内容范围选择上力图系统全面但又点到为止，让读者建立互联网产品运营的内容和方法的基本框架;在内容体系架构上，采用“总括概论—方法工具—实践例举”总分渐进式架构，体现理论指导实践的学习行动逻辑；在写作手法上采用具体与抽象相融合的方式，既用概念定义阐释具体实例，又用具体实例例证概念定义。

其次，本书的作者团队曾就职于滴滴、美团、京东等知名互联网企业以及北京大学继续教育学院等颇具口碑的教育培训机构，既有在互联网企业从事互联网产品运营的实践经验，又有教育课程研发的从业经历，摆脱了从技术实践视角谋篇布局的局限，更多地站在基于对零基础学习者学习特点分析的基础上，以专业教学设计与课程开发理论为指导进行教材的设计和开发。

总之，所有努力都是为了使本书真正成为一本适合零基础学习者学习的互联网产品运营入门教材，这是本书的初衷，也是本书的特色。

本书主要内容

本书共分为 8 章，首先介绍了互联网产品运营的基本概念，然后介绍了互联网产品运营的先导基础知识，在此基础上详细阐述了互联网产品运营的基本逻辑、基本方法和工具，最后通过一个运营实例，将前面所学的方法、工具贯穿其中，并引导学习者自行独立按照本书所学，规划运营一个属于自己的微信公众号，实现将所学知识融会贯通。

可在本书中找到以下基本问题的答案：

◎互联网产品运营是在什么背景下产生的？

◎互联网产品运营的基本概念和基本工作内容是什么？

◎从事互联网产品运营需要哪些先导基础知识？

◎互联网产品运营的基本思维模型是什么？

◎互联网产品运营的方法和工具是什么？

◎一个真实的互联网产品是如何一步一步运营起来的？

本书适合谁

本书适合作为高等院校市场营销、广告、电子商务等相关专业或大学生创新创业教育课程的教材，也可作为大学图书馆“互联网＋”普及系列的馆藏书籍，还可作为“专业基础、行业经历双空白”但热爱并希望从事互联网产品运营工作人员的参考用书。

本书作者团队

本书作者经过对市场现有书籍的调研分析以及对零基础学习者学习特点的研讨分析，经多次研讨，由苏海海审定总体大纲。其中，第1、3、4、5、7章和综合实训演练由苏海海编写，第2、6章由陈媛编写，第8章由吕海波编写。本书成稿后总体由苏海海审校统稿，知名互联网教材开发从业者吕海波在选题策划、谋篇布局、校订出版过程中提出了宝贵的专业建议和意见，在此表示衷心的感谢。同时，感谢中国铁道出版社的编辑对本书的出版做出的努力。

由于时间仓促，编者知识水平有限，书中难免存在疏漏与不妥之处，恳请广大读者批评、指正。读者可以加入“互联网产品运营成长营”学习社群（QQ群：685179621，也可扫描下方二维码加入）和大家一起讨论学习、成长进步。

互联网产品运营成长营

编　者

2018年1月

目 录

基础理论篇

方法工具篇

实践应用篇

基础理论篇

本篇首先基于对“运营”之前世今生的梳理，对运营的基本概念及其先导基础知识进行了介绍。在此基础上，阐述了互联网产品运营的基本逻辑，包括运营的根本价值、过程本质、基本思维、基本模型以及运营的最新发展动态等。

第1章 互联网产品运营概述

在现代互联网公司，产品、开发、运营是行业中人们耳熟能详的 3 个名词，它们是指一个互联网公司中典型的 3 类工作岗位，也是指 3 种身份角色的职员。

其实，不仅是互联网公司，在互联网时代下的所有企业、公司业务运作过程中都或多或少地要利用互联网的手段来辅助自己的业务推广和发展。所以，几乎在所有企业中都离不开产品、开发、运营这 3 个角色。现在几乎所有公司都有自己的官方网站、官方微博、官方微信公众号以及其他新兴的新媒体账号，比如抖音、快手等。这些平台和渠道都需要互联网运营人员来维护和运转。对于运营人员来讲，其维护运作的网站以及微博、微信、抖音等账号，都可以被看作是一个产品，所以他们所做的工作称为互联网产品运营。

1.1 运营的诞生

那么，究竟什么是运营？为什么要运营？运营到底是做什么事情的？运营与其他岗位都有什么关联？接下来将回答这些问题。

1.1.1 从企业运营到互联网产品运营

运营一词并不是有了互联网之后才诞生的。在互联网诞生以前，运营这个词就已然存在于企业经营管理之中。随着互联网的不断发展，其越来越多地、普及性地渗透到社会生产生活的方方面面，于是诞生了互联网运营这个岗位，而且在现在的互联网语境中，运营也多指互联网运营或者至少是没法与互联网撇清关系的。

在早期的企业经营实践中，运营通常是属于管理范畴的词汇。现代社会，不断发展的生产力使得大量生产要素转移到商业、交通运输、房地产、通信、公共事业、保险、金融以及其他服务性行业和领域，传统的有形产品生产的概念已经不能反映和概括服务业所表现出来的生产形式。因此，随着服务业的兴起，生产的概念进一步扩展，逐步容纳了非制造的服务业领域，不仅包括了有形产品的制造，而且包括了无形服务的提供。西方学者把与工厂联系在一起的有形产品的生产称为 production 或 manufacturing，而将提供服务的活动称为 operations，即运营。

后来的趋势是将两者均称为运营。实际上，在现今的企业管理实践中，以“将提供服务和产品的活动”作为定义的运营依然适用，即指企业运营职能，包括企业运转过程中密切相关的一些活动，诸如预测、能力计划、进度安排、库存管理、质量管理、员工激励、设施选址等。所以，现在的公司中也都还有首席运营官（Chief Operating Officer，COO）、运营副总这样的职位。不难看出，这里所讲的运营的核心焦点是企业的运作过程，以确保顺利提供产品或服务。为了容易区分，我们把这里所讲的运营称为企业运营。

本书要探讨的运营是指互联网条件下的互联网产品运营，它是天生依赖于互联网的，也就是只有依附互联网之后，才会有互联网产品运营。在互联网企业或企业的互联网相关部门的工作语境中，人们所讲的运营指的就是互联网产品运营。在下文中如果没有特别说明，当提到“运营”或“互联网运营”时皆指互联网产品运营。

从本质上来说，互联网运营和传统运营都是围绕产品进行的，但是二者在运营的目的、理念、方法、手段、工作焦点等诸多方面都存在着差异，具体如表 1-1 所示。

表1-1　互联网运营与传统运营比较

比较维度	传统产品运营	互联网产品运营
运营目的/目标	保证产品生产顺畅、优质，便于交付销售	促进用户与产品加强关联
运营理念	以产品优品率为导向	以用户需求为导向
运营周期	以产品销售出去为终点	产品不死，运营不止
运营手段方法	传统媒介（电视、户外）广告、会展等	以互联网为基础的社交分享、口碑传播、病毒式扩散、互动参与等
运营关注焦点	流程	用户

1.1.2　互联网运营的诞生

1994 年 4 月，NCFC（The National Computing and Networking Facility of China，中国科学院于 1989 年承担的国家计委立项的“中关村教育与科研示范网络”）率先与美国 NSFNET（National Science Foundation Network，美国国家科学基金会资助建立的 Internet 主干网）直接互联，实现了中国与 Internet 全功能网络连接，标志着我国最早的国际互联网络诞生，由此拉开了我国互联网的发展大幕，发展至今已经有 20 多年的历史。

互联网产品运营岗位和角色的诞生，与互联网产品发展的历史步伐是紧密相连的。下面大致回顾一下中国互联网产品发展的主要历程，在此基础上观察互联网运营的诞生与发展的节点。

1. 运营诞生的背景

互联网产品的发展大致可以划分为以下 5 个阶段：

（1）互联网产品 1.0：信息通信

1987 年 9 月，CANET（Chinese Academic Network）在北京计算机应用技术研究所内正式建成中国第一个国际互联网电子邮件节点，并于 9 月 14 日发出了中国第一封电子邮件：“Across the Great Wall we can reach every corner in the world.（越过长城，走向世界）”，揭开了中国人使用互联网的序幕，如图 1-1 所示。

(Message # 50: 1532 bytes, KEEP, Forwarded)
Received: from unika1 by iraul1.germany.csnet id aa21216; 20 Sep 87 17:36 MET
Received: from Peking by unika1; Sun, 20 Sep 87 16:55 (MET dst)
Date: Mon, 14 Sep 87 21:07 China Time
From: Mail Administration for China <MAIL@ze1>
To: Zorn@germany, Rotert@germany, Wacker@germany, Finken@unika1
CC: lhl@parmesan.wisc.edu, farber@udel.edu,
jennings%irlean.bitnet@germany, cic%relay.cs.net@germany, Wang@ze1,
RZLI@ze1
Subject: First Electronic Mail from China to Germany

"Ueber die Grosse Mauer erreichen wie alle Ecken der Welt"
"Across the Great Wall we can reach every corner in the world"
Dies ist die erste ELECTRONIC MAIL, die von China aus ueber Rechnerkopplung
in die internationalen Wissenschaftsnetze geschickt wird.
This is the first ELECTRONIC MAIL supposed to be sent from China into the
international scientific networks via computer interconnection between
Beijing and Karlsruhe, West Germany (using CSNET/PMDF BS2000 Version).

University of Karlsruhe	Institute for Computer Application of
-Informatik Rechnerabteilung-	State Commission of Machine Industry
(IRA)	(ICA)
Prof. Werner Zorn	Prof. Wang Yuen Fung
Michael Finken	Dr. Li Cheng Chiung
Stefan Paulisch	Qiu Lei Nan
Michael Rotert	Ruan Ren Cheng
Gerhard Wacker	Wei Bao Xian
Hans Lackner	Zhu Jiang
	Zhao Li Hua

图1-1 中国第一封电子邮件

互联网的兴起，首先让世界进入信息互联的时代，信息从此不再需要快马加鞭，也不再需要电报加急，只需要一键触发，海量信息就可以比特流的形式迅速传遍大江南北。有了互联网，信息的传播效率得到大大提高。

（2）互联网产品 2.0：信息网站

1997 年，丁磊先生创办了网易；1998 年，搜狐、新浪、腾讯相继被创办。当时它们的主要产品就是信息网站，后来发展成为人尽皆知的“四大门户”，其网站标志如图 1-2 所示。四大门户网站的崛起，使得人们可以了解到各种各样的信息，开阔了视野，解决了获取海量信息的需求。但是，最初四大门户网站诞生时，人们只能单向地从网站获取信息，也就是说网站提供什么，用户就看什么。这样的网站称为 Web 1.0。

網易 NETEASE www·163·com 搜狐 SOHU.com sina 新浪 一切由你开始 腾讯

图1-2 四大门户

根据中国互联网络信息中心（China Internet Network Information Center，CNNIC）发布的第 44 次《中国互联网络发展状况统计报告》统计，截至 2019 年 6 月，我国的网站数量达 518 万个。

（3）互联网产品 3.0：论坛、博客

随着互联网的发展，人们已经远远不满足于只是通过互联网获取信息，还想参与给互联网上的信息做评论甚至上传、贡献信息，这就进入了人与互联网信息双向互动的阶段。这时的典型事件是，互联网上兴起了论坛和博客，知名的论坛像当时很火爆的天涯、猫扑网等，都允许用户发表自己的内容，也能评论别人发表的内容，相互产生互动和讨论。尤其是博客的诞生，把人们参与互联网信息交互的热情引向高潮，以博客为典型代表的互联网产品的诞生，标志着Web 2.0 时代的正式开启。自此，信息不再是从单一媒体机构而来，个人也可以将自己生产的信息借助互联网平台传播和影响别人。

（4）互联网产品 4.0：社交网络

Web 2.0 时代，实现了人和信息的联结与互动，互联网上的信息得到了极大丰富和爆炸性增长。但互联网的发展还远未止步，当博客方兴未艾的时候，一种叫 SNS（Social Networking Services，社会化网络服务）的互联网产品形态诞生了，以人人网（起初称为校内网）、开心网为典型代表，目前这两个网站已经在移动互联网大潮下渐渐衰落。SNS 产品的出现，标志着通过互联网实现了人与人联结和交互。一直到后来加上移动互联网技术的助力，社交网站已经发展到极为丰富的阶段，如专注熟人社交的微信、专营陌生人社交的陌陌、聚焦于职场社交的脉脉等，都成为颇具人气的社交网络产品。

（5）互联网产品 5.0：O2O、APP

移动互联网的兴起，让人们可以随时随地连接到网络中并彼此联系，互通有无。这时，互联网世界里诞生的典型产品是微博。微博无疑是一款颇具革命性意义的互联网产品，它让每个自然人既是接收信息的节点、也成了能够发布信息的节点。自此，人们步入了自媒体时代，各种原创消息都可以很方便地从不同角度发布、传播、汇聚。

以新浪微博（见图 1-3）为典型代表的微博的兴起，对社会的影响是十分深刻的。首先，它为每个人提供了一个用于平等表达的平台，人们可以暂时抛开年龄、身份、权力、阶层等，尽情地表达自己的所见所闻、所感所想，使人们有了空前的平等感和存在感。其次，它也成为引爆舆论场的聚集地，以及商家争相竞争的商战地，也成为官方察民情、听民意的有效通道。

正当微博热潮正酣时，以微信为代表的即时语音服务横空出世（见图 1-4），如今已直接发展成为新一代社交应用软件，几乎人人都离不开它，自拍、发朋友圈、微信支付已成为现代社会人们的基本应用方式。同时，人们基于移动 APP（支付宝、淘宝、美团外卖）还实现了随时随地购物支付、余额宝理财、缴纳水电生活费、订餐等，这标志着互联网产品已经发展到实现人与服务的联结与交互阶段，已融入人们生活服务的方方面面。

图1-3　新浪微博

图1-4　微信

值得一提的是，不论是微博还是即时交互应用软件，争相发力和爆发的基本支撑背景是移动终端（如智能手机、Pad、智能手表等）的空前普及和移动网络通信技术的跨越式发展。据中国互联网络信息中心的统计数据，截至 2019 年 6 月底，我国网民规模达到 8.54 亿，通过手机上网的网民规模达 8.47 亿，网民中使用手机上网的比例达到 99.1%，这意味着几乎所有网民都通过移动终端上网。

与此同时，随着 5G 通信的普及、移动终端的全民普及，使得人们都很轻松地无时无刻不通过互联网联系起来，成为互联网体系中的一个个节点，人们几乎时时都是在线状态，拿起手机就可以通过网络联系到一个想联系的人，如图 1–5 所示。

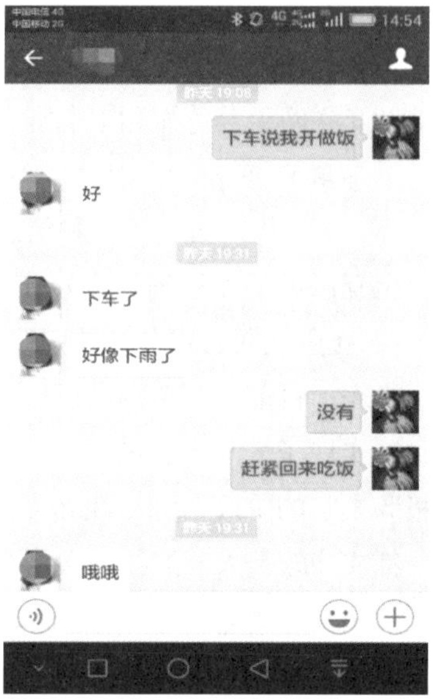

图1–5 沟通再也没有问“在吗”的烦恼

人们基于移动互联网实现实时在线，加之正在兴起的人工智能等高科技的支撑，互联网产品不断发展迭代着新形态，比如近年兴起的以算法推荐为特征的信息流产品以及短视频、直播产品（如今日头条、抖音、小红书等），让人与人、人与信息以及服务等的连接不仅更加立体、全面，而且算法还改变了以往在互联网上的“人找目标物”的模式，变成了“目标物找人”的智能模式。可以预见，互联网的功能会越来越全面和复杂，未来社会将会越来越呈现万物互联、人人参与的大融合特征。

2. 运营的诞生

以上大致梳理了中国互联网产品发展的阶段和代表性产品，目的是要考查互联网产品运营出现的节点和发展的脉络。下面将进一步揭示运营在互联网产品发展过程中诞生与发展的逻辑。

从前面对近 30 年来互联网产品在中国的发展历程的介绍中不难看出，互联网产品的发展经历了一个由简单到复杂、由个别到普及、由单一功能到几乎“全能”、由蓝海市场到红海市场的过程。

也就是说，一开始的互联网产品功能十分有限，制作技术比较简单，应用领域也比较狭窄，在人们日常生产和生活中发挥的作用也是有限的。后来，随着互联网技术的升级换代，人们对互联网的需求变得越来越丰富，依赖度越来越高，这驱使着各种各样的互联网产品被设计和开发出来供人们使用，由此也发展出了现在被人们津津乐道的“互联网 +”经济。而运营职位和角色的诞生，是和互联网产品的迭代发展历程密切相关的。

回顾互联网产品初步面世的 20 世纪 90 年代，互联网产品还是新鲜事物，主要是基于网络技术的发展特性而产生。像电子邮件这种简单的产品，主要就是实现通信的功能，这样的产品基本上由一个程序员就可以按照既有的技术予以开发实现。这时，程序员（即互联网技术开发人员）就可以胜任互联网产品的所有事情。

随着互联网技术的持续发展，互联网产品的功能越来越多，应用的场景也越来越丰富，比如后来产生的信息门户网站、BBS、搜索、即时通信软件（例如 QQ）。这些产品进一步丰富了互联网产品的功能和作用，也成就了像搜狐、百度、腾讯这样著名的互联网公司。它们都是从一个技术方向切入，打造了自己独特的互联网产品和服务，各个方向上的核心技术是这些公司的核心竞争力。随着时间的推移，人们对互联网产品的应用不断普及和深入，互联网产品的提供者越来越多，这时各家企业如果还是开发纯粹的技术功能性产品，毫无疑问就会陷入竞争的红海。

这样，互联网企业就需要用技术去开发适应和满足不同群体、不同需求的应用性产品，这时的互联网产品不再是以原生技术驱动的，而越来越需要依赖用户需求驱动，即用户存在某方面的问题，然后互联网从业者利用互联网技术开发一个产品去解决他的问题。于是，单纯靠掌握了互联网技术的程序人员这一种角色，已无法制造出符合用户需求的产品，为了顺应互联网发展的需求催生了一种新职位——产品经理。实践证明，了解市场需求并用适当的技术去满足这种需求，对企业而言是至关重要的。仅仅卖独立的产品实体已经不能满足用户的需求，那些能够把握用户需求并能围绕需求提供更多增值服务，能真正解决用户问题的企业必会越来越受到用户的青睐。而产品经理诞生的初衷就是把用户的需求了解分析清楚后，转化为产品开发需求提供给技术开发人员，技术开发人员据此再将产品开发实现。

互联网运营的诞生是互联网产品不断更新迭代发展之后的产物。随着互联网技术进一步的突飞猛进，竞争也越来越激烈。与互联网发展初期不同的是，互联网产品的竞争壁垒越来越不依赖于技术，因为技术已经到了标准化、可复制化很高的程度，今天甲公司能开发一个新闻网站，明天乙公司也能开发一个新闻网站。但现实是，同样技术功能甚至是同样“容颜”的产品，有的活下来发展得越来越壮大，有的却不见踪迹。这时，制造了这些佼佼者的竞争壁垒便是运营人员及其创造的诸如互动、氛围、关系这样的软性价值。这样，产品运营的职位便逐步被重视起来，拥有运营壁垒的产品才会有更大的生存空间。比如人们熟知的微信，从产品和技术上来说，复制一个同样功能的产品难度似乎不是特别高，然而想做成一个和微信同等影响力的应用软件，几乎是不可能的事情，哪怕是先抛开法律层面的约束，通过技术手段每天把微信里的用户都抓取过来开通账户也无济于事，因为 APP 的用户习惯以及氛围还有用户之间的关系链是难以复制的。

这样，驱动一个互联网产品从产生到发展的主要角色就由程序员、产品经理、产品运营三者共同构成。也就有了现在几乎每个互联网公司或者每个公司的互联网部门都可以听到被简称为产品、开发、运营的 3 个岗位和角色。运营虽然是三者中最后才诞生的，但却代表着未来，其作用越来越重要。甚至有人认为，未来互联网产品是运营驱动的时代，即运营决定成败。因为经过数十年的发展，整个互联网行业的产品能力普遍得到了提升。随之而来的就是，想要在产品模式或产品机制上创新，可能会变得越来越难，因为可创新的空间已经越来越狭窄。比如现在想做一个电子商城的产品，不管是注册还是下单购买，都只要去借鉴现有市场上已经很成熟的淘宝、京东或者唯品会，参考学习一下它们的做法就行了。在这种情况下，很多产品的体验和业务流程可能都会变得越来越同质化。但是，终归只有淘宝、京东等成了巨头活下来，这预示着运营在产品发展中的作用将越来越重要。

于是，运营就这样随着互联网的发展，在产品发展的繁盛时期诞生并不断被重视起来，现在几乎所有的企业都需要设置互联网运营团队。

1.2　运营的基本概念

在了解了运营的诞生过程之后，需要对运营做出一个明确的定义，以便于人们了解运营的全貌。

1.2.1 运营的定义及核心诉求

如果要给运营下一个定义该如何描述？运营作为互联网公司部门的一个岗位或职位角色，其核心的诉求是什么？

1. 运营的定义

目前，对互联网产品运营的定义有泛化形象的，也有具体严谨的。常见的对运营的定义有以下几种：

（1）产品生孩子，运营养孩子

这里的孩子其实指的就是具体的某一个产品。这个定义比较泛化，形象地指出了运营所处的阶段和位置以及需要担负的职能。类似的说法还有：产品把东西想出来；技术把东西弄出来；运营把东西用起来。

（2）运营为产品赋予了灵魂

这个定义指出了运营的玄妙之处，似乎只可意会不可言传，没有一定境界是难以参透其中的精髓的。

（3）一切围绕着网站产品进行的人工干预都叫运营

这基本是一个极为正确的定义，但却给人“放之四海皆准”的无奈感，对于一个初学者来说，还是不能领会其所指的具体内容。

（4）运营就是沟通用户和做活动

这个定义足够具体，但又比较浮于表象，只是列举了运营所做的主要工作，而且比较片面，还不足以概括互联网产品运营的全貌。

（5）百度百科中对互联网产品运营的定义

互联网产品运营要对用户群体进行有目的的组织和管理，增加用户黏性、用户贡献和用户忠诚度，有针对性地开展用户活动，增加用户积极性和参与度，并配合市场运营需要进行活动方案策划。

（6）互联网运营从业者对互联网产品运营的定义

产品运营就是基于互联网产品，以最低的预算、最优的路径、最高效的执行、最有效的手段吸引大批忠实用户，建立产品在市场上的竞争壁垒，并最终取得产品市场成功的过程。

以上关于互联网产品运营的定义，有的是从运营的价值出发，有的是从互联网运营的工作内容范畴出发，还有的是从运营的作用过程出发。每一个定义都是从一个角度对互联网产品运营所做的诠释。

总体来说，互联网产品运营还是新兴事物，正处于蓬勃发展过程之中，很难用一个清晰明了的定义为其下结论。但不论如何发展，对互联网产品运营进行定义都要把握住三个核心要素，即互联网产品运营的价值基点、作用对象、核心诉求。毫无疑问，产品是互联网产品运营存在的基本前提，也是其价值基点，没有产品及其附加的价值，运营就是空中楼阁；用户是互联网产品运营的作用对象，运营归根结底是同用户打交道并强化产品与用户之间的关系；互联网产品运营的核心诉求是基于产品价值体系实现用户价值最大化，从而驱动产品价值最大化。

按照上述关于互联网产品运营的 3 个核心要素，不妨对互联网产品运营做出如下定义：互联网产品运营是以产品为价值基点，吸引、激发、维系、服务用户，以实现用户和产品价值最大化的所有行为过程及驱动行为过程所需要的智慧性思想理念和策略方法的总和。通俗地讲，就是不断促使用户和产品的关系由陌生到知晓、理解，再到使用、依赖，以至友好共生的过程。

2. 运营的核心诉求

运营是为了驱动产品价值最大化，产品价值最大化的主要体现就是有更多的新用户认识和关注产品，有更多的用户频繁地使用产品，有更多的用户长期地依赖产品，有更多的用户乐意为产品付出（可以是金钱、时间、情感等）。所以，具体地讲，互联网产品运营的核心诉求可以分解为以下几方面：

（1）拉新

拉新就是不断为所运营的产品带来新用户。这是一个新产品发布上线后，首先要面临的问题，一个产品只有当有越来越多的用户需要它、使用它时，才算是真正有价值的产品，否则就如同僵尸，只是白白浪费资源而已。带来新用户的手段和途径可以是多种多样的，这要围绕具体产品形态和产品价值模式，去策划一系列行之有效的策略和行动，可以是制造一个具有传播性的话题和事件；可以是投放广告；可以是举办拉新体验活动；还可以是通过微博、微信、抖音进行新媒体传播等。

（2）促活

促活即“促进用户活跃”，通俗一点说，就是让产品的用户愿意更频繁、更主动地使用产品、喜欢产品乃至依赖产品。活跃的用户会经常登录使用产品、在产品平台中留言、评论，为网站、产品、平台创造价值，是真正有用的用户。例如，打开任何一个 QQ 群，都会发现在每个群成员名字前面标有“活跃”“吐槽”“冒泡”“潜水”等标签，相应表示从最活跃到最不活跃，这是根据每个人平常在群里面留言互动的频繁程度来打的标签。QQ 群里活跃的成员，通过多次的发言，可以保持整个群的气氛和热度，带动不活跃的成员加入讨论互动，这就是活跃用户的价值。促活的目标可以分为两大部分：让不活跃的用户变得活跃；让活跃的用户变得更加活跃以及持续活跃。

活跃用户可以根据使用的频率来定义，一周登录 / 使用多少次为周活跃用户、一个月登录 / 使用多少次为月活跃用户。根据产品的属性不同，其活跃的定义也是不同的。一般可以通过一些运营活动来促进用户的活跃，例如，下载注册产品、领奖品活动、登录攒积分活动、每日打卡活动等。像早年 QQ 推出的 QQ 等级，就是典型的促进用户活跃的手段，曾经有许多人每天登录 QQ 就是为了升级自己的等级，而现在 QQ 等级也代表了一个 QQ 使用者的地位——是新手还是老玩家的象征，如图 1-6 所示。

（3）留存

留存就是要通过各种运营手段确保用户被拉到产品上之后，能够持续愿意留下来使用你的产品，乃至长久依赖产品。具体来讲，就是指新增用户中经过一段时间后留下来的那部分，这个时间一般以日、周、月来计算。而留存率，就是留下来的用户数占当时新增总用户数的比率。

用户的留存至关重要，可以想象一下，通过一系列方式新增了数量可观的用户，最后却因为各种原因几乎全部流失，留存率低到接近 0。那么，之前所做的一切就是无用功。

图1-6 QQ等级

留存用户是和流失用户相对而言的，针对不同的产品，留存用户和流失用户的定义标准是不同的。作为运营人员，需要按照自己所运营的产品对留存的定义标准和要求，想方设法提高用户留存率。提升留存的方式同样是多种多样的，根本的宗旨是根据用户特点和需求，通过各种各样的方法和手段，提高产品对用户的吸引率。例如，让产品成为某个用户问题独一无二的完美解决方案的提供者，就是说产品对用户太有用了；让用户觉得产品能够使他长期有实惠可得等。

（4）转化

通过各种方式获取新用户、促进活跃度、提升留存率，这些只是互联网产品运营的表象诉求，更本质的诉求是通过聚集海量忠实用户，把这些用户服务好的同时，实现产品商业价值的转化，就是实现产品所属企业的营收，毕竟任何企业运营一款互联网产品的目的，都是为了实现盈利。

所以，转化就是促使用户为互联网产品实现营收而付出，可以是直接付出金钱，也可以是付出关注度、情感等。大体来说，互联网产品实现营收的方式大概有以下几种：

① 广告。当一款产品上聚集了大量用户之后，就可以吸引其他企业来投放广告。例如，在使用 QQ 聊天时，聊天窗口中就嵌入了其他企业的广告，如图 1-7 所示。决定广告能不能卖上高价的因素主要有：流量规模大小，即活跃用户是否足够多；流量是否可以根据用户特点精准投放。

② 增值服务。这是一种基础功能免费、增值服务收费的模式，即在普遍免费的产品功能之上，有一些更优质的功能或服务，是需要付费开通的。开通增值服务或功能后，可能意味着更长的可使用时间、更大的使用空间、更少的使用限制、更多的特权功能、更快的经验成长、更明显的特权标识等。例如，在使用优酷、QQ 视频等视频网站时，如果开通了会员，就可以获得“跳过不看广告、看一些最新的热门影视剧”等特权，如图 1-8 所示。

③ 电商。即直接向用户卖东西实现营收，这时考验运营的是如何让用户愿意花钱。常见的提高付费转化的方式有：限时优惠、消费满 X 元减 Y 元等。例如，当下比较流行的抖音、快手等短视频应用，只要你运营一个短视频账号，积累一定粉丝，就可以通过开通电商店铺或是直播实现卖货的目的，如图 1-9 所示。

图1-7　QQ聊天窗口中的广告

图1-8　优酷会员特权

图1-9　电商卖货举例

总而言之，拉新、促活、留存和最终的营收转化是互联网产品运营的核心诉求，究其本质就是让产品的价值在被广为用户接受的前提下获取盈利。但在实现这些核心诉求时，不可为了拉新而拉新，为了促活而促活，要始终牢记一个原则，就是所有这些核心诉求实现的前提条件是所运营的产品必须能够为用户提供针对性的、实实在在的价值。

1.2.2 运营的主要工作内容

明确了互联网产品运营的目标诉求之后，紧接着的一个问题就是，互联网运营人员是通过什么样的工作最终实现前文所述的核心诉求的？即互联网运营的主要工作内容是什么？乍一看，似乎有各种各样的方法和手段去实现拉新、促活、留存和转化，而且根据产品类别属性的不同、产品发展阶段的不同，那些方法和手段还都是动态发展和变化的。所以，运营的主要工作内容比较繁杂且细碎。但是，仔细分析不难发现，互联网产品运营的主要内容总体来说分为四大模块，即用户经营、内容建设、活动策划及数据分析。

1. 用户经营

从互联网产品运营的核心诉求不难看出，所谓的拉新、促活、留存和转化，都是围绕用户所做的行为和动作，用一句话总结，这一切都是在进行着用户经营的工作。与传统产品“开发功能—推广销售—售后结束”的运营模式不同的是，互联网产品赖以存在和发展的基础是不断吸引更多的用户使用，并尽可能地延长用户和产品之间关联的时间，用户越多、用户与产品的关联时间越长，则产品的价值就越大。因此，互联网产品运营的工作就是通过对用户的经营，获取更多的用户，争取用户更多的关注时间。

具体来说，用户经营的工作包括以下几方面：

（1）促进产品及产品信息触达目标用户

互联网经济时代的产品模式，不同于过去“企业生产什么，客户就买什么”的传统产品生产模式，那时更多的是卖方市场，而现在是买方市场，而且互联网产品和用户（而不是客户）的关系不是一次性买卖关系，而是长期的依赖共生关系。而互联网产品获取用户的第一步是要让用户先知道有这么一款产品可能能够为他所用。所以，互联网产品被投入运营之后，首先要做的就是广而告之，把产品及产品信息尽可能地推向目标用户的面前，这样才有可能引起目标用户的关注。

（2）获取用户对产品的关注

单纯地只是把产品及产品信息推至用户面前并不必然会引起用户的关注，这就需要根据产品信息投放的场景特点以及用户的行为特点，有针对性地设计产品信息展示的内容和形式，尽可能地引起目标用户的注意。用户只会关注和自己密切相关或者对自己有用、有益的东西，要想获取用户对产品的关注，需要仔细地研究用户，并将产品的功能卖点和用户的需求痛点有机结合，只有二者契合一致，产品才能引起广泛关注。

（3）教育用户认知产品

当用户对一个产品一知半解、不甚了解时，就想让其去使用是不现实的，因为对于陌生的事物人们总是有一种天然的抵触或惧怕心理。所以，当用户通过产品推广宣传语对产品产生兴趣，并开始关注一款产品时，就需要更进一步地向用户解释说明：产品的特性与特色，产品能够解决用户什么样的问题。这样用户才能更深入全面地认识该产品，然后再根据自己的实际情况决定是否要尝试体验或者使用该产品。

(4) 激励用户体验使用产品

用户只是通过看或听认识了解到的关于产品的信息，终归还是间接经验，要想让这种认识更加深刻，就需要鼓励用户亲自去尝试体验或应用产品，这样就能对产品的功能特性有一个直观的体验。这时候，运营人员就要通过各种各样的方式激励、促使用户迈出关键的一步，去亲自体验产品。

(5) 服务用户让用户依赖推荐产品

作为一个产品运营人员，并不希望用户对于其所运营的产品只是浅尝辄止，激励其体验使用产品的目的，是希望用户长期使用产品乃至依赖产品。这就要结合产品的功能体验以及用户的需求场景，无微不至地为用户做好精细化的服务，让用户在使用产品的过程中感到简单、高效、轻松、愉悦，通俗地说就是感觉很爽。这样用户才算真正变成了一个有用的用户，当一款产品拥有越来越多这样的用户之后，他们甚至也会自发地去推荐和带动他们身边的人也使用该产品。

就像当一些人觉得微信是一款很便捷的社交沟通工具时，就会推荐身边的亲戚、同事、朋友都去使用，于是就实现了用户的爆发性增长。

综上所述可以看出，对用户的经营并不是一蹴而就的，用户与产品的关系也是一个从陌生到知晓、理解，从熟悉到体验使用，从使用到依赖的发展过程。在这个过程中，运营人员要努力促使各个环节都能将结果最大化，即尽可能让更多的人发现产品、关注产品、使用产品、喜欢产品。

其实，对用户的经营是互联网产品运营工作的基本主线，所以，内容建设、活动策划和数据分析并不算严格意义上的与用户经营并列的工作，而是嵌入用户经营的过程中，都是为用户经营服务的工作。

2. 内容建设

在对互联网产品的用户进行经营的过程中，无论是产品向用户的触达还是教育用户认知产品，都需要通过内容信息资源作为载体和手段，来传递信息和促进理解。因为内容是承载和传递价值的基体，无论产品提供什么样的价值，都要通过内容来表征或表达。社交产品上的留言、问答产品上的问题和答案、阅读产品上的文章、电商产品上的商品信息，以及产品的推广宣传性信息，这些都属于内容。所以，内容建设是互联网产品运营重要的工作范畴。同时，内容建设也是为用户经营服务的，内容是用户经营的重要基础。

具体来说，内容建设的工作主要包括以下几方面：

(1) 内容的生产

内容的生产是解决内容的来源问题，即内容从哪里来、怎么产生出来。一般而言，内容要么由产品运营方自己原创，要么通过第三方获取，或者是通过产品的用户自己生产出来。内容的生产终归要为产品的用户经营服务，所以无论怎样产生的内容，都要以满足用户的需要为第一核心要务。

（2）内容的呈现

内容的呈现是解决内容的易读性问题，即内容是不是易读、有趣。同样的内容，以不同的样式或形态呈现出来，其效果是大不相同的，用户的接受度也是大不相同的。所以，内容的呈现方式，要根据不同用户群体的特性有针对性地进行设计。例如，如果内容的阅读对象是儿童，那么以卡通形式呈现就再适合不过了。

（3）内容的传播

内容的传播是解决内容的扩散问题，即内容是否能够被大范围地扩散，影响更多的人群。不仅内容的形态会影响内容的传播，内容的传播渠道也会影响内容的传播效果。所以，选择内容传播渠道时，要充分了解内容的目标对象最主要聚集在哪些渠道，目标用户在哪里，传播渠道就选哪里。

同时还要考虑，内容形态与渠道特点的匹配，不同的渠道适合的内容呈现形式是不一样的，比如地铁隧道的宣传海报的内容形式就要简洁明了，并且字大图简，在列车高速行进过程中，人们是没法看太复杂的图像或是太多的文字的。

3. 活动策划

正如“货币流通起来才能产生价值”一样，附着产品价值的内容，也只有流动起来，其使用价值才能真正显现和放大。所以，静止的内容是没办法传递价值的。那如何才能让产品相关内容流动起来呢？这就要靠活动。活动是驱动附着在内容中的价值流动的适应性机制，在活动中通过一定的流程步骤和方法策略，可以驱使表示产品的价值的信息得以传递和扩散。产品的价值信息只有不断得以传递和扩散，才能更好、更广泛地服务于用户。因此，在互联网产品用户经营的过程中，需要策划各式各样的活动。具体来说，运营人员要完成前文所说的拉新、促活、留存和转化的具体指标，就要策划各种形式的活动来达成。所以，活动策划也是嵌在用户经营过程中的，是经营用户的重要手段。

具体来说，活动策划主要包括以下几方面的工作：

（1）确定活动目的和目标

准备策划组织一个活动，要明确活动要达到什么目的，具体有什么目标。明确目标是活动策划的起始点也是落脚点，活动的最终效果也要用活动目标来对照评估。

（2）设计活动策略

有了目标就要从目标出发，综合当下所拥有的人、财、物等资源情况，设计活动的策略，即确定举办什么主题、类型、多大规模的活动，如何让活动有趣、有吸引力，让更多的用户很容易地参与进来。活动的策划往往追求的是以巧妙的策略和最小的代价实现最大的效果。

（3）制定活动流程步骤

活动的策略和大体思路框架确定之后，就要按照已确定的思路具体展开制定活动的执行细节，包括流程步骤、时间节点、具体物料需求以及责任分工等。

（4）活动执行监控

活动的一切准备就绪后，活动正式开始实施，这时需要对活动执行过程进行实时监控，根据实际活动进展情况适时调整活动策略和步骤，以确保活动向着既定目标更好地进行。

（5）活动效果分析

活动结束之后，要对活动进行效果分析，将活动实际取得的结果与活动起初制定的目标进行对比，看看是超预期完成了目标还是刚刚完成目标或者距离目标很远。通过对活动的执行过程进行复盘，看看哪些环节做得好，哪些环节还可以改进。通过对活动效果的分析和活动过程的复盘，可以总结经验，掌握规律，以便于下次活动的策划和组织。

4. 数据分析

不论是做用户经营还是做内容建设和活动策划，开始前都需要有一个“做什么”“如何做”的依据，结束后也需要一种度量“做得怎么样”的手段。而基于数据分析的结果，就是这个决策的依据和度量的手段。

在互联网条件下，所有的事物都可以被数字化并被标记下来，所有的痕迹和过程也都能够被跟踪和记录下来，这些被记录下来的对象称为数据。丰富而全面的数据为我们决定“做什么、怎么做”提供了有力的依据，也为我们评估“做得怎么样”提供了明确的度量。例如，在内容运营过程中，通过内容的阅读量、点赞率、评论率等数据，可以判断内容的受欢迎程度；在活动运营过程中，通过活动参与人数、好评率等数据，可以评估活动的效果。

所以，数据分析是贯穿在互联网运营全过程之中的暗线工作，是支撑用户经营、内容建设和活动策划的基础性工作，所有运营行为和动作的决策和衡量都需要让数据来背书和支撑。

与此同时，随着大数据技术的发展和应用，数据及数据分析的价值还在不断增大，数据分析不仅作为支撑辅助的基础性工作，而且越来越多地走向前台成为牵引运营、驱动运营的核心因素。因此，数据分析成为从事互联网运营的核心工作内容之一。

具体来说，数据分析的工作主要包括以下几个方面：

（1）确定数据指标体系

分析数据的首要问题是“分析什么数据、分析哪些数据”，针对不同的运营目标、运营对象以及运营手段等，需要关注和分析的数据是不同的，这就需要在一开始就规划好运营数据体系，包括数据类型、数据具体纬度和指标等。同时，明确的数据指标体系也是下一步数据采集的基础。

（2）获取数据

确定了分析哪些数据，那需要真正开始数据分析，还有一个条件就是得有符合数据指标体系规划的真实数据量，没有数据就像巧妇没有米一样，数据分析就无从做起了。

所以，数据指标体系确定之后，需要做的工作就是考虑如何获取符合要求的数据，即数据的采集。是人工采集数据还是自动化采集数据？是随机采集数据还是采集全量数据？这些都是获取数据阶段要考虑的问题。

（3）数据分析与应用

有了数据目标且有了真实可用的数据量，就要对数据进行分析和应用，使其真正发挥价值。

在这一阶段，主要就是考虑怎么分析数据，用什么分析模型和工具来分析数据，分析出来的结果怎么更好地呈现让人更容易理解。还有就是结合具体的业务场景，从分析出的数据结果中能发现什么规律、洞见，能为下一步行动提供什么经验或教训。

总而言之，互联网产品运营的主要工作内容概括来看，主要包括用户经营、内容建设、活动策划和数据分析四个模块，从四者关系的角度看，可以用“一二一”的框架来形容互联网产品运营的主要工作内容，用户经营是互联网产品运营最根本的“一个中心”，内容建设和活动策划是互联网产品运营的“两个支柱”，数据分析是互联网产品运营最底层的“一个根基”。数据分析是支撑用户经营、内容建设、活动策划的根基，内容建设和活动策划这“两个支柱”是促进用户经营这“一个中心”的重要抓手和杠杆，正是有数据分析这“一个根基”的支撑以及内容建设和活动策划这“两个支柱”的撬动，才使得用户经营这“一个中心”不断向纵深和长远前进。“一二一”运营工作框架可以表示为图1-10所示的模型。

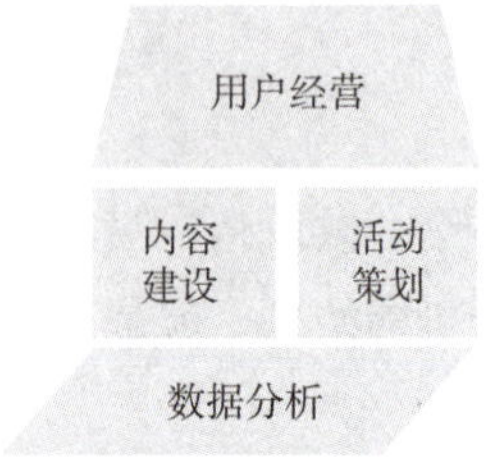

图1-10　运营工作框架

1.2.3　运营的分类

在对互联网产品运营的定义、运营所要达成的目标诉求以及运营的主要工作内容有了比较清晰的认识之后，接下来介绍运营的分类。通过了解运营的分类，有助于帮助人们更加深入地了解互联网产品运营工作的全貌。实际上，从用人单位招聘运营人员的岗位来看，运营的分类非常细碎和繁杂，所以，对运营进行分类首先要确定分类的维度，从不同的维度出发，可以把运营分成不同的类型，如表1-2所示。

表1-2　运营的分类

分类维度	具体分类	说　明
运营构成要素	内容运营、活动运营、用户运营、数据运营	这就是按互联网运营的“一二一”构架分类
运营依赖的媒介/渠道	新媒体运营（微信、微博、今日头条、QQ、百家号、抖音、快手等）、社群运营、社区运营、应用商店运营等	只要互联网驱动的媒介渠道和渠道形态不断更新，就会相应衍生出专门依赖新媒介渠道的运营
运营对象形态	APP运营、网站运营、游戏运营、电商运营、短视频运营等	只要有新的相对独立流行的产品形态，就会衍生出专门针对该产品形态的运营
运营侧重范畴	品牌运营、产品运营、商务运营、类目运营、渠道运营等	主要强调侧重点

不论互联网运营的分类是怎样的，其最终目的都是为产品服务，其核心诉求和基本工作内容都摆脱不了前文对运营的定义和分析。

1.2.4　运营的特点

单从理论层面看，互联网产品运营的主要目标和工作内容清晰而明确，但从实践层面来说，互联网产品运营的工作具有以下特点，在从事相关工作之前，要有清晰的认识。

1. 繁杂性

运营工作具有繁杂性的特点。在运营实践中有一种说法是：运营就是“打杂”的。的确，互联网产品运营工作虽然大的目标指向和框架路径比较清晰，但真正去做具体的运营工作时就会发现，运营需要做的工作纷繁复杂，绝不会有标准的操作流程供人们一板一眼地去执行，而是涉及方方面面的非标准化的工作，这些工作都需要充分根据现时现地的实际情况调动主观能动性去驱动。即便是同类型的工作，下次做和这次做的方法和过程也可能大相径庭。所以，"杂"是运营工作的一个典型特征，其实质是运营是目标导向的策略生成过程，讲求的是"条条大道通罗马"。

2. 细致性

细致是做好互联网运营工作的基本功。要做好运营工作，必须在细微处见真招。虽然运营工作繁杂多变，但要真正达到理想的运营目标，必须做好每一个细节，进行精细化的设计和打磨，这样才能打动用户，从而将其引向既定的目标。同时，运营工作终归是要拉近用户和产品的关联关系，是要跟用户打交道的。用户是具有各种思想和欲求的生命体，要想调动他们与所运营的产品协调一致，还必须从细微处敏锐洞察用户心理，从而有针对性地设计运营策略，撬动用户参与到产品中。

3. 巧妙性

巧妙性是互联网运营追求的最高境界。虽然运营是细碎杂乱的，但恰恰是运营工作的繁杂性和细碎性要求运营者要会用巧劲，要善于设计"四两拨千斤"的策略来达成目标。真正的高级运营者，主要是善于设计谋划，通过一系列巧妙的策略、方法，去达成一个很大的结果。就像 2014 年微信通过推出微信红包，迅速让成万上亿的用户开通了微信支付功能。实际上，微信红包功能并不复杂，开发该功能耗费的资源也十分有限，但它利用中国广泛的红包传统这一切入点，巧妙地使"微信支付"这个产品被海量的人接受和使用。

简单地说，互联网运营的主要特点总结起来就是"杂、细、巧"三个字。当真正从事互联网运营实践工作时，将会有更加切身的体悟。

1.3　运营的定位辨析

在实践中，运营的工作在操作上似乎很清晰，但又表现得包罗万象，好像跟各种工作或职能都能沾上边，比如运营与产品、运营与市场、运营与营销、运营与销售和售后等。

1.3.1　运营与产品的关联

从职责上来说，产品人员的职责是创造有价值的产品，将产品从 0 到 1 的设计规划出来，并且是以用户需求为驱动的、切实能为目标用户提供价值。而运营人员的职责是让产品能有效地发挥出它应有的价值，即让更多的用户了解关注产品、使用产品，乃至喜欢依赖产品。

从工作内容上来说，产品人员的职责决定了其工作主要围绕以下内容：确定产品的价值、贯彻实现产品的价值（即将价值有效体现在产品中），以及保持产品持续稳定提供价值。

运营人员的工作内容，在前文已经有过介绍，就是围绕"一二一"工作框架，让产品获得用户量，将产品的价值带给更多的用户、保证用户活跃度、实现营收转化。

由此可见，产品人员的工作重心赋予产品价值，而运营人员的工作重心是如何让产品发挥出价值。在具体工作中，这两类工作和角色相互协作，共同驱动产品价值最大化。在此过程中，二者也必然存在一些联系，主要是：产品人员需要根据运营人员收集到的用户需求对产品进行优化（当然产品人员也还有其他收集用户需求的方式）；运营人员需要根据产品人员对产品价值的定义来制定运营方案；产品人员与运营人员都需要深入了解用户——产品人员需要通过了解用户来确定产品价值，提升用户体验；运营人员需要通过了解用户来确定符合用户痛点的运营方案。

1.3.2 运营与其他用户相关工作的关联

前文提到，运营的核心任务是建立产品与用户的联系。实际上，还有很多其他岗位的工作也是与用户打交道的，比如：市场、营销、销售和售后等。那他们与运营又是什么关系呢？

实际上，市场、营销、销售、售后这些概念在互联网运营诞生之前就已经存在了，有着他们特定的含义和职能。下面简单做一些分析和介绍。

市场人员主要工作职责是宏观的品牌打造，其目的在于建立产品在潜在用户心目中的认知和形象，更多的是一种无差别的自上而下的活动。市场人员为了达到其目的，是需要充分利用各种媒体渠道做一些投放，或是开展一些市场活动。也就是说，市场品牌的建立是需要成本投入的，即“市场是花钱的”。

营销实际上是市场完成品牌建立动作后的动作，营销人员的主要职责是要将市场人员“教育”过的潜在用户变成意向用户，就是有意愿使用或购买你产品的用户。营销活动在目标方向上、动作选择上，都要比市场活动要求更细化和精准，只有这样才能更好地挖掘到尽可能多的意向用户。

销售的职责非常明确，就是促成营销发掘出来的意向用户实现成交关单，完成交易和收款。

售后顾名思义，就是负责在销售完成后对用户一系列问题的解决，比如产品的安装、使用问题的解决以及投诉建议的受理等。

综上所述，其实市场、营销、销售和售后，基本上就是一个分工协作的流水线工作方式和工作过程，这是在传统工业化时代流程化生产和分工协作背景下所形成的企业组织在产品推广环节的经营方式。

基本弄清上述几个概念的大意之后，再来看运营与它们的关联是什么。由于这里的运营指的是互联网产品运营，所以，运营这个概念是互联网产品形态诞生后产生的，它在工作范围边界上，实际上包含了上述市场、营销直到售后等产品流通整个环节的职责。也就是说，上述传统工业化时代的这些流程化的岗位及其职能，在互联网时代基本都可以用运营来概括。

但它们也有明显的不同之处，主要表现为两点：第一，很多互联网产品通常不以直接售卖为目的，而是有着其独有的商业变现模式，所以，在互联网产品运营中基本不存在销售的环节。第二，互联网运营更多强调的是通过一体化的整合性活动实现产品的推广，而不是像传统产业那样按照割裂的一个分工流程去完成产品销售。甚至于在互联网产品模式中，产品是基于运营的实时反馈而不断驱动产品的生产和迭代，即由需求前端驱动产品的设计和生产，这与“先有产品，再去卖”的传统模式是截然不同的。

1.4　运营的角色

运营的角色指运营工作的从业者。运营通常需要一个团队协同配合来完成，而一个运营团队由承担不同任务的岗位角色构成。

1.4.1　运营团队的角色构成

实际上，针对不同的产品，运营的侧重点和工作范围也是不同的，所以，这里所讲的运营团队的角色构成，主要是指从事互联网运营工作最基本的角色构成。不管是什么类型、什么形式的互联网产品的运营，最基本的工作内容主要还是围绕用户、内容活动和数据，所以一个运营团队的基本角色实际上就是按照其所要开展的工作内容而决定的。

与用户关系维护相关的角色主要有：客服、社群维护等，主要负责用户咨询、引导互动等工作；与内容相关的角色主要有：文案、美工、编辑等，主要负责内容的编辑生产、美化呈现等工作；与活动相关的角色主要有：策划、物料制备等，主要负责活动的策划和执行监控等工作。

除此之外，与运营工作内容紧密相连的角色，比如数据统计分析、运营传播网页制作、渠道投放等角色。

实际工作中，并不是一个角色就代表着一个岗位，多数情况下，尤其是在一些初创企业，往往都是一个人兼着多个角色，比如一个运营专员，既可以做文案，也可以设计海报，甚至还能制作简单的网页。

所以，只有在相对规模化的大企业里，运营团队才会有精细化的分工和角色。很多情况下，运营人员都是一人身兼数个角色，这也是运营工作具有“繁杂性”特点的原因。

1.4.2　运营从业者的能力要求

古人讲“术业有专攻”，既然互联网产品运营人员作为一个新兴的职业和工作方向，那么，对于其从业者的能力有什么样的要求？ 具体来说，一个合格的运营人员应该包括以下三方面的能力：通用素质能力、专业技术能力和思维认知能力。

1. 通用素质能力

通用素质能力主要是从事运营工作所要求的一些通用的基础素质，主要包括：

① 沟通的基本方法和技巧。

② 基本办公工具的操作与应用以及办公的方法和技能。

③ 协同协作的意识以及协作工具的应用技能。

④ 行业背景知识。

⑤ 学习提炼能力。

⑥ 敏锐洞察力。

⑦ 执行力。

2. 专业技术能力

专业技术能力主要是从事运营工作所必须掌握的专业性知识和技术，主要包括：

① 用户心理学的基本原理和方法应用能力。

② 产品规划的方法与知识。

③ 策划学基本知识与方法。

④ 内容生产、组织与呈现的知识与方法。

⑤ 项目管理的基本知识与方法。

3. 思维认知能力

思维认知能力主要是从事运营工作所必须养成的一些特有的思维认知自动化意识和习惯，主要包括：

① 认知工具的应用能力。

② 系统化建构思维能力。

③ 流程化分解思维能力。

④ 目标结果导向思维能力。

⑤ 数据化分析思维能力。

1.4.3 运营岗位的职业发展路径

如果从事运营工作，那么从业者的一个职业发展路径是怎样的呢？一般来说，一个运营人员的潜在职业发展路径如表 1-3 所示。

表1-3 运营人员的潜在职业发展路径

岗位职级	说　明	典型岗位
运营执行者	主要是按照固定工序执行重复性的操作等工作	编辑、数据统计专员、审校、质检等
专项践行者	在一个细分方向专职从事一项具体的相对具有固定流程的工作	文案专员、新媒体运营专员、渠道运营专员、社群运营专员、品牌运营专员等
专项规划者	在一个细分方向专职负责一项工作的整体引领与规划工作，并为该方向工作结果负责	文案经理、活动运营经理、新媒体运营经理等
运营体系搭建者	负责一个产品的整体运营具体策略体系规划、团队搭建等	运营总监
运营战略规划者	负责一个企业或一个项目的整体运营战略规划	COO（首席运营官）
企业/项目操盘者	负责操盘一个产品项目或一个企业	CEO（首席执行官）

由表 1-3 可以看出，互联网运营人员的成长通道清晰、前景明朗，只要具有一定的潜力，善于学习，一个运营人员就很容易成长成为一个企业首席经营者，也可以在“大众创业、万众创新”的新时代大潮中自己创业，成就自己。

1.5 运营所需要的先导基础知识

在简单阐明了“互联网产品运营是什么”这个问题之后，我们对互联网产品运营的概念、特点和工作内容等有了基本的了解和认知。接下来本应介绍“如何做互联网运营”，亦即如何进行用户经营、内容建设、活动策划及数据分析这一系列工作。

但实际上，要想掌握上述几个方向上的工作方法，还需要有一些先导基础知识做支撑，也就是说，要想真正成为一个能够不断精进的互联网运营人员，还必须有一些基础学科的底子。接下来简单介绍一下这些先导知识的领域范围，有兴趣的读者可以自行查找资料，补充相关知识，这将为你成为一个优秀的互联网运营人员奠定坚实的基础。

概括来讲，这些基础先导知识主要包括用户心理学基本知识、策划学基本知识、设计及美学基本知识以及统计学等基本知识。

1.5.1　用户心理学基本知识

互联网产品运营始终是围绕着加强用户与产品的关联度为主线的，运营的核心诉求概括起来是：拉新、留存、促活，如果再加上一点，就是营收转化实现盈利。从中不难发现，这几点都跟用户联系在一起。无论拉新、留存、促活，都是在讲用户，而盈利不用说也是出自于用户。

这就决定了谁能真的把握用户，谁能真正切实可行地为用户解决问题，谁才能最终获得用户的青睐。所以，一定要站在用户角度和视角上看问题。用户在关注、使用产品和消费的过程中会产生一系列复杂、微妙的心理活动，包括对商品、价格、服务等各种各样问题的一些想法。这些心理活动对用户是否决定付出（金钱、资源和情感）有着决定性的影响。因此，懂得重视和研究用户的心理活动是运营人员的必备基础知识之一，方便运营工作者根据不同的用户心理，制定出对应的运营方案。

总之，在互联网产品中有很多功能并不是从实用的角度设计的，而是为了达成运营目的，利用用户心理学原理、满足用户心理需要而设计的运营性功能。可见，精通用户心理学方面的知识，对做好互联网产品运营工作至关重要。

1.5.2　策划学基本知识

互联网运营工作看起来要做的工作无非是通过内容建设和活动策划，持续地经营好用户，核心诉求也无非是拉新、促活、留存和转化。但真正要做好这些工作达到既定目标，靠的是创意和策划。实现运营目标的途径和方法可能有很多种，而运营人员关键是要能建构出花最少资源和精力而实现最大化目标的方案，这就要用到策划学的知识和能力。

实际上，在互联网运营工作实践中，运营人员总是在绞尽脑汁地谋划着如何生产超乎用户预期的内容，如何最大范围地传递产品信息，如何最大限度地促进用户参与产品的生命周期，无时无刻不在谋划着、实践着各种各样的计划和实施方案。一般在运营实践中，常见的工种或者工作职能中与策划有关的有文案策划、活动策划、品牌策划、市场策划等。

完成这些岗位的工作，首先需要了解什么是策划以及策划的方法、流程以及经典的策划学模型等方面的知识。所以，互联网运营人员在掌握基本的用户心理需求之上，还要掌握策划学的基本知识，才能有效地通过各种创新性的方式和方法真正把运营做好。

1.5.3 设计及美学基本知识

在互联网运营实践的工作内容中，内容的生产和传播是传达产品信息从而吸引用户关注产品的重要手段，要想让内容更易于用户理解和接受，需要对内容的呈现形式进行精美的设计，这就需要用到设计及美学的一些基本知识。

前文提到，内容建设包括内容的生产、呈现、传播扩散等方面。内容的呈现设计就是要让内容表现形式美观、大方，让人愿意看、容易看。在运营实践过程中，经常需要将内容信息进行图形化、视觉化表现，例如，通过图表或者海报宣传图片的方式呈现内容，以便使内容更容易传播和被读者接受。要想合理地做到视觉化使内容呈现美观，就得先能够懂得什么样的东西是美观、美好的，什么样的是不美的，这其中的依据就涉及用美学相关的知识。所以，美学及视觉化设计的基本知识，也是一个互联网运营人员必须掌握的基础知识。

要创造美，首先要懂得美。自古以来，“爱美之心人皆有之”这种心态刺激了美学的发展，也构成了美学发展最基本的条件。随着社会的发展，美学已经从“直觉”“爱好”甚至“偏好”的原始形态中走了出来，演变成具有共性的审美标准、符合科学的视觉规律、大多数人能够接受的现代学科，通过学习了解美学的基本概念，可以让运营人员设计制作的内容信息呈现形态更加完美、更加具有竞争性。

美学是一门科学，具有其特定的内在逻辑和内涵。美学思想是人类审美实践和艺术实践发展到一定历史阶段的产物，是对人类审美实践和艺术实践的哲学概括。人类早期的美学思想散见于古代大量的文论、画论、书论、乐论及哲学、历史等著作中。这些不具备系统的理论体系的美学思想是美学产生的基础，但还不是作为独立学科的美学。美学作为一门社会科学，是在社会的物质生活与精神生活的基础上产生和发展起来的，主要是聚焦于研究美、美感、美的创造及美育规律。有了这些规律，就可以应用于实践，指导人们创造具有美感的事物。

就审美范畴本身来说，“美”一般指的是“优美”，是比较狭义的。而除了人们最熟悉的优美范畴之外，还有崇高、悲剧、喜剧、丑、滑稽、荒诞、怪诞等审美范畴。当然，审美范畴并不限于某门艺术，因此，对审美范畴的探讨，还是要和艺术学对艺术本体的探讨区别开。例如，“崇高”这个范畴，既可以出现在雕塑里，也可以出现在文学里。而这些审美范畴构成了一种美学原理学习的基本知识。

当然，在运营中所需要掌握的关于美的知识，并不用多么高深、复杂，也不需要纯粹地进行深层原理性的探讨。在互联网产品运营实践中提到的“美”，一般是指通过绘画、色彩和版面展示自然美感的要求，包括能够带来积极的、正面的、愉悦体验的要素及搭配组合体系。

简单地说，就是能够利用美学的基本原理、原则和规律，能够将宣传海报、网页页面、内容版面等设计得美观、漂亮，符合用户的审美习惯，以便于更好地传达产品信息。这主要要用到构图、色彩搭配相关的原理和方法。基于对美的追求而经过设计的信息展示效果和未经设计的信息展示效果，给用户的感受和体验是截然不同的，如图 1-11 所示。图中 A 区和 B 区展示的信息内容完全一致，但展现形式不同，A 区的信息自然排列，而 B 区的信息进行了粗略的版面设计，明显 B 区的信息更能给人带来整洁清晰、错落有致、主次分明等愉悦的感受。

A版式

1.对比效应。对比效应是指，当人们面对两样截然不同有差异的东西的时候，如果同时通过对比去呈现，人们感受到的差异要比分别呈现他们时实际的差异更明显。
2.互惠效应。在我们现实生活中，都有这样的感受，当我们欠别人一个人情的时候，我们总是想着要找机会予以补偿的。
3.从众效应。当我们在做决定的时候，我们常常会表现出这样一种倾向，就是去参考和自己相似的人是怎么做的，他们的行为对我们的决策具有非常大的影响。

B版式

1.对比效应

对比效应是指，当人们面对两样截然不同有差异的东西的时候，如果同时通过对比去呈现，人们感受到的差异要比分别呈现他们时实际的差异更明显。

2.互惠效应

在我们现实生活中，都有这样的感受，当我们欠别人一个人情的时候，我们总是想着要找机会予以补偿的。

3.从众效应

当我们在做决定的时候，我们常常会表现出这样一种倾向，就是去参考和自己相似的人是怎么做的，他们的行为对我们的决策具有非常大的影响。

图1-11　设计与非设计的信息版面对比

由此可见，互联网产品运营工作表面上看是一个入门门槛比较低的工种，但要真正做好互联网运营工作，要求从业者要具备综合的知识基础。除了前文讲的关于用户心理学、策划学以及设计及美学的基本知识，还需要掌握统计学、传播学、经济学、计算机网络科学等相关专业知识，这些领域的知识都是开展互联网产品运营活动的先导性知识。拥有上述知识的积淀，有利于充分理解互联网产品运营的本质，充分利用数据分析的结论，创造性地提出运营工作方案，顺利地开展运营工作，达到运营工作目标。由于篇幅所限，这里就不一一对这些先导知识进行介绍，读者可以自行对这方面的知识进行学习和积累。

思考与练习

1. 尝试概括叙述一下互联网运营的诞生过程。

2. 简述运营的定义及核心诉求。

3. 简述运营的“一二一”工作内容框架及其主要内容。

4. 比较“运营”与“产品”职能的联系与区别。

5. 查找用户心理学、策划学、设计及美学的相关资料，进行阅读学习和梳理，整理出一个学习汇报。

第2章　互联网产品运营的基本逻辑

通过前一章的学习，我们已经初步了解了什么是运营以及从事运营工作需要掌握的基础知识，接下来需要了解和掌握的问题就是“怎么做运营”。这个问题需要从两个层面去探索：一方面是在宏观层面了解互联网运营的基本思想和思维逻辑；另一方面是在具象层面掌握互联网运营的基本方法和工具。这样才能够以宏观思想指导具体实践，在实践中不断总结提炼，从而促进运营思想及方法的不断提升和进化。本章主要从宏观层面介绍互联网产品运营的基本逻辑。

2.1　运营的根本价值：驱动产品价值最大化

做任何一件事，都应该清楚一个前提——那就是为什么做？也就是说，做这件事的目的。意义和根本价值是什么？同样，在讨论如何具体开展互联网运营工作前，首先要明确互联网运营的根本价值是什么。要回答这个问题，再次回顾一下对互联网产品运营的定义：

互联网产品运营是以产品为价值基点，吸引、激发、维系、服务用户，以实现用户和产品价值最大化的所有行为过程及驱动行为过程所需要的智慧性思想理念和策略方法的总和。

从这个定义可知，驱动产品价值最大化是运营的根本目的，也是运营的根本价值所在。那什么又是产品价值最大化呢？通俗地讲，产品价值最大化主要包含三层意思：第一，运营要驱动产品运转起来；第二，运营要确保产品持续长久稳定地运转；第三，运营要促使产品运转效率处于具有竞争力的地位，即要让产品运转得高效、快捷。概括起来，就是运营要使产品转起来、持续转和转得快。

2.1.1　转起来

一款互联网产品被设计开发出来上线发布后，只有有了用户使用，才能真正叫运转起来。否则，没有用户使用的产品，根本就不能解决任何人的问题，也就产生不了价值，产生不了价值甚至都不能被称为产品。然而，一款互联网产品在初步上线后，并不会自动吸引大量用户去使用。因为新出的产品，目标用户还不知道、不了解它，更别提使用了。这时就需要运营发挥作用。

当一款新的互联网产品上线后，运营要使产品初步运转起来，需要做的工作就是让尽量大范围的目标用户了解产品的功能价值，体验产品的亮点特性，从而尝试去使用产品。具体来说，运营这时需要完成以下几项工作：

1. 产品信息设计

产品信息设计主要包括两个层面的工作：第一是拟定和撰写产品信息，包括产品是什么，有什么特色，能带给用户什么价值。第二是产品的宣传信息文案设计，即要从第一步汇集的产品信息基本内容中提取关键信息，按照用户特性和信息展示渠道特点，以用户看得懂、喜欢看的形式设计文案及展现形式。例如，王老吉凉茶的产品信息中关于其功效的介绍是：清凉祛火，清热解毒。但在面向用户宣传时，为了让用户有形象直观的理解，经设计后的产品宣传信息是：怕上火，喝王老吉！

所以，产品信息并不是平铺直叙地讲出来就好，而是要根据用户的特点和需求，结合产品的卖点，在产品信息的内容措辞和呈现形式上，都要进行精心设计，以求做到产品卖点与用户需求和买点的统一。

2. 产品信息推介

产品信息设计妥当之后，就需要将其推至用户面前，即触达用户。这就涉及推介渠道的选择以及推介形式的设计。首先，要明确所推介产品的人群是哪些，然后观察分析这些人群具有什么特点，经常在什么场合出现，那么渠道的选择就要确保能触达所出现的场景。例如，一款针对普通上班族的产品，对其的宣传推介渠道就可以选择公交、地铁广告，因为上班族绝大多数都要乘坐公交、地铁通勤。其次，针对不同渠道的信息，展现形式也是不同的，例如，地铁站人来人往，人们的停留时间很短，就适合巨幅的、信息简洁的海报宣传；而地铁车厢，人们停留时间较长，可以选择以视频广告的形式进行播放宣传；针对农民的产品，应当选择诸如田间地头这样的渠道进行宣传。

3. 产品价值咨询

当产品信息有效地触达用户引起用户兴趣之后，用户可能会有各种各样待解答的疑惑，这时运营需要及时为用户答疑解惑，并顺势引导用户深入了解产品能提供的价值，鼓励用户尝试体验产品，并做好产品操作使用流程和方法的指导与支持。

通过以上三方面的工作，吸引目标用户关注、体验和稳定顺畅地使用产品，初步达到使产品可以运转起来的目标，即建立其产品价值交付和应用的闭环，这是运营要发挥的第一个层面的价值。尤其要强调的是，在产品刚刚推出时，功能可能都不是很完善，只是一个初步具备核心价值闭环的处于探索性验证阶段的产品，这时产品体验并不是十分的完善和友好，尤其需要运营通过各种干预手段，克服产品初期存在的不足，引导和支持用户耐心体验产品的核心价值，跑通产品的价值交付和使用闭环。

2.1.2　持续转

让产品有人使用并使其初步运行运转起来，只是实现了运营的第一步。如果通过各种运营手段，使一些用户去尝试使用了产品，但是他们使用几次之后就不再使用或者干脆卸载退出产品，这个产品同样还是会运转不下去的。所以，运营更为关键的价值是实现产品持续地运转下去，即不但有越来越多的用户开始体验，尝试使用，还要有越来越多的用户愿意、乐于高频次、深度地使用产品解决其某方面的问题和需求。

实际上，实现产品“持续转”的前提就是要实现用户价值最大化，即产品能够真正解决用户的需求和问题，而且解决的效率高、用户使用的体验好，那么，用户就会持续使用甚至依赖产品。这样，产品也就会持续运转存活下去。具体来说，运营在这个阶段的工作主要包括以下几项：

1. 用户支持服务

用户支持服务主要包括对用户使用产品过程中的问题、困难进行实时解决，扫清用户使用产品的一切障碍，如使用流程、技术操作上的问题和疑惑，与产品相关的其他咨询等。例如，在电商类产品中，用户最为敏感的环节就是涉及金钱支付的部分，这时，如果出现一些故障或令用户担心的问题，必须通过相应的运营服务及时地给予用户释疑解惑，消除其疑虑。否则，很容易影响用户的情绪，进而对产品的使用价值产生负面评判。

也就是说，要确保产品能够得到良好运转，产品的价值能够持续为用户有效服务，需要搭建一个产品运转及价值交付的支持服务体系，确保用户能够顺畅、简便地使用产品所提供的服务。

2. 使用环境维护

使用环境维护主要是确保参与产品提供的价值以及营造的环境与目标用户的目标诉求是一致的，清理产品中可能涌现的干扰用户使用体验的无关内容和功能，打造一个纯粹一致、健康纯净和安全稳定的产品使用环境。例如，在一个新闻 APP 中，如果经常出现假新闻，将会使用户失去对产品的信任从而离开产品。所以，运营人员要通过相应的运营体系和机制，保证产品中的信息内容必须是符合产品定位的，不能允许违反法律、低俗或不健康内容出现；在产品功能上也要确保所有的功能点始终是围绕强化产品的核心价值而存在。例如，一个提供医疗咨询服务的 APP，如果出现销售殡葬产品的功能，将会迅速失去用户，使产品走向灭亡。

3. 产品迭代优化

运营人员在为用户提供支持服务和维护用户使用环境的过程，实际上就是观察、分析用户使用产品行为及与用户深度交互的过程。在这个过程中，运营人员是很容易获得“用户对产品哪些功能比较赞赏”“对哪些功能常常吐槽”这样的产品应用反馈数据的，通过对这些数据的精细分析和深度解读，可以得出产品的迭代优化方向和具体设计，从而持续地提升用户的使用体验。这样，用户才能持续不断地使用和依赖产品，确保产品能够持续运转。

通过以上三方面的工作，促使用户持续稳定地使用产品，实现用户价值最大化，这是运营要发挥的第二个层面的价值，也是十分重要的价值。因为只有实现了用户价值最大化，才有可能实现产品价值最大化的目标。

2.1.3 转得快

对于产品生产经营方来说，通过实现用户价值最大化从而实现产品价值最大化才是其终极目标，通俗地说，产品方最终也是要获得利益回报的。获得利益回报的前提是什么？那就是产品要提供独有的优于他人的价值，从而使其处于行业领先地位。要想提供优于竞品的价值，主要从两方面去体现：一是从效率方面入手，提升产品的服务效率，即比同类竞争性产品更快地提供服务；二是从品质方面，提升产品的服务质量，即提供别人没有的价值或者别人有的但我方更优的价值。这样才能确保产品处于领先地位，持续又好又快地发展下去。

具体来说，为了使所运营的产品处于领先地位，在这个层面上，运营人员需要做以下几方面的工作：

1. 深度挖掘用户潜在需求

所谓潜在需求，就是连用户自己也说不清楚的需求。根据互联网产品需求模型 KANO 的定义，用户的需求一般分为三个层次，分别是基本型需求、期望型需求和魅力型需求，如图 2-1 所示。

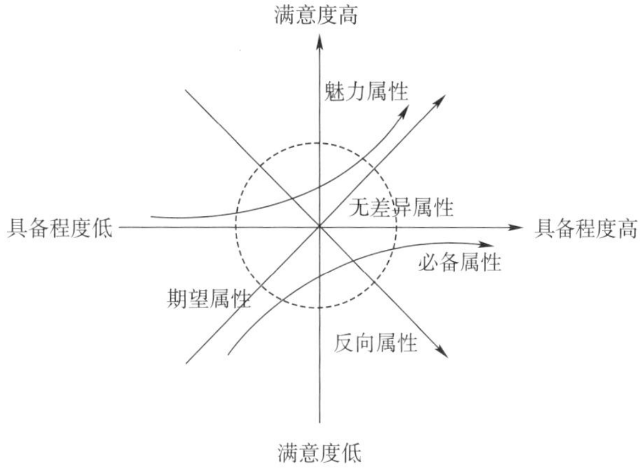

图 2-1　KANO模型

基本型需求是用户认为产品“必须有”的属性或功能。当其特性不充足（不满足用户需求）时，用户很不满意；当其特性充足（满足用户需求）时，用户也可能不会因而表现出满意。对于基本型需求，即使超过了用户的期望，但用户充其量达到满意，不会对此表现出更多的好感。不过只要稍有一些疏忽，未达到用户的期望，则用户满意度将一落千丈。对于用户而言，这些需求是必须满足的，理所当然的。

期望型需求要求提供的产品或服务比较优秀，但并不是“必须”的产品属性或服务行为，有些期望型需求连用户都不太清楚，但却是他们希望得到的。在市场调查中，用户谈论的通常是期望型需求，期望型需求在产品中实现得越多，用户就越满意；当没有满足这些需求时，用户就不满意。

魅力型需求要求提供给用户一些完全出乎意料的产品属性或服务行为，使用户产生惊喜。当产品提供了这类需求中的服务时，用户就会对产品非常满意，从而提高用户的忠诚度。当产品发展到这个境界时，实现回报即可顺理成章、水到渠成。

一般在正式上线发布时，基本型需求是必须具备的，也要集中满足用户某个方向的期望型需求。但魅力型需求，用户并不会直接告诉产品运营者，而是需要在运营过程中，结合运营数据分析以及与用户交互沟通过程中产生的对用户潜在需求的敏锐感知与洞察，靠运营人员不断深入挖掘。

2. 提升用户参与感

当用户成为产品设计和运营的一员时，就会产生一种主人翁情怀，会把产品当作自己的成果精心呵护，从而敞开心扉、建言献策。当一个产品聚集了某一个人自己的想法和贡献时，必然会使其有成就感，也必然会让他对该产品倍加呵护和爱惜，并积极向周围人推广和宣传。同时，作为用户的一分子，其对同类群体的需求把控和洞察更为贴切、精细，更有利于挖掘出满足用户的魅力型需求。

所以，在运营过程中，要善于发掘和培养用户中的积极分子和铁杆粉丝，为他们搭建参与产品设计和运营的机制和舞台，提升他们的参与感。我们熟知的小米手机，在产品上线和运营初期就采用了用户深度参与产品的运营模式，小米的用户每天在论坛上为产品提出成千上万的意见，并深度参与到产品迭代的讨论之中，如图 2-2 所示。就这样，造就了小米手机的成功。

图2-2 小米产品用户讨论论坛

综上所述，互联网产品运营的根本价值就是驱动产品价值最大化，具体分为 3 个由始至终的层次：驱动产品运转启动、持续运转以及领先发展。通俗概括地讲，就是让产品转起来、持续转以及转得快。这 3 个层次的价值，虽然有境界高低之分，但在具体工作过程中，并没有时间先后之分，在实际运营实践中，往往三者是交相融合、并行发生的。

2.2 运营的过程本质：实现用户群体粉丝化

在前面介绍什么是运营的时候，介绍过互联网产品运营“一二一”的工作内容框架，即用户经营是互联网产品运营的“一个中心”，内容建设和活动策划这“两个支柱”以及数据分析这“一个根基”都是为经营用户服务的。实际上，这个框架也反映了互联网运营的工作过程，就是围绕用户不断经营，使其成为所运营产品的粉丝级用户的过程。产品的常规用户通常只是理解产品，接受产品的使用价值，而一个粉丝级用户，则表示其不仅接受产品的使用价值，还相信产品所承载和传递的文化，愿意并希望了解产品一切相关信息，自觉维护产品的良好形象，并且深度参与到产品当中，以传播产品的理念、文化、价值观为己任。

概括起来，互联网运营的过程就是实现用户群体粉丝化的过程。具体而言，运营就是要促使用户从接触产品向了解认知产品、体验尝试产品、习惯使用产品过渡，最终转变成产品的忠实拥戴者和追随者，愿意为产品代言，通常这样的用户被称作粉丝。实际上，运营的一切介入和干预过程，都是围绕着用户的转化升级过程而展开的。

2.2.1 接触：恰如其分引围观

互联网产品用户经营的第一步就是触达用户，将所运营的产品以最恰当的方式曝光给用户，引起用户的注意和兴趣，从而使大量用户来关注产品。可以用“恰如其分引围观”来概括这个过程。

1. 了解用户

能够恰如其分地引起目标用户围观是建立在充分了解用户的前提基础之上的。只有了解了用户的行为习惯、性格特性、文化圈子、问题烦恼等属性之后，才能有针对性地设计产品推介信息、筛选触达用户的有效渠道。了解是建立在研究分析之上的，而实际上用户研究本身就是互联网产品运营的必修基本功。那么，具体需要研究了解用户的什么？具体来说，第一是研究用户的痛点，即用户迫切需要什么产品帮其解决问题；其次是研究用户的特征，即用户的年龄、性别、身高、体重等人口学特征以及相关联的心理特点、行为特点等；还有就是用户使用产品的场景研究，即在什么时间、什么空间、什么条件下，用户会用到该产品，用户使用的方式、程度、频率等是怎样的。

分析研究用户最常用的方式有两种：定性分析和定量分析。

（1）定性分析

定性分析主要是凭分析者的直觉、经验，凭分析用户过去和现在的延续状况及最新的信息资料，对分析用户的性质、特点、发展变化规律做出判断的一种方法，一般都是用文字语言来进行相关描述的。

在做用户定性分析时，主要通过两种方式：一种是间接方式，即分析者和其他熟悉目标用户或者与目标用户接触的人员协作获取用户信息；另一种是直接方式，即分析者直接与用户接触做用户访谈。例如，如果你是一家互联网公司的运营人员，可以和商务部门的同事协作来获取用户信息，因为商务部门每天都要接触用户，所以要想了解用户，和他们协作是一种不错的方式；也可以和用户面对面访谈，值得注意的是，在约用户访谈之前一定要明确访谈目的，并设计访谈提纲，这将有利于用户访谈环节的展开。

（2）定量分析

定量分析是通过大量样本、数据等客观证据对用户的特征、需求场景、目标、行为进行研究分析，主要是用具体数字进行描述，通过分析数据代表的意义，从而得出规律性结论。

通过定性与定量分析相结合的方法，详细了解用户的基本习性特点以及与所运营的产品相关的情况，例如，用户对产品的认知处于什么水平？用户对产品的核心诉求集中在哪些方面？

在此基础上，才能针锋相对、恰如其分地准备产品信息资料，有的放矢地去发掘和接触用户，吸引用户对产品的关注。

2. 发掘用户

向用户推介产品，首先要清楚用户经常出现在什么地方。所以，了解用户的目的就是为了更好地找到用户、接触用户，进而才有可能吸引用户。根据已经做的用户研究得出的用户特性，可以罗列出用户可能出现的渠道，并判断各个渠道上用户的规模和密度。毫无疑问，用户规模大、出现频率高的渠道，是优先进行产品信息推广的渠道。

例如，对于一些老年群体，就应该优选小区、公园这些渠道，进行针对这个群体的产品推广；对于知识分子、研究者这样的群体，就应该优先选择严肃的知识社区，进行针对他们的产品宣传。值得指出的是，虽然我们进行的是互联网产品的运营，但并不意味着所有的运营行为和过程都发生在互联网上。为了达到运营目标，只要是有效的手段，不管是属于线上还是线下都可以选择。

与此同时，还要考虑成本、效率等因素，综合考虑，选择效益最大化的用户触达渠道。有的渠道虽然用户集中度很高，但操作难度很高、资源投入很大，同样不是优选的方案。对于互联网运营人员来说，运营总是要花最小的代价，取得最大的效果。

3. 吸引用户

对用户的兴趣、习性有了充分的了解，并且甄选出优质的产品信息推介渠道之后，就可以以此为基础设计制定用户首次接触产品信息内容。用户首次接触产品的信息内容设计，必须有趣、言简意赅、一针见血，与用户习性和需求深度相关，才能引起用户的注意，达到引起众多目标用户围观产品的效果。

当用户初次接触到产品时会在心中为产品做简单的定性归类，是给谁用？干什么用的？有时还会产生某种感觉，如高档、优雅、实惠、便捷等（通常是我们传递的产品调性）。这些就构成了用户对产品的初步印象，也是在设计用户接触产品的信息内容时所要传递的信息。

通常可以从两方面去设计用户首次接触产品的信息内容：一个是侧重从用户角度设计；另一个是侧重从产品角度设计。前者重在突出产品代表了什么样的群体，后者重在强调产品是干什么用的。

（1）侧重用户属性

如果选择侧重从用户角度宣传产品，产品营销信息内容的设计就需要营造出产品所代表或满足的特定用户群体的实质利益或身份形象。例如，Vivo 手机代表了喜爱自拍的年轻女性群体；华为手机代表了商务男性群体；奢侈品代表了高端消费群体，是身份和地位的象征，所以很多奢侈品广告从来不强调产品功能，甚至一点都不提。

（2）侧重产品属性

侧重产品属性的角度去宣传产品时，产品营销信息内容的设计需要突出产品能为目标用户带来什么具体的价值，解决什么具体的问题。例如，王老吉最早通过“怕上火，喝王老吉”的推广信息内容，将自己定位成解决上火一族的痛苦的产品，获得了该群体的一致青睐；还有很多的功能型产品，如洗护产品海飞丝，主打去屑功能；招聘网站，主打招聘求职功能；360 安全卫士主打互联网安全防护功能。

那么，针对一款产品，究竟应该侧重从哪个方面设计接触用户的信息内容呢？具体要怎么选择，往往是要看这个产品是否具有社交属性，用户在使用产品时是否会展示在其他人面前。

例如，服装和手机，在生活中使用时经常会被他人看到，服装和手机的档次和审美也会从侧面解释使用者的身份，所以往往在营销时重点宣传这类产品的用户属性，告诉用户：只有你这样的人才配用“我”，让他们产生身份认同感。而洗护用品，往往是自己使用，如果不说，很少会有人知道你用的是什么产品，所以用户会更关心实际的功能和效果。类似的还有如袜子、皮带等，有些人可能一身名牌，皮带和袜子却是杂牌的，因为不展示，所以也就不讲究了。

以上便是常规的用户接触产品的信息内容设计方法，但是很多时候为了在宣传时给用户留下深刻的印象，也会打破常规，将用户属性和产品属性组合宣传，从而取得综合性效果。

2.2.2　了解：围观之中增了解

通过第一步触达用户的各种手段，成功引起用户围观产品之后，就要借此势头，进一步强化用户对产品的了解与认知，尽可能快速、全面地让用户理解产品对其的功效、利益和好处。这一过程可以用“围观之中增了解”来概括。

增进用户对产品清晰而独特的认知，通常可以通过制造差异、关联已知、场景捆绑等方式实现。

1. 制造差异

制造差异是通过差异化定位占领用户心智，让用户对产品建立清晰的认知。当前，互联网产品竞争越来越激烈，同类竞品越来越多，而消费者在选择决策使用产品时，只会从记忆库里的两三个产品中去选，再多的产品，难以记住。因为整个市场信息越来越多，人们能记住的产品越来越少，所以，要想让用户认识并记住产品，必须进行差异化定位。定位理论创始人杰克·特劳特在《定位》里说要寻找新的品类和空位，这样才能塑造产品在某个维度上独一无二的特性，便于用户第一时间记住产品。

那么，该如何制造差异以便让产品脱颖而出被用户所熟知呢？上一节提到了从用户属性和产品属性去宣传产品，其实这就是答案，市场细分也是这个原理。大多数的用户属性和产品属性早就存在，但是我们可以独辟蹊径，重新定义新的用户属性或产品属性。例如，现在提起社交产品，腾讯的微信毫无疑问占据领导地位，但是，陌陌通过细分出基于地理位置的社交，从而也走出一条新路，取得了产品的成功。

2. 关联已知

关联已知是借助已经在用户脑海中形成认知的事物，帮助用户理解和记忆。从人类的认知特性来讲，如果一个新鲜的东西与已知的事物建立联系，总是更容易被认知和熟悉。同样，在促进用户对产品的了解时，也可以通过关联用户已知的事物，让产品更容易被用户所熟知。

比如，《定位》一书里讲到了美国租车业的一个案例，安飞士租车公司，由于无法撼动市场排名第一的领导地位，转而开始宣传行业第二的地位：安飞士租车仅仅排名第二，为什么选择我们？因为我们更努力！事实上，当时的它并非真正的市场第二，与其市场占有率相差无几的还有全美租车公司。然而当它开始确立行业第二的位置之后，连续亏损 13 年的安飞士终于开始盈利了。

3. 场景捆绑

场景捆绑是通过对产品的形象塑造，当用户处于某个特定的场景时，就自然而然地想起该产品。例如，吃火锅、烧烤等食物时，因为这些食物干燥火热，会引起上火，于是王老吉就推出“怕上火，喝王老吉”的宣传语，每当用户处于要上火的场景时，就要想起喝王老吉。还有像经典的脑白金广告——“今年过节不收礼，收礼就收脑白金”，成功地让用户在处于逢年过节时，就想到买脑白金当作礼物。

需要指出的是，场景捆绑要注意场景与产品之间的联想路径越短越好，因为用户的联想路径越短，就能越快想到你的产品，不然等他具体细化到功能时，可能已经想到好多别的产品了。

通过采用各种策略和手段对用户进行产品的信息宣传和认知教育之后，紧接着就要在用户了解产品的基础上，引导用户去尝试体验产品，感受产品的直接效用。

2.2.3 体验：了解之后初尝鲜

当对用户进行了产品相关信息内容的教育，用户对产品的功能特点以及对自己能带来的好处都清楚之后，就对产品有了基本的了解。但这种了解，还只是属于对产品的一种间接认识，要对产品有直观、全面、深切的认识，还需要用户真正地尝试去使用产品，体验产品的易用性、便利性及有用性，从而对产品产生更加深入的感知。这一过程可以用“了解之后初尝鲜”来概括。

为了促进用户积极尝试体验产品，需要注意两点：一是能够引起兴趣；二是尽最大可能降低用户使用门槛。

1. 引起兴趣

兴趣是最好的老师，如果用户对产品没有兴趣，就不会去尝试和体验。互联网产品引起用户兴趣的第一步，就是产品的外观要符合用户的审美，能够给用户留下深刻的第一印象。

不同渠道的用户下载、注册产品后，第一次看到的就是产品的界面。作为一款互联网产品的门面，界面不必要多酷炫，但是一定要跟产品的定位贴合。如果是工具类，就做得简洁大方一些；如果是新闻类，就做得严肃清晰一些；如果是科技类，就做得高端、大气、有品质感一些。产品的界面不宜设计得过于浮夸，只要让用户一眼看上去感到舒服、不反感即可。

2. 降低产品使用门槛

在用户第一眼对产品的视觉印象之外，为了使用户更容易地体验产品，要尽量降低产品使用门槛，即让用户使用的流程尽量短、花费的精力尽量少、使用的难度尽量低。一款产品，当用户第一次接触时，首先至少要为用户提供以下 3 个服务：解释产品功能、激励用户开始使用、让用户知道如何获得帮助。如果一款互联网产品设计中缺少上述功能中的任何一个，用户都将有可能注销产品，甚至永远离开产品。

目前，有很多很好的方式来欢迎新注册的用户并激励他们去尝试体验产品。例如，新的欢迎页面、产品使用教程、新手引导流程或者有关产品的相关数据等。用户第一次打开产品时应看到精美的欢迎页，应在用户未使用产品之前提前告知产品的主要功能与特点。图 2-3 所示的界面，就是一款移动应用产品在第一次被打开时的用户使用引导图示。

当然，降低产品使用门槛，还包括用户使用时投入的其他资源要尽量最小化。例如，如果产品是移动端产品，用户体验时是否会有视频、音频或者图片这种耗费移动网络流量的功能？这就需要运营人员能够尽量引导、提示用户到有 Wi-Fi 环境的场合进行体验。

想方设法用尽各种策略和手段，引起用户兴趣和降低产品使用门槛，促使用户通过尝试体验产品，更进一步深刻地感受和理解产品，这是在用户尝试体验产品阶段运营人员的主要任务。

2.2.4　使用：尝到甜头继续用

激励促使用户体验产品的目的是为了让用户深切感知用户功能特性之后，更进一步促成用户长期依赖产品，成为持续使用产品的忠诚用户。在切身体验产品的过程中，只有当用户了解到产品能给自己解决的问题以及能带给自己的好处，即价值之后，才能够持续使用产品。这一过程可以概括为“尝到甜头继续用”。

图2-3　用户使用引导图示

要想让用户持续使用产品，成为产品的长期使用者，要注意以下几点 。

1. 产品性能过硬

对于产品性能而言，不管产品运营者宣传产品多么高效、便捷，最重要的是用户的体验。对用户来说，对产品性能最基本的要求就是要做到稳定。这是除了产品门面（界面）之外的第二个很直观的体验。如果用户在访问到一个产品的首页时，页面突然就崩溃了，那么基本上用户就不想再启动第二次。当然，除了避免这种频繁的闪退崩溃、长时间停滞不反应等糟糕状况外，还要注意一下耗电、移动网络流量消耗等问题，因为这都是用户容易感知到的最基本的问题。要尽可能地做到让用户感觉物有所值或物超所值，即用户从产品中获得的价值必须要大于或远远大于其付出的成本。

2. 应用流程简单

产品应用流程简单，让用户方便上手，其实也是“让用户收益大于付出”这个原则的体现。因为用户使用产品付出的时间和操作消耗，本身就是一种“付出”的形式。用户在安装产品之后，能够非常快捷、迅速地体验产品的整个功能流程和逻辑，是用户决定是否持续使用产品的关键。有一些互联网产品，在产品设计中设定用户必须注册后才能使用，这样就很容易引起用户反感，显得很不人性化，而像携程网，在用户预订机票的时候，就为未注册的用户提供专门的订票通道，避免强制用户注册才能使用产品，如图 2-4 所示。用户还没有体验到产品，就想获得用户的相关信息，从用户那里去索取，这是很难办到的。在基本的信任没有建立之前，不要去试图控制用户的行为。当用户用得称心、顺手的时候，自然会去注册，以方便更好地去挖掘产品中更有趣、有价值的功能。

3. 产品有用

不管产品多么能吸引人，流程是多么简单，但如果产品对于用户来说，不能解决他的现实问题，不能为他带来价值，简单地说就是产品对他没有用，用户同样是不会留下来持续使用产品的。任何产品存在的意义一定是对用户有用，为了使产品对用户产生价值，对用户有用，在进行产品定位时，就要把用户使用产品的所有场景都要想到，让用户惊讶地发现产品所提供的正是他想要的。当然，有用分两方面：一是对用户来说能够给他解决现实问题，例如一个订机票的 APP 能用来为其订到票；二是对用户来说能够带来精神上的愉悦，这也是一种价值，甚至是很重要的价值。

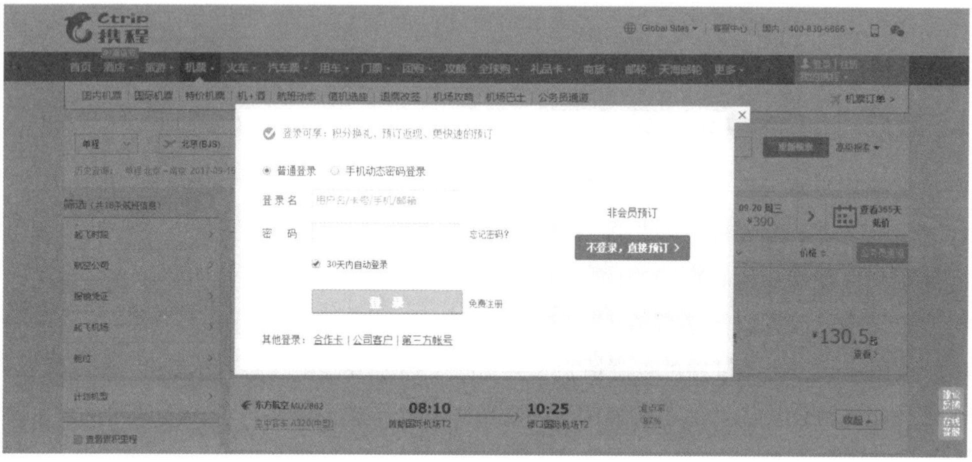

图2-4 未注册用户也能使用产品示例

4. 正向激励

要让用户持续使用产品，除了产品提供的解决用户问题的功能之外，还需要有一些运营性功能，这些功能可能并不一定能解决用户的直接问题，但却能够提高用户与产品之间的交互性。鉴于互联网产品所依赖的环境的开放共享特性，一款优秀的互联网产品都应该营造一种机制和氛围，让用户有参与感。例如，游戏产品往往会设置的“签到有奖”功能，让用户可以得到虚拟的奖励；朋友圈的图片、视频等帮助用户构建社交行为，让用户满足某种精神上的需求，能够刷出存在感；而“知乎”的点赞、感谢功能，则是对于一个优秀回答者的肯定，能为其带来来自内心的荣誉感。所以，在运营过程中，需要基于用户特性和产品特点，在产品中加入互动环节，通过满足用户攀比、优越感、炫耀、好胜等人性需求，才能有效地辅助驱动用户更多地参与到产品互动中。

在日常运营过程中，要在与用户充分交互的过程中，持续优化提升用户使用的体验，使其持续地“有甜头”可尝，这样才能促使用户长期使用产品，成为一个长期稳定的用户。

2.2.5 推荐：物有所值变粉丝

互联网产品运营的至高境界是通过持续强化提升产品对用户的价值和情感认同，使用户变成衷心拥戴产品的忠诚用户，能够自始至终地追随、参与到产品的发展中，成为产品的粉丝。

一个长期使用产品的用户，通常只是理解产品，接受产品的使用价值。而一个粉丝级用户，则表示其不仅接受产品的使用价值，还相信产品所承载和传递的文化，愿意并希望了解产品一切相关信息，自觉维护产品的良好形象，并且深度参与到产品当中，以传播产品的理念、文化、价值观为己任。通过产品的运营，将产品的使用级用户变成粉丝级用户这个过程可以概括为“物有所值变粉丝”。

拥有大规模的粉丝级用户是一款互联网产品的重要价值。通常可以通过输出价值观、用户变主人、自组织运动等几种方式促使使用级用户向粉丝级用户转化。

1. 输出价值观

根据马斯洛需要层次理论，人们在满足了基本的安全、生理等实体性需要之后，至高境界的追求是社交、归属、自我实现等精神文化层面的需求。所以，当物质比较丰富之后，真正能长盛不衰的是文化、价值观层面的东西。对于一款产品来说也一样，满足用户基本的物质性需求只是最基础性的要求，还要想办法去追求满足用户对社交、归属感、自我实现等精神文化层面的需求，这样才能够成长成为一款具有精神文化内涵的产品，从而塑造产品的品牌价值。

事实也证明，真正引领产品发展从而吸引粉丝追随的一定是特色鲜明的产品传递的文化价值观，唯有文化才能号召人、引领人。例如，小米手机就通过输出“为发烧而生”这样的理念，一经推出便吸引聚集了大量年轻人，这批用户沉淀下来后成为其第一批粉丝，深度参与到了其产品的更新迭代过程之中。还有 360 安全卫士，鉴于当时计算机杀毒软件都是收费的，而且价格不菲的现状，它一开始就通过输出“安全是互联网应用中最基础的服务，和邮箱、即时通信一样，都应该免费”的价值理念，迅速赢取了大量忠实的粉丝。

所以，要促使产品的用户向粉丝级用户转变，首先需要创新产品理念、制造差异点，构建一套全新的产品文化价值，有体系地向用户输出，从而才能将用户吸纳到这种文化氛围中。在这种文化旗帜的引领下，用户才能追随并参与到产品由小变大、由弱变强的过程之中。

2. 用户变主人

通过输出和强化产品的文化价值观，将用户吸引到这个价值共同体之后，不能仅仅是向用户无休止地灌输宣扬所谓的这些价值观，更重要的是要给他们一定的身份地位，使其能够获得参与产品的机会。对于粉丝级用户，运营人员不能单单只把他们看成是使用产品的客户，还要满足其主动参与建设、发展产品的愿望，将其也视为产品的主人之一。

主人的最大特性是其主动性，他们不仅满足于只是使用产品并提出自己的使用感受和意见，而是把发展产品、优化产品当作自己的责任，自发自觉地去身体力行，发掘用户的潜在需求，发现产品的些许缺陷及进步空间，并第一时间去推动试验新想法、新功能。这时候必须革新产品的运营机制，通过设计一系列的运营策略和措施，来保障这些粉丝参与优化产品的权力和积极性。对于这些粉丝级用户提出的设想和建议，要真正地去贯彻试验并给予适时的反馈，不能仅对用户表达感谢之后不了了之。

其实，当产品拥有一定规模的具有主人翁精神和地位的用户之后，不仅能够降低产品运营人员因为脑力有限所带来的压力，还能够降低产品运营的成本。而互联网产品因为其基于互联网互联互通的便利性，为打造让用户转身做主人的运营机制提供了得天独厚的基础条件。

3. 自组织运动

只是在理念上、原则上将用户置于主人翁的地位，还是远远不够的，也不会自动带来上述用户参与产品运营发展的理想结果。必须要通过落地的措施和实体的活动，去驱动和保障用户的主动参与意愿。这主要通过两方面来实现：一是打造虚拟组织，赋予用户组织性身份，例如，参与小米手机操作系统优化的用户，都会被称为米粉;二是通过设置具体的活动参与形式，例如，小米每年都要举办的米粉节，专门用于对小米产品做出贡献的米粉进行答谢，如图 2-5 所示。

图2-5 米粉节

有组织、有步骤地设置一些用户同参与、共欢乐的活动，有助于塑造其产品粉丝级用户的身份，提升其自豪感。所以，要多组织粉丝专门活动，增加他们参与的积极性和追求上进的自觉性，不断地以“铁粉”（深度参与产品、拥戴产品的粉丝）带动“弱粉”（浅层次的初级粉丝），把一部分犹豫的用户转变成粉丝，从而才能不断壮大粉丝队伍。

总结起来，就是在产品运营过程中，要打造输出产品的文化价值理念笼络用户，要保障用户的主人参与地位来激励用户，要有用户参与的具体的组织身份、组织规则、组织形式及组织活动，保障用户的参与行动落地生根。

2.3 运营的基本思维

任何目标的达成和行为过程的实施，都需要有专业的思维逻辑予以指导和引领，运营的根本价值的达成也不例外。接下来对运营工作需要坚持的一些基本思维进行介绍。

2.3.1 价值思维

运营归根结底是围绕价值进行的，运营方通过产品向特定目标用户提供价值并赢得用户的依赖和信任，从而进一步基于其商业模式获得商业价值。换句话说，必须时刻通过为用户提供价值而达到经营用户实现商业价值的目的。因此，运营的战略、方法和手段的策划与运用，都要围绕价值的创造、传递和分配进行，促进价值创造与价值交换活动有效运转是运营的核心目的，这就是运营要遵循的价值思维。

所谓价值思维主要包含两层含义：用户视角和即时响应。

1. 用户视角

价值思维的首要含义是用户视角，这是异常激烈的竞争驱使下不同价值创造基体——产品及其运营者，所做的必然选择，也是互联互通时代技术发展对人本理念的贯彻和发扬所带来的积极红利。

用户视角是在整个价值提供过程中的各个环节都站在用户立场上考虑问题，这是价值最基本的要义。作为运营人员，要具备能够站在用户视角看问题的能力，就要牢固树立“以用户为中心”的思维意识和习惯。以用户为中心，既是具体的价值产品得以产生的出发点，也是其得以持续运转的立足点。

坚持用户视角，主要应做到以下 3 点：

第一是要尊重用户的价值评判主体地位。在互联条件下，价值供给已不再像计划经济那样，由价值提供者自己主导价值的功能、质量、数目等各个方面，用户只是单纯地去适应甚至是去讨好价值提供者。现今的状况是，产品或服务是否有价值、价值有多大，都是由用户说了算，用户是唯一权威的价值评判者。所以，产品或服务所提供的价值要想有立足之地，首先在产品或服务规划之初，就要牢固树立以用户为中心的思想，打心底里尊重用户在价值创造中的评判主体地位。只有一开始从骨子里尊重用户的这种地位，才有可能创造出符合用户实际并能有效解决用户问题的东西，从而确保产品能够长期被需要而存在和发展。

第二是在价值创造实践活动中要做到刚需导向。所谓刚需，就是最迫切的、必不可缺的需求，如果未被满足则可能使人感到痛苦、恐惧。刚需导向就是在产品价值创造和提供的过程中，始终以刚需为出发点和落脚点。站在全体目标用户的立场和视角，深刻挖掘其刚性需求，以此作为价值创造的依据。

值得指出的是，很多情况下，人们并不能直白而明确地说出自己的需求，就像福特汽车公司元老福特先生说过的：如果你问你的顾客需要什么，他们会说需要一辆跑得更快的马车。更有甚者，人们所表达的需求并非其真正的客观需要，而是一种主观上的要求。这就要求在价值创造之初收集需求的时候，要采用多元途径和方法，更多的是要观察、收集用户在使用产品过程中产生的意见、建议等原始过程性和轨迹数据，在收集原始数据的基础上，要做分析、提炼和总结的工作。只有这样，才能更准确地把握用户的需求，真正做到刚需导向。正如苹果公司创始人乔布斯所说的：用户并不知道自己需要什么，直到我们拿出自己的产品，他们就发现，这就是我要的东西。

坚持用户视角，要求做一切事情，都要站在价值消费者的立场上想问题、做事情。而不是自上而下地单向说教，或者想当然地主观臆断用户的需求和喜好。有一个简单的例子可以告诉我们什么叫用户视角。有一天，一个老太太走进一家水果店，问老板："这个杏子怎么样？"老板说："刚上市的，又大又甜。"老太太没买，又走到另一家水果店问了同样的话，老板还是同样的回答，老太太还是走了。就这样，老太太看了好几家水果店，最后还是什么也没买。其中一个水果店的老板很纳闷地问："我看你走了好几家水果店了，您到底想买点什么呢？"老太太回答说："我儿媳妇怀孕了，想吃酸杏子，可是只有甜的卖。"老板恍然大悟。

由此可见，在运营过程中充分贴近用户、观察倾听用户，从而获得基于用户立场的洞察是十分重要的。

第三是要注重用户体验。ISO 9241-210 标准将用户体验定义为用户在使用一个产品或系统之前、使用期间和使用之后的全部感受，包括情感、信仰、喜好、认知印象、生理和心理反应、行为和成就等各个方面。通俗来讲就是"这个东西好不好用，用起来方不方便"。

由此可见，体验源于用户与产品或服务以及产品或服务提供者之间的互动。从定义上来说，没有用户的参与，体验就不可能发生，这是很关键的一点。因此，这需要生产者思维方式的转变，这种转变意味着把用户的身份从旁观者提升为参与者。一旦用户与产品或服务有互动发生，用户就会有反应，这些反应表现出来的就是一种感觉或期望。当然，这些反应也许是积极的，也许也会是消极的。如果反应是负面的，就会使体验大打折扣；如果这种反应是正面的，又会使体验提升到更高的层次。

毫无疑问，用户当然是希望得到正面的、具有正向价值的体验。所以，互联网思维所流行和倡导的用户体验的思维逻辑就是，让用户的价值最大化，降低用户痛苦，让用户高兴、快乐和幸福。这应是互联网时代做产品运营的重要指导思想，无论是与用户进行的沟通互动，还是提供给用户消费的内容，让用户参与的活动，都要致力于让用户享受到正向的积极价值体验。比如，腾讯作为中国最大的互联网公司，其产品被广泛应用于中国最广大的网民，在如何保证其用户体验的问题上，腾讯的产品体验首先要做到的就是永不掉线。可以想见，如果你使用微信与家人或朋友聊天，时不时就掉线，那将是一种多么糟糕的体验，将会使你的情绪受到多么糟糕的影响。所以，永不掉线就是保障用户体验的基本前提，是降低用户痛苦的表现，是维护用户快乐和幸福的表现。

2. 即时响应

价值思维的第二层含义是即时响应，所谓即时响应，就是需求与供给之间的时间和空间距离都大大缩短、需求与供给之间的匹配度愈加精准，达到所想即可得、所得即所需的境界。

当社会生产力比较低下、技术条件落后的时候，需求是没有办法被即时响应的，一是因为生产力的低下导致供给数量不足，没有办法做到即时响应；二是因为信息沟通不畅、信息传播异化等导致供给与需求不尽一致，常常出现供需错配；三是因为空间距离以及物流技术落后导致的供给与需求匹配之间的时间差。所以，如果能够在上述 3 个方面得到改善，对于用户来说就是价值。具体来说，这种价值体现为丰富、精准和快。

所谓丰富，就是在移动互联网时代，各种各样的产品在各自的价值细分领域，专注深挖打造高质量的产品，再加上以互联网为代表的前沿科技的助力，使得产品的生产能力和效率大大提升，这将造就在品质和品类上都极大丰富的价值产品和服务，为即时响应提供丰富的物质基础。

所谓精准，就是供需匹配的精准化，这体现为两个方面，一是供给方提供的产品价值与需求者的需求的匹配度显著缩小，接近于零，二是能够基于需求方的个性化需求实现定制化价值供给。在互联网生态中，价值创造者和享用者深度沟通、融合，消除了信息不对称，这样有利于打破过去只能基于大量用户共性需求提供标准化产品的传统，实现个性化产品定制，进行精准价值匹配。

所谓快，就是时间快、效率高。互联网大大推动了信息沟通与协作网络的能力提升，使得互联网条件下的价值创造者和享用者之间的沟通、互动更加直接、精确和频繁，为消除沟通不及时、不精确等问题提供了极大便利。同时，信息沟通障碍的破除，再加上智慧信息系统的助力，使得产品的存储、物流可以基于大数据分布式存储，提前基于数据预判，将产品运输和存储到需求者的附近，当需求一旦被提出，即可快速被响应。

因此，运营要树立牢固的即时响应意识，在丰富价值数量、质量和品类上，在提高供需匹配精准度和时间效率上下功夫，这是运营所要求的价值思维的重要内涵。

综上所述，以价值思维指导运营，主要就是坚持用户视角、做到即时响应。这不同于传统的运营思维。与价值思维相对立的传统运营思维是“投机取巧”，主要表现为两种形式：一是基于信息不对称搞“大鱼吃小鱼”的游戏，具有先发优势通过宣传放大引导后发落后人群接受其提供的价值并赚取差价；二是价值提供者主要依赖价格战吸引享用者，动不动就通过降价进行促销。这些都是简单的利用人性在推广营销环节进行策划包装，企图达到四两拨千斤的效果，而价值思维是要坚持从用户视角为用户创造真正精准化、个性化的价值，从而实现合作共赢。

2.3.2　流程化思维

运营的根本价值追求是驱动某个目标的达成，其实质是通过一系列的过程性动作组合，去达成一个一个阶段性或分支性目标，最终推动总目标的达成。也就是说，任何运营结果的达成，都是一个体系化的过程发挥的作用。这提示我们，做运营要善于把目标事物分解成流程，并在流程拆解细化的过程中发掘达成目标的策略和方法，这就是运营的流程化思维。

具体而言，流程化思维给运营工作两个方面的启示，一是具体细化，二是反推倒察。

具体细化的意思是，任何运营目标的达成都不是一蹴而就的，也不是靠什么灵丹妙药即刻实现的“药到病除”，而是靠具体细化的措施综合叠加发挥作用。遇到一个问题，拿到一个目标，都需要从具体细微处下手，由点串线再联成面逐步逼近目标、解决问题。

反推倒察的意思是，当我们遇到一个问题需要解决时，在确定目标之后，要善于从目标出发倒推出欲达到此目标，必须要经历的前置流程及环节。在倒推中你会发现，这个过程本身是一个目标分解的过程，也是一个探寻达成目标的方法策略的过程。

举个例子，如果有一个运营任务及目标是，做一次教育从业人员的线下活动，为一个叫“苏侃教育”的公众号增加粉丝。那如何才能让这个目标更好地达成呢？也就是说如何能够尽可能多地增加粉丝呢？只是在活动现场的显著位置摆放上印有该公众号二维码的海报就行了吗？显然不是的，这时候其实就应该应用流程化思维来指导该目标的达成。

首先，从一个现场活动的开展过程来看，一般都遵循这样一个流程，从活动预热、现场布置到活动实施，再到活动总结，如图 2-6 所示。

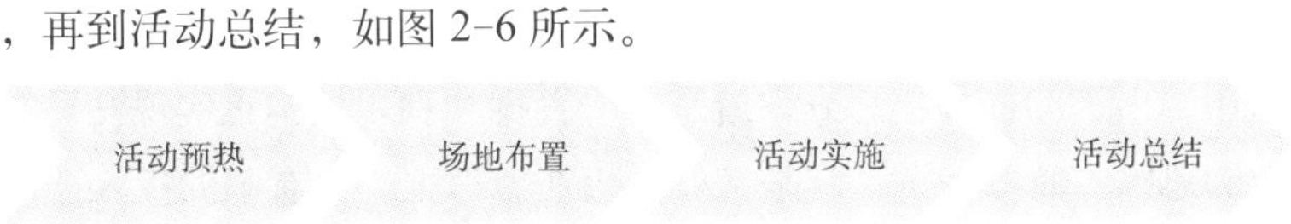

图2-6　现场活动流程

在上述活动流程中，包括了 4 个大的环节，每个环节其实还可以细分成若干步骤，比如活动预热环节，就可以再分解成宣传文案策划、宣传海报设计、宣传投放等。经过拆解之后，该活动的完成在横向上包括四大环节，每个环节可能又包括了若干步骤，每个步骤又包含了若干纬度的任务……

这样一来，为了达成活动的主旨目标——为公众号吸粉，实际上可以通过对每一个细分环节和动作进行优化，从而促成最终目标又好又快地达成。比如预热文案写得吸引人、投放渠道选择得恰当，就能够吸引尽可能多的潜在人群关注，更多的人群关注就意味着会促成更多的人来参与活动。而且也可以在每一个环节都嵌入对目标公众号的关注，而不是仅仅在活动现场才推销公众号，比如在活动宣传环节，在报名环节，就巧妙地把公众号设为报名的通道，这样无形中就引导人们关注了公众号。同样的，在活动现场，除了直接摆放公众号宣传海报，还可以设置一些抽奖活动，而抽奖程序的入口通过关注公众号回复关键字才能获取，这样又进一步增加对公众号的关注量。

由此可见，当把一个目标拆解为一个实现该目标所需要的流程步骤之后，会发现这不仅是快速启动去推进一件事情的基本方法，更是能够帮助运营者在一个多元的维度去思考促成目标达成的策略、方法和措施。

通常来说，把一个目标拆解成一个流程，有 3 种可依赖的路径或逻辑：

第一种是时间线，即任何一个目标任务都需要按照一个时间进程去推进，按照时间节点可以把一项任务拆分成一个基于时间轴的流程，比如开始前、进行中和进行后这样的流程。

第二种是事物发展的内在进程，即任何事物都有一个客观的发展进程，把这个进程以某些节点拆分开来，就是一个流程。比如对于“把大象装进冰箱”这个目标，按事物内在的进程可拆分出这样一个流程：肢解大象→打开冰箱门→把大象零件一件一件塞进冰箱→关上冰箱门。

第三种是按照某个客观逻辑，即按照一个逻辑把目标拆解成一个流程，比如按照 5W1H（即 who,when,where,what,why,how ）的逻辑可以去把一个目标分解成一个逻辑流程，然后在这个流程的各个环节寻求优化的策略和方法。

总之，流程化思维是运营人员快速推动目标落地执行与达成的必备思维，也是推动目标达成的基本操作方法。

2.3.3 杠杆化思维

阿基米德有句名言是“给我一个支点，我就能撬动地球”。这充分说明了杠杆的原理和力量。运营工作既是讲繁杂细碎的精细化耕作的过程，也是讲策略、讲方法的工种。为了有效达成运营目标，必须具备杠杆化思维，善于找到每件事情的“支点”，从而利用杠杆的力量，实现事半功倍的效果。

在运营实践中，所谓的杠杆化思维，就是善于发掘和利用关键点实现开局突破，从而撬动最大化成果获取的思维。简单来讲，就是把好钢用在刀刃上，用有限的投入撬动最优最大化的成果。

一般而言，杠杆化思维具体表现为对灯塔性指标的确立和对支点性切口的寻找。

1. 灯塔性指标

灯塔性指标就是那些能够牵引全局系统运转和最终目标达成的指标，它就像灯塔一样，能够照亮和指示各流程、各环节向着共同一致且正确的方向前行。

举个例子，对于一款像微信一样的社交工具产品而言，其灯塔性指标的确定，将会直接影响整个运营资源的投入方向和具体运营措施的选择。如果将其灯塔性指标确定为用户的增长量，那么所有运营资源和运营动作都将聚焦于如何让更多的人来注册微信；如果将其灯塔性指标定为月活跃用户数，那么运营资源的投入和措施的选择，将会充分兼顾新用户的增长和用户的活跃这两个方面的要求，也就是说必须采用那些既能吸引用户注册并能让注册的用户尽可能地多使用微信的措施。

从社交工具产品的商业模式的角度考虑，社交产品只有保持足够的用户活跃度，才能够吸引更多的人使用产品，更多的人使用也能满足用户方便地开展社交活动的价值，同时才能吸引广告主选择在社交工具平台上投放更多的广告，有了更多的广告收入，才能支撑产品不断地优化迭代和运转下去，这样就形成了兼顾用户价值和商业价值的一个闭环，如图 2-7 所示。

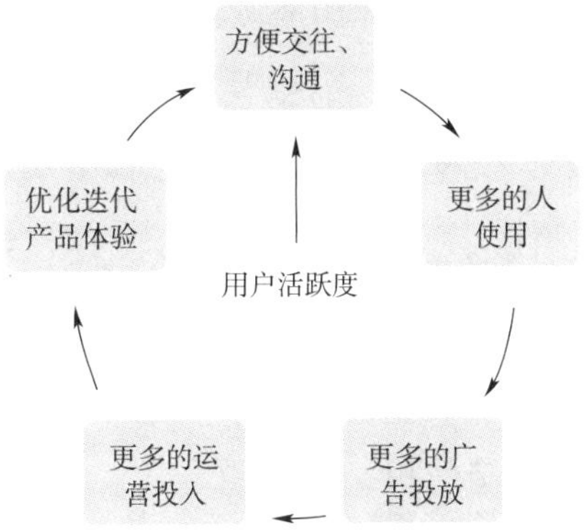

图2-7　关键指标牵引正向闭环

反过来，如果只是一味追求用户注册量的增加，而不顾其是否活跃，就等于不去关注产品是否能够很好地支撑用户，很好地开展交往、沟通，也就是不关注用户的价值实现，将使得前述这个闭环流程难以持续，最后就会导致投入的运营资源被白白浪费，同时还导致产品运营陷入死胡同，最终被市场淘汰。

由此可见，作为运营人员必须能够在平衡用户价值和商业价值的基础上，正确地确立灯塔性指标，从而有效牵引运营资源和精力投入到正确方向上。

2. 支点性切口

按照之前讲的流程化思维，当一个灯塔性指标被确立之后，可以倒推拆解出实现这个目标的一个流程框架，这个流程框架上的所有步骤和任务点的改进优化，都将能够促成最终目标指标的达成。

但总会存在这样的情况，在投入同样资源的情况下，投入到不同点上产生的最终效果或者说性价比是不一样的。在日常运营实践中，运营人员所拥有的时间、金钱等资源又永远都是有限的，这就要求运营人员必须选择那些投入产出比高的关键点去做优化，从而促成最终目标的达成。

所以，支点性切口就是那些在同等资源投入的情况下能够取得更好效果的着力点，从这些着力点发力能够确定事半功倍的效果。

那如何才能确定哪个切口是具有支点性质的呢？这个问题没有一概而论的标准答案，因为运营的产品不同、目标不同，运营的场景及资源情况等的不同，支点性切口也会是千差万别的。即便是针对一个确定的产品和运营场景，也不会有一个人站出来武断地指出哪个点是一个支点性切口。

一般而言，这个切口只能通过试验获得，即针对不同的着力点，都设置一个极短周期和极小范围的试验，根据试验结果判断哪个着力点更具性价比。比如，某个产品运营目标任务是提升产品用户活跃度，最后拆解下来，运营人员发现其中两个可能的着力点，一个是将注册的步骤由 5 步优化成 3 步，一个是将注册步骤的提示文案写得更清晰明了。哪个动作会对最终目标的达成更有效、更具性价比呢？就可以在一个小范围和小周期内做对比试验，然后根据对试验结果数据的分析再作出判断。

综上所述，杠杆化思维是运营人员最大化利用有限资源实现最优结果的工具，是运营人员必须具备的基本思维和意识。在运营实践中，找准灯塔性指标和支点性切口是每个运营人员实现优秀运营效果的重要素质。

2.4 运营的基本模型

在系统梳理了互联网运营的根本价值、过程本质以及基本思维之后，综合这些知识，可以梳理出运营的几个基本操作指导模型，分别是 AARRR 模型、漏斗模型和 RFM 模型。

这些模型是对前述运营基本知识的抽象凝练和概括总结，可以直接对日常的运营操作提供具体的方法和步骤。

2.4.1 AARRR 模型

AARRR 是 Acquisition、Activation、Retention、Revenue、Refer 这 5 个单词的缩写，分别对应一个产品的用户生命周期中的 5 个重要环节，即用户获取、用户活跃、用户留存、用户变现、用户自传播。运营的价值就是最大可能地通过产品迭代和运营服务体系促进以上各环节的效果最大化，即扩大用户量、提高用户活跃度、提高用户留存率、促进收入提升、扩大用户自传播量，这也正是和第 1 章所讲的运营的核心诉求是对应的。所以，AARRR 模型是每一个产品人员和运营人员必须掌握的基本模型。

1. 用户获取（Acquisition）

用户获取，其实就是从各个渠道发布产品相关信息，然后吸引用户前来下载、注册、使用产品的一个过程。常见的产品宣传渠道有搜索引擎、微信、微博、今日头条等自媒体、门户大型网站广告、线下活动、展会、行业沙龙等。不同的渠道获取用户的数量和质量都是不一样的，这时运营团队要综合考虑各个渠道用户的数量和有效性，重点关注那些流量和转化率比较高的推广渠道。

2. 用户活跃（Activation）

用户下载了产品或者注册了产品，并不意味着他就一定会使用产品，所以，如何把他们转化为活跃用户，是运营者面临的一个问题。

用户被吸引进来之后，需要引导他们做一系列的行为动作，例如，完善个人的基本信息，引导他们进行评论、发帖等。当用户愿意在运营人员的引导下完成这些“系列动作”时，就可以认为其是一个比较活跃的用户，说明产品对于用户是能够带来价值的，用户愿意参与或使用产品。

当然，不同产品对于“活跃”的定义是不一样的，例如社区类产品的活跃，当然希望用户能够每天都登录、发帖、评论，所以，对于很多社区类产品来说，为了鼓励用户活跃，都会制定一些激励措施，如登录一天给用户几个积分、发一个帖子给几个积分、评论一次给几个积分等。而在线教育类产品，则比较关注用户的学习时长、练习次数等。

3. 用户留存（Retention）

在解决了用户活跃的问题之后，还需要解决的一个问题是如何留住用户，即用户留存的问题。有时候一个互联网产品的用户来得快，走得也快。如果一个产品缺乏留住用户的黏性，导致的结果就是，一方面新用户不断涌入，另一方面又迅速流失。这样的结局也就意味着产品的留存率非常低，一旦推广营销手段取消，用户就不再使用产品。这样的话，产品就没有可能持续运转下去从而实现盈利。所以，如何提高产品的留存，也是一个非常考验产品及运营人员的地方。解决这个问题首先需要通过日留存率、周留存率、月留存率等指标监控应用的用户流失情况，并采取相应的手段在用户流失之前，激励这些用户继续使用应用。

4. 用户变现（Revenue）

用户变现，通俗地讲，就是怎样利用产品来挣钱，即产品的商业模式。如何通过产品的业务来实现收入的增加，这是任何一个互联网产品都必须要考虑的问题，因为作为产品运营方的企业的本质都是为了追逐利润，不赚钱的公司就失去了存在的意义。基于产品增加收入有很多方法，例如，通过营销手段获取更多的用户来使用我们的产品来购买东西、通过拓展广告业务、通过提高单个客户的价值来增加收入等。

总之，想要增加收入，首要前提还是需要有用户，用户才是一个互联网产品的根基，如果没有用户，一切商业设想都是空中楼阁而已。

5. 用户自传播（Refer）

互联网产品因为有互联网这个大前提作为基础，更容易传播其口碑。当一款有极致体验、能够很好地解决用户问题的产品被用户所认可时，往往可以引发用户对产品的衷心爱戴，从而自觉地去分享、推荐产品。例如，微信推出了红包功能之后，第一批用户觉得十分新颖和好玩，就会第一时间在朋友圈分享，然后让更多的人知道这个功能并去使用，这样就会造成一种连锁反应，瞬间将产品的知名度和影响力呈指数级扩大。

2.4.2　漏斗模型

实际上，在 AARRR 模型的从用户获取到用户自传播这个闭环中，从数量上来说，是呈现一种衰减的趋势的，即活跃的用户会比最初获取的用户量少；留存的忠实用户会比活跃的用户量少；能够带来收入的用户量会比实际留存的用户量少。这实际上就呈现出一个漏斗的形状，一般把这个规律称为漏斗模型，如图 2-8 所示。

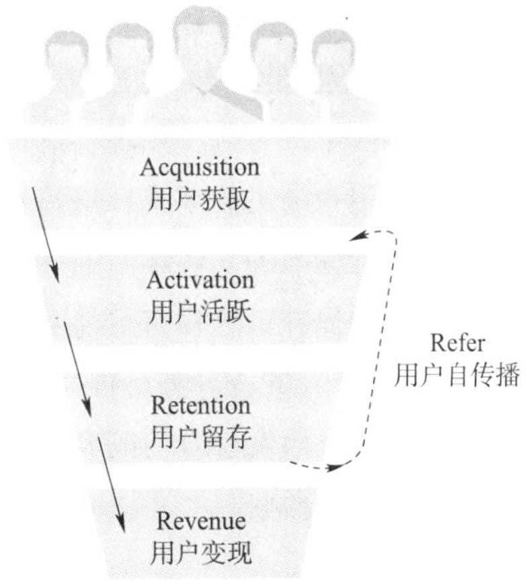

图2-8　漏斗模型

漏斗模型是指在互联网产品的用户行为流程环节中，从起点到终点有多个环节，每个环节都会产生用户流失，依次递减，每一步都会有一个转化率，这个转化率一般都会小于 1，大于等于 0。不仅在 AARRR 模型所代表的用户生命周期中存在漏斗模型的规律，在很多具体的用户应用产品的操作行为中，都存在着漏斗模型的规律。例如，在一个电子商务网站产品中，用户从访问网站到最终下单购物，也要经历一系列的路径节点，而在这个路径中各个节点的用户量也是呈现漏斗状的。

一般用户的购物路径如图 2-9 所示。

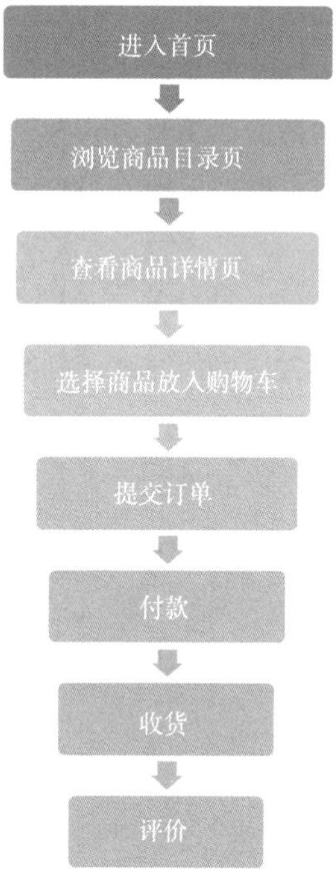

图2-9　电商用户购物路径

在图 2-9 所示的这个用户购物流程路径中，每一步都有可能产生用户流失，也就是说，如果有 100 个用户进入了首页，可能 70 个用户浏览了商品目录，60 个用户选择了商品放入购物车，50 个用户提交了订单，45 个用户付了款……最后可能只有 10 个用户做了评价。尤其是用户触达的第一个页面（不一定是网站首页）的流失率往往比较高，因为可能用户访问到这里可能因为种种原因，例如可能是看视频时不小心点击了广告进入的，当其发现所看到的东西与预期严重不合，就会很自然地终止访问，这个用户第一步就流失了。这就提醒产品运营人员，在推介产品，吸引用户接触产品时，一定要把产品的卖点和用户买点结合起来，吸引有效流量，而不是通过投机取巧诱骗用户接触产品，这不仅不能吸引用户，还有可能让用户一开始就对产品留下不好的印象。

同样，当用户来到商品目录页面，如果用户采用搜索方式，就会进入搜索结果页，如果在这个页面按照各种排序，也找不到用户想要的商品，那用户也会终止访问产品，然后就会流失掉。

一部分用户找到了自己中意的商品后，会到达产品详情页面查看产品的详细信息，如果其他已购买用户对该产品的评价过低、店铺客服不热情、不周到，用户就不会下单，这时也会终止访问，从而流失掉。

一部分用户对商品性能、价格各方面比较满意，有购买的意向，就会把商品放入购物车。据淘宝平台的经验数据，从用户首次访问购物网站到把商品放入购物车，平均来算，100 个用户进来，通常只有 4.5 个用户把东西放到购物车，即便是放入了购物车，依然因为种种原会产生流失。

依此类推，后面的几步都有可能造成用户流失，例如因为支付环节流程复杂、页面卡顿等糟糕体验，让用户担忧自己的财产安全，也会放弃购买，从而造成用户流失等。

所以，在互联网产品运营实践中，可以把漏斗模型作为产品运营分析的指导模型。在产品运营分析实践中，可以按照现存的用户路径逻辑，整理出各个环节的漏斗模型数据，综合梳理有可能造成用户流失的因素，进行针对性的优化。需要提醒的是，整个用户行为是以最终的产品目标为评价标准的，各环节的转化率一环套一环，息息相关，不能简单地只对某个环节的转化率做优化和提升，这样有可能会造成负面的用户体验，得不偿失。例如，一些产品只是在推广阶段，通过夸大的诱导进行推广，虽然在第一阶段可以带来大流量，有大规模的用户进来访问，但当用户进来之后发现宣传的和实际情况悬殊较大，从而愤愤离开，反而会对后面各个阶段的转化率产生负面影响。

2.4.3　RFM 模型

在互联网运营实践中，最终的商业价值的获得取决于所经营的用户规模和质量，根据漏斗模型的逻辑，实际上并非所有的用户都为产品贡献了同等的价值。在互联网运营的用户价值创造上，同样遵循二八原理，一个产品里 20% 的用户可能会为产品贡献 80% 的利润，也就是说，我们所经营的用户对产品的价值是有差别的。

研究清楚每个用户的价值大小，是互联网运营实践中的基础问题，因为在运营策略的制定以及运营资源的投入上，都要根据不同价值等级的用户群体分类施策、针对性地投入，在资源有限的情况下，不可能对不同价值的用户配以无差别的同等投入。那么，如何衡量一个用户的价值大小呢？该用什么样的依据判定一个用户属于高价值用户还是低价值用户呢？这里就要提到一个常用的用户价值衡量模型——RFM 模型了。

RFM 模型是衡量用户价值和用户创利能力的重要工具和手段。该模型通过一个用户的近期购买行为、购买的总体频率以及花了多少钱 3 项指标来描述该用户的价值状况。

根据 RFM 模型衡量用户价值时，通过对以下 3 个数据指标的分析，可以很好地评判该用户对产品运营方贡献的价值：

- R（Recency）最近一次消费时间：表示用户最近一次消费距离现在的时间。消费时间越近的客户价值越大。1 年前消费过的用户肯定没有 1 周前消费过的用户价值大。
- F（Frequency）消费频率：消费频率是指用户在统计周期内购买商品的次数，经常购买的用户也就是熟客，价值肯定比偶尔来一次的客户价值大。
- M（Monetary）消费金额：消费金额是指用户在统计周期内消费的总金额，体现了消费者为企业创利的多少，自然是消费越多的用户价值越大。

基于上述 3 个维度，将每个维度分为高低两种情况，可以构建出一个三维的坐标系，如图 2-10 所示。

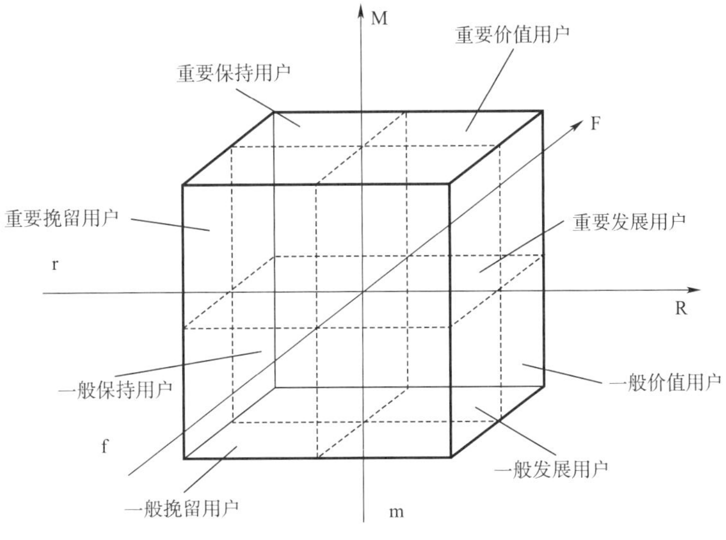

图2-10　RFM模型

通过图 2-10 的模型图，可以把客户分成 2^3，即 8 个不同的群体，分别如表 2-1 所示。

表2-1 客户群体分类

用户类型划分	R（最近一次消费时间）	F（消费频率）	M（消费金额）
重要价值用户	高	高	高
重要发展用户	高	低	高
重要保持用户	低	高	高
重要挽留用户	低	低	高
一般价值用户	高	高	低
一般发展用户	高	低	低
一般保持用户	低	高	低
一般挽留用户	低	低	低

由表 2-1 可知，如果某个用户最近一次消费时间距今比较久远，没有再消费了，但是累计消费金额和消费频次都很高，说明这个用户曾经很有价值，也就是 RFM 模型中的重要保持客户，我们不希望他流失，所以运营人员就会专门针对这类用户设计召回策略，这也就是 RFM 模型的核心价值。

当然上述结论要成立，必须有个默认前提：

- 最近有过交易行为的客户，二次发生交易的可能性要高于最近没有交易行为的客户；
- 交易频率较高的客户比交易频率较低的客户更有可能发生二次交易；
- 过去所有交易总金额较多的客户比交易总金额较少的客户更有可能发生二次交易。

RFM 模型在实际操作过程中还要注意一些问题：

首先，对于不同的产品或实际运营场景，RFM 模型里的消费未必一定是购买行为，消费的金额也未必一定是金钱的额度。这里的消费可以指所花费的时间、注意力、信任度等。消费额度相应的也就是这些要素的度量，可以转化成金钱表示，也可以是其他单位，只要能衡量其付出大小就可以了。

其次，RFM 模型中，各个要素对某个产品的用户价值影响的逻辑、程度，会因产品性质和运营场景的不同而不同。总体上，R 越久远，用户价值越小，F、M 越高，用户价值越大，但如何通过综合这 3 个指标的数值，得出一个用户的准确价值，需要具体问题具体分析，并采取不同的计算策略和方法来确定。

一般情况下，主要通过评分方式来计算用户的具体价值，即给每个指标加一个权重，并对每个因素打分赋值，最后按权重计算综合得分，通过比较综合得分，从而划分用户价值。

在更为复杂的情况下，可以根据产品特性和运营场景，设计特殊的算法模型，进行用户价值的计算。这里主要介绍原理，更为细致的操作方法，在具体运营实践中可以具体分析和对待。

2.5 运营的发展

实际上，随着新技术的不断发展和演进，互联网产品的形态和服务方式也在不断地发展和迭代，最初的互联网产品主要以 PC 端的 web 和软件为主要表现形态，而如今已是无线互联网条件下的基于多种形态智能终端的移动互联网产品时代。相应的，互联网运营的重心和方法理念也在不断地发展和演进着。

所以，在学习掌握基本的互联网运营概念、理念、思维之余，一定要明确，运营无论是在概念内涵还是理念方法上，都是在不断发展变化中的，作为运营从业人员，要保持时刻学习的意识，紧跟互联网运营实践的发展。也就是说，时刻保持动态灵活心态和学习意识，也是从事互联网运营工作的重要思维和能力之一。

2.5.1 从 PC 互联网运营到移动互联网运营

从运营的对象和运营的作用场景来看，互联网运营已从以 PC 互联网运营为主过渡到以移动互联网运营为主的时期。过去互联网运营人员运营的产品主要是 PC 端的产品，像信息门户网站、社区网站、SNS 网站等，而伴随着微博、微信等产品的出现，互联网运营的主要形态和阵地主要就聚焦到移动互联网上了。

运营的对象形态和阵地的变迁，也带来了运营的工作重心和工作方式的转变，比如：在工作方式上，过去在 PC 互联网时期，内容编辑曾是信息类网站运营的主要工作；而到了移动互联网时期，内容的生产主要通过 UGC 机制产生，运营人员的主要工作成了定规则、调算法，确保用户与内容的精准匹配。

在工作重心上，PC 互联网时期，内容运营主要以搜索引擎优化为导向，运营的核心主旨是希望内容对搜索引擎友好，以便于搜索引擎能够快速收录，进而便于被用户很容易地搜索到。因为 PC 互联网时期，搜索引擎是一切内容的入口；而到了移动互联网时期，运营的核心越来越转向直接对用户负责，尽力创作出更符合用户需求的针对性内容，从而便于算法将其与潜在用户精准匹配，进而吸引用户变成长期追随的粉丝。

随着互联网技术的进一步发展和助推，互联网上流转的也不再仅是各种信息，万事万物都将逐渐被连接到互联网体系当中，这将对运营的对象、方式方法和理念产生更进一步的影响。所以，运营的主要工作框架虽然没有大的变迁，但在具体的工作目标、内涵和理念等方面将会一直呈现发展变化的态势。

2.5.2 从流量运营到留量运营

前面的互联网运营“一二一”工作框架中讲过，互联网运营工作的“一个中心”是用户经营。通常把用户经营的量化结果用“流量”来表示，即产品获得的用户量就是流量。用户经营的最终目标实际就是不断获取流量，让产品的流量不断累计和增大，这样才能实现更多的用户看广告、更多的用户订制增值服务、更多的用户买东西，从而实现产品商业上的营收增长。所以，在相当长一段时期内，流量运营是互联网运营的根本逻辑和核心焦点所在。因为流量的增长、用户的增加，就意味着商业上的增长和成功。

但是，随着信息传播技术和手段越来越发达、信息触达能力越来越强，分布在天涯海角的全部人群，总有全部触网、被各式各样的价值供应方追踪覆盖穷尽、即便再使出什么推广策略和手段，都无法再扩充新的流量那一天。这时，以流量扩大带动增长的基础不存在了，其逻辑也就失效了。实际上，这种情况在 2018 年前后就真实地发生了，最直接的证据是网民数量规模增速的放缓甚至下降，也就是说基本所有能上网、该上网的人都上来了，再没有更多的人可以拓展了。

在商业市场领域，这种现象称为人口红利消退。也就是说，过去因为人口基数和规模比较庞大，但这些人群所处的地理位置不同，所具备的通信条件不同，只要通过技术手段覆盖到更多的人就能带来增长，但人口的数量毕竟是有上限的，当他们全部都被覆盖时，这种红利就消失了。人口红利的消失带来了一系列的问题，首当其冲的就是过去依赖拓展市场获取更多的客户带动增长的模式开始逐渐失灵了！

那么接下来，价值供应方要想持续获得生存和发展，就需要不断提高自身价值的竞争力，争取让更多的用户留在自己的阵营，以便于持续多频次、多品类为其提供服务，这不同于流量思维追逐覆盖更多的新用户。相较于追逐用户规模扩张的流量运营，可以把这种追逐用户持久留存追随的运营称为留量运营。

在留量运营的逻辑下，用户经营的重心不再是用户规模的扩大，而是用户服务周期和范围的扩大，具体来讲，主要就是通过全生命周期服务和全品类需求服务实现。

1. 全生命周期服务

全生命周期服务是从时间维度上为一个用户提供终身服务。当一个用户深度认同某个价值提供者，并愿意长期留存和参与到该价值提供者的产品服务体系里，那么，他在不同时间的需求，都可以由一个价值提供者为其重复提供和满足。在过去的流量思维逻辑下，产品或服务的消耗量的增加是基于多个不同的人的消费，而在留量思维下，产品或服务的消耗是基于同一个人多次消费。比如，一个餐馆在流量思维下，它的增长来自于不停从外边招揽不同的食客 A、B、C 等进店吃饭，而在留量思维下，它的增长来自于自己用户群里一个忠实顾客 M 一辈子每顿饭都来该餐馆吃饭，如图 2-11 所示。

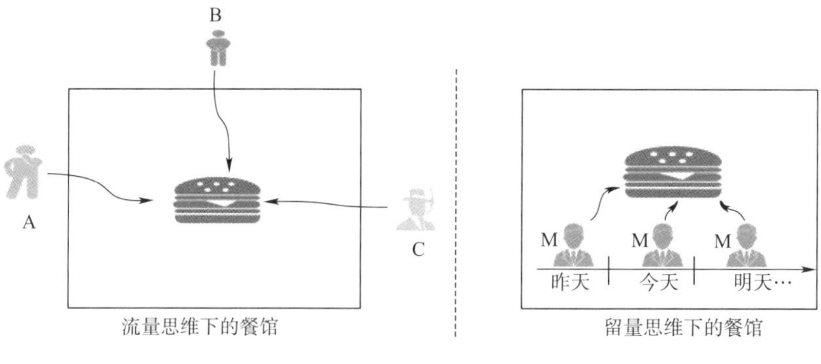

图2-11　流量思维与留量思维对比

当然，为用户提供全生命周期服务的隐含前提是，价值提供者要不断提升自身的需求满足能力，不断升级自己所输出价值的质量和特色，而且要注重价值相对于每个用户的个性化和定制化要求，紧密与自己服务的用户互动，及时准确收集、洞察每个用户的需求变化，并对其进行即时化、精准化的响应。这样，才能够使得一个老用户保持对一个价值提供者所提供的产品或服务的新鲜感和忠诚度。正如前面所举的餐馆的例子，如果一个餐馆的食材卫生不佳、菜品长期一成不变，那么同一个人很难保持每顿饭都在该餐馆消费，因为这是违背人性的。所以，不断升级的优质的供给体系是留量思维的应有之义，留量思维不是单单表面上的把用户留下来，更重要的是要关注怎么靠价值的创新和升级把用户留下来。

2. 全品类需求服务

如果说全生命周期服务是强调从纵向的时间维度持续多次为用户提供同品类价值，那么，全品类需求服务则是强调从横向维度上满足一个用户的多品类需求。具体而言，就是通过对用户全方位、全景式的洞察，时时处处深刻洞察各类用户的全部需求，并调动资源进行多重品类的产品设计和生产，以便于及时、高质量地满足用户的所有需求。

过去在流量思维逻辑下，一个价值提供者通常只提供一种或一类单一的产品或服务，比如一家川菜馆只提供川菜，一家理发店只提供理发服务，其收益的增加来自于在同一个时间周期里吸引更多的喜欢川菜或有理发需求的新用户进店消费。而在留量思维逻辑下，一个价值提供者拥有的用户数量是固定的，其收益的增加可以借助于在相同时间周期，给这些固定规模的用户提供多种产品或服务，当发现自己的用户需要理发就提供理发服务，需要吃饭就给他提供食品……最终实现收益增加的实质都是卖出更多的东西，但一个是将一种东西卖给更多的人，一个是将多种东西卖给同一个人，如图 2-12 所示。

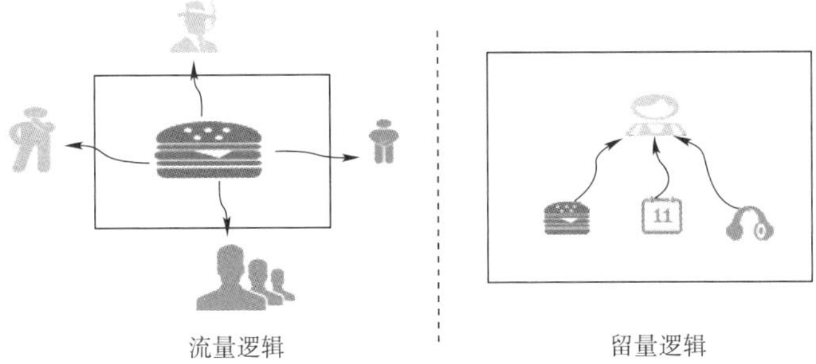

图2-12　流量思维与留量思维下的增长逻辑对比

同样的，同上述提供全生命周期服务的要求相同，为固定规模用户提供全品类需求服务的前提，也是超精准的用户需求发掘与满足能力以及持续迭代升级的优质产品或服务。否则，留量思维下的增长逻辑并不会自动发生。

总结起来，过去运营的主要逻辑是流量，强调的是数量，即获取更多的用户数量，生产出更多数量的单一产品；到了今天这个阶段，互联网运营的主要逻辑变成留量，强调的则是质量，包括用户的质量以及产品服务的质量，用户质量主要指用户的认可度、忠诚度等；产品服务的质量主要指响应需求的个性化、精准化和即时性程度。

由流量运营到留量运营将是当前和今后一个时期内互联网运营的新逻辑，也将是互联网运营新趋势和新形态不断演进的根本前提。

2.5.3 互联网运营新趋势

除了前述的互联网运营的新发展、新逻辑，互联网运营还在继续发展演化着，并不断涌现出新概念、新趋势，时下最值得关注的新概念包括私域流量、社群运营、短视频运营、直播带货等。下面对这些新事物进行简单的介绍。

1. 私域流量和社群运营

私域流量是相对于公域流量的概念,要了解私域流量,首先来看什么是公域流量。顾名思义,公域流量是指通过那些公共大平台，如淘宝、百度、微博、微信、抖音、快手等渠道，靠投入预算可以获取的用户池。

前面讲到，随着技术的发展、人口红利消退，流量越来越被大平台垄断，从而导致流量获取成本居高不下。这时就自然而然过渡到以留量思维指导下的运营实践，随之人们便开始关注私域流量。

私域流量是指区别于公域流量的那些不用付费，可以任意时间、任意频次，直接触达用户的渠道，比如各种类型的自媒体、用户群、个人朋友圈等。这些用户群被圈养和沉淀在一个自媒体账号或群组软件里，并对其进行持续不间断的维护和服务，以便于与这些用户建立深度的可信赖的持久关系，从而能够随时多频次直接触达这些用户。

这时候形成的流量池就是私域流量池，而建立、运营维护这个私域流量池的过程称为社群运营。所以，社群就是一个把私域流量池的用户以某种核心价值凝聚、组织、维护起来的虚拟组织。从这个意义上讲，私域流量运营和社群运营实际上基本是对同一个事物从不同角度的描述，都是强调精准的圈养和维护一批忠诚的粉丝用户群体。略有不同的是，私域流量强调的是以某个产品运营主体的用户经营，是有中心节点的组织，而社群运营中的社群可以是由一个中心主导的，也可以是一个去中心的由某个共识凝聚起来的去中心的分布式自治社群。关于社群运营，后续会专门安排一章来讲解如何运营社群，这里就不再赘述。

私域流量的好处大致有三点，一是让流量更可控，能够随时任意触达私域流量内的用户；二是流量性价比高，因为可以实现“将多个东西卖给同一个人、一个东西多次卖给同一个人”的目标，这样就大大节省了付费购买流量的花费；三是私域流量为持续实时了解用户需求、服务用户并改进产品提供了便利。

2. 短视频运营

短视频运营是当前风头正劲的运营方式和运营工种。顾名思义，短视频是指时长比较短小的视频，它是一种新的内容形式和内容承载载体。这种新的内容形式具有多感官渗透、立体、生动、短小震撼等特点，非常有利于人们认知接收和消化。因此，短视频是一种深受大众欢迎的内容表现形式。

视频这种内容形式并不新鲜，但过去限于存储容量、传输带宽和网络流量等限制，视频传播起来非常缓慢和昂贵。但随着互联网技术的发展，尤其是以 5G 为代表的高传输网络的普及，短视频的传播问题迎刃而解，所以，大家都乐于采用这种形式来制作内容、传达信息。

短视频运营就是围绕短视频的策划、制作和推广的过程，其底层还是遵循互联网运营的基本思维逻辑，但在具体手段、方法上要遵循新的技术规范和操作规则。

3. 直播带货

直播是视频传达的一种方式，是指视频的录制和传播是同步完成的，过去电视上就有“现场直播”的方式，但过去进行一场现场直播非常复杂和昂贵，需要场地布置、设备的部署等前置条件，只不过到了互联网，尤其是移动互联网时代，这些前置条件直接就浓缩为一部手机，这样让直播可以随时随地就能发生了。当然，背后还有发展成熟的物流、支付等技术的支撑，让直播带货成为很容易就可以实施的事情。

直播带货就是通过直播的方式卖货。直播带货相较于传统的渠道销售和电商零售的不同之处表现在以下几个方面：

第一，直播带货打破了销售的时空限制，降低了产品销售的门槛。过去要卖一个产品，总得运到一个特定的市场，要么是线下的一个店铺，要么是线上的一个店铺，运到店铺需要耗费时间和成本，上架到店铺也需要场地费，还需要装修和宣传物料的制作，所以，传统销售总是需要一些专业人员才能开展。直播带货打破了这一点，人人都可以随时打开直播，直接将你的产品介绍给千里之外的人，而且也不用上架到特定店铺，产品在哪里你在哪里介绍产品就可以了。

第二，相较于传统的电商卖货，通过直播可以更好地向消费者展示产品的品相、质地和特性，不像图文那样的静态信息只能获得产品的间接感知，而视频可以全方位、立体化地展示产品。

第三，直播带货可以增加供需双方的信任，一方面直播有利于消费者直接与产品方互动，深度就产品进行沟通了解；另一方面，直播的实时性，可以避免“挂羊头卖狗肉”式的欺骗。

第四，直播带货可以降低交易成本，过去一件产品从生产厂家到最终消费者手里，中间要经历层层的渠道代理，每增加一个渠道代理节点，就相当于给产品增加了定价的成本，因为每个代理节点都要把自己的利润加到产品价格里。而直播带货在理论上，可以由产品生产方直接通过直播带货销往最终消费者手里，相当于消除了中间商，没有中间商赚差价，产品的价格自然就可以降低一些，这对消费者而言是一项很大的实惠。

第五，直播带货技术和模式的发展，将会带来一个人人可以做销售的时代，理论上只要一个人连接到互联网，通过直播可以把任何价值实时推介、介绍或是销售给任何有需要的另外一个人，可以预见，这将大大提升价值的配置效率。

综上所述，不仅对互联网运营的根本价值、过程本质以及互联网运营的思维逻辑和操作模型做了介绍，还进一步分析指出了互联网运营发展的新动态、新趋势。作为运营人员，需要明确的是，互联网运营的底层思维逻辑和模型的发展变化是相对缓慢的，但在具体的表现层、操作层的发展迭代是非常迅速的，这就要求运营人员要时刻关注互联网最新前沿动态，保持一颗永远在路上的学习之心。

思考与练习

1. 按照自己的理解，描述运营的根本价值是什么？
2. 按照自己理解，描述运营的基本过程及其工作内容。
3. 简述 AARRR 模型、漏斗模型、RFM 模型的基本内容。
4. 说说你对运营过程中的“价值思维”的理解。
5. 通过互联网等途径，搜集了解互联网运营目前发展的动态和趋势，整理一份学习报告。

方法工具篇

本篇基于上一篇介绍的运营的基本思维模型和逻辑框架，具体展开介绍贯彻前述指导思想和策略框架的方法和工具，即围绕互联网运营“一二一”工作内容框架，介绍用户运营、内容运营、活动运营以及数据运营的落地操作方法和工具。

第3章　用户运营的基本方法和工具

根据互联网运营“一二一”工作框架，用户经营是互联网运营的核心主线，因为“得用户者得天下”是互联网产品的基本逻辑，不管做什么、怎么做，互联网运营的基础都在于赢取用户。本章开始从具体操作层面介绍用户运营的基本方法和工具。

3.1　用户运营的定义及任务

实际上，不管是内容建设还是活动策划，都是为了经营用户，即强化用户与产品之间的关联。内容运营和活动运营都是手段，目的都是为了提升用户运营的终极目标，即扩留存、促活跃、提高总用户数、用户活跃度及用户变现转化率。例如，一些电商网站，焦点图区域总会放一些活动推荐，目的就是为了刺激从首页进入的游客或漫无目的的浏览者一时冲动做出购买的决策。还有一些商品的宣传海报被放上了首页推荐，一般都是精选的爆款好货，并且附以限时特价优惠等措施，就是通过高质量的内容来促进用户活跃、留存之用。

内容、活动、用户运营三者的终极目标都是一致的，只是在具体工作内容上各有侧重点，有些工作是直接导向终极目标的，有些工作是间接导向终极目标的。表 3-1 所示为常见的内容运营、活动运营和用户运营的岗位职责对比，从中可以看出三者在工作内容上的一些联系和区分。

表3-1　运营岗位职责对比

岗位名称	内容运营	活动运营	用户运营
岗位职责	（1）主导产品整体内容调性，对内容质量负责，结合热点和用户对内容的需求整合编撰相关专题内容； （2）负责产品内容的日常维护、更新和推荐，挖掘用户贡献内容并对其质量把关； （3）新媒体内容策划、提供及日常维护管理； （4）内容相关专题、文案、话题策划； （5）对营销活动文案提供必要的建议、支持	（1）线上及线下相关活动策划、执行，完成活动运营相关目标； （2）活动用户行为监控，不断测试并优化活动方案； （3）对相关数据进行统计，分析和评估活动效果，总结经验； （4）通过活动实现产品的相关运营目标，比如拉新、留存	（1）挖掘和收集用户需求并传达给相应接口； （2）监控跟踪用户使用产品的行为，对用户提供实时支持服务，维护产品品牌形象和声誉； （3）建立用户等级体系及相应规则制度，促进用户拉新、留存和活跃； （4）日常用户数据报表统计、分析，并实时反馈，为产品迭代优化提供支持

广义上说，一切围绕产品的运营手段都属于用户运营的范畴，即用户运营指以用户为中心，遵循用户的需求，制定运营战略与运营目标，设置运营活动与规则，严格控制实施过程与结果，以达到预期运营目标与任务的过程。而狭义上的用户运营，特指新用户的拓展以及通过用户支持服务体系对用户关系进行维护和经营，以便于促使用户规模不断扩大和用户活跃度的持续提升，进而不断促使产品价值最大化。用户运营做的事情非常繁杂细碎，不同的公司和不同的产品的用户运营要求和手段可能都会有所不同。但总体而言，用户运营的工作内容主要包括用户研究、搭建用户成长体系、引导用户产出、放大产品价值等 4 个方面。

1. 用户研究

要经营用户必须先了解用户，通常把了解用户的过程称为用户研究。具体说来，首先是研究用户的痛点，即用户存在需要我们运营的产品帮其解决什么的问题；其次是研究用户的特征，即用户的年龄、性别、身高、体重等人口学特征以及相关联的心理特点、行为特点等；还有用户使用产品的场景研究，即在什么时间、什么空间、什么条件、什么情绪下，用户会用到该产品以及使用的方式、程度、频率等是如何的。除此之外，用户研究还涉及用户的满意度等态度性调研分析、用户对产品或服务的体验的调查分析等。

用户研究并不是一个新兴的概念，很多传统行业的产品为了打开市场，除了通过广告、价格等手段强化自己的地位，还需要细分自己的用户群体，做精准营销。这时就会用到用户研究，用户研究为传统行业的发展发挥了巨大作用。

同样，互联网产品运营者为了确保产品更精准地匹配用户需求、更有效地解决用户问题，也需要做用户研究，目的是获得用户使用场景、用户痛点、用户画像（姓名、照片、个人信息、经济状况、工作信息、计算机互联网背景等）、用户需求，进而便于有针对性地制定运营策略，采取运营措施，给出解决方案。

那么，该如何做用户研究呢？分析研究用户最常用的方式有两种，分别是定性分析和定量分析。

（1）定性分析

定性分析是主要凭分析者的直觉、经验，凭分析用户过去和现在的延续状况及最新的信息资料，对被分析用户的性质、特点、发展变化规律作出判断的一种方法，定性分析一般都是用文字语言来进行相关描述。

在做用户定性分析的时候，主要通过两种方式：一种是间接方式，即分析者和其他熟悉目标用户或者与目标用户接触的人员协作获取用户信息；另一种是直接方式，即分析者直接与用户接触做用户访谈。例如，一家互联网公司的运营人员可以和商务（销售类）、市场部门的同事协作来获取用户信息，因为商务和市场部门每天都要接触用户，所以想了解用户，和他们协作是一种不错的方式；也可以和用户面对面访谈，值得注意的是，在约用户访谈之前一定要明确访谈目的，并设计访谈提纲，这有利于用户访谈环节的展开。

因为定性分析中的间接方式比较容易实现，这里不做详谈。接下来详细介绍定性分析中的直接方式，即怎样做用户访谈。用户访谈的基本过程如下：

1）明确访谈目的

明确访谈目的是用户访谈的首要问题，访谈者需要在明确目的前提下与访谈者沟通，再结合用户提供的内容，挖掘访谈者的特征和需求，并一一记录下来，以便于分析得出结论。

2）明确访谈主题

为了提高访谈的效率，访谈者需要尽快熟悉访谈主题的相关知识或对应的产品及其用户的应用场景等。如果访谈者不熟悉这些内容，将会直接影响访谈的进程和品质。

3）设计访谈提纲

明确访谈目的之后，需要根据访谈目的设计访谈提纲。访谈提纲的设计符合以下两个原则：

① 访谈提纲的题目设计总体来说要由易变难。

访谈题目要设计得简单一些，方便拉近与访谈者之间的距离。比如做某电商产品的用户访谈时，可以先简单问一下访谈者平时的购物方式、购物平台、使用频率、遇到的困难等，然后再慢慢切换到较复杂的题目，比如对这款电商产品的具体细节的看法、要求等。就这样一步步从易到难，逐步与访谈者建立信任。

② 题目的描述尽量通俗易懂，尽可能避免专业词汇。

访谈者一般对产品专业词汇了解较少，过多的专业术语只会使访谈变得不顺畅，消耗时间，甚至让用户不耐烦。所以在设计访谈提纲时，需尽可能避免专业词汇，使用访谈对象能听得懂的语言与之交流。

4）用户访谈后的整理

访谈结束后，需要及时整理访谈纪要，给需要了解这些内容的需求方。如果在产品的研发设计过程中，写访谈报告给需求方可能会比较慢，那么可以选择进行一次用户访谈会议沟通，反馈讨论用户的想法，达到访谈的目的。

在做用户访谈过程中，要注意下面一些细节的把握：

① 用户访谈过程中，必要时可以根据具体情况偏离提纲上的问题，比如谈到某个主题，事先设计访谈提纲时你并未考虑到，而这个点被判断为对你的访谈主题至关重要。

② 在询问时，要留心用户的回答，密切关注受访者回答问题的方式，不要只照着提纲上面的问题呆板地提问，对话方式要自然一些，确保收集到的是用户真实的感受和想法，而不是迫于某种压力或无奈说出一些口是心非的内容。

③ 访谈的任务不是过一遍访谈提纲，而是收集有用的信息，我们需要根据访谈情况追问问题，这些问题可以帮助运营者真正抓住用户的全景问题和信息，从而为推出有针对性的运营解决方案提供依据和支持。

（2）定量分析

定量分析是通过大量样本、数据等客观证据对用户的特征、需求场景、目标、行为进行研究分析，主要是用具体数字进行描述。

在做用户定量分析的时候，主要通过问卷调查法调研收集数据。

值得注意的是，在展开问卷调查之前，需要明确问卷调查目标——即要调研的是什么。要明确调研的所有目标，因为再次投放调查问卷会消耗大量的成本，所以要尽可能列出所有可能的潜在情况。同时还要明确调研对象——即目标用户模型，需要明确这个目标用户模型投射到现实场景是哪些用户、哪些群体。另外还要明确投放方式——线上多还是线下多？

一般都是线上多一些，使用线上的方式性价比要高。例如，可以在“问卷星”（一个可以开展在线调查的网站）填写好问卷，如图 3-1 所示，然后通过与产品领域相关的微博、微信公众号等渠道进行投放和回收，利用问卷星进行统计与分析，并在调查结束后分析与撰写用户调研文档。

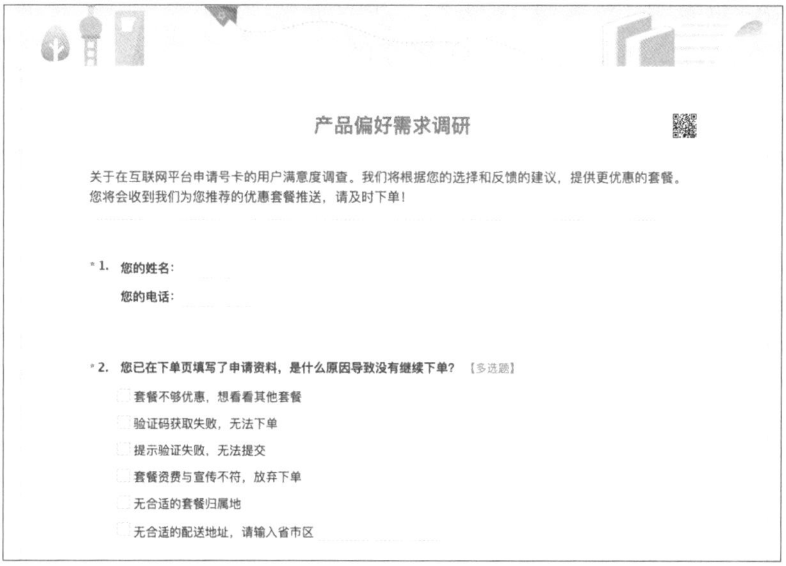

图3-1　通过在线问卷工具做调研

定量分析中的线上问卷调查的基本过程如下：

1）设计线上调查问卷的目的和内容

调查问卷的内容要做到条理化、具体化和可操作化，以便访谈者详细了解本项问卷的目的和内容，配合问卷调查，才能获取有效的信息。

2）线上实施调查过程

按照问卷设计要求，线上投放问卷，比如，可以在能够触达目标用户人群的微信公众平台、微博等平台、用户社群等渠道进行线上投放。投放问卷一段时间，然后进行回收，进行下一步工作。

3）数据处理分析，撰写调查报告

通过回收用户反馈的问卷，在最大可能地保证准确率和可靠性的情况下，对问卷资料进行分析研究，并撰写调查报告。调查报告从探讨的问题开始，到研究所得到的结论和意义结束，整体都要完整表达，并做好调查工作的评估和总结。

实际工作中，定性分析与定量分析是统一的，并且是相互补充的。定量分析用于验证在定性用户研究时发现的问题和用户需求（用户需求的真伪），让定性分析更有说服力，定性分析是定量分析的基本前提，没有定性的定量是一种盲目的、毫无价值的定量；定量分析使定性更加科学、准确，它可以促使定性分析得出广泛而深入的结论。当然，在互联网产品设计过程中的调研分析，与其他领域、行业的调研分析在方法逻辑上并无差异，只是在目标、内容上追求不同而已，关于定性、定量等调研分析方法、手段、工具等方面的知识，也可以通过互联网、专门的教科书进行更深入的学习和了解。

2. 搭建用户成长体系

在过去的传统工业时代，对于很多的企业或产品而言，没有用户的概念而是把购买自己产品的消费者称作客户。传统上企业与客户之间的关系是以销售行为的完成而终结的，极少有企业会在产品销售完成后还主动地联系客户，除非是为了推销新的产品或者其经营的产品是一次性消费品或短时间就需复购的产品。但是，进入互联网时代，很多互联网产品都是免费的，根本不存在销售行为，而互联网产品要盈利靠的是“流量”，即有多少用户持续使用产品，只要有了流量，便可以通过广告等方式获取盈利。此时，便有了用户的概念，与客户不同的是，企业需要与用户持续维持好关系，长期相互依赖、互利共生，不再是一锤子买卖。

但是，当一款产品的用户达到了一定规模时，必然会因为产品服务能力、用户需求差异等原因导致一些用户流失，另一些用户会死心塌地追随产品，也有些用户游离不定。这就要求产品运营者必须基于细分的用户研究分析做出选择，要从全体用户中筛选出优质的用户进行重点维护，因为没有任何一家企业可以真正做到对每一个用户都有完美的服务，毕竟任何企业的能力都是有限的。随着时间的推移、应用产品的深入，用户按照前面所讲的“漏斗模型”衰减是必然要发生的事情。这就要求用户运营人员基于用户价值研究和评估搭建用户成长体系，针对不同的用户进行分级管理和对待。

简单地说，用户成长体系就是按照用户与产品的关系紧密程度将其进行分类分级，采用不同策略有针对性地进行经营，不断促使用户由低级向高级转化，本章稍后将简要介绍搭建用户成长体系的具体方法。通常一个产品的用户体系由低到高包括潜在用户、普通用户、核心用户和铁杆用户，如图 3-2 所示。

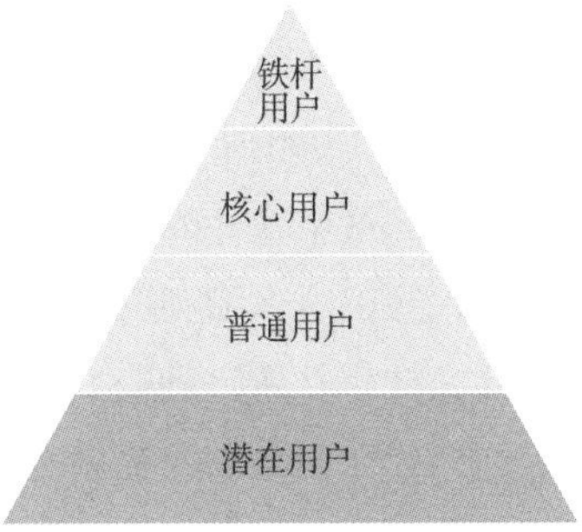

图3-2 互联网用户成长体系

从图 3-2 中可以看到，用户越高级数量越少。潜在用户是指产品所面向的目标人群，其规模是最大的；当一个人注册了产品使用了产品的功能，即可算作是产品的一个普通用户，这时候其与产品还只是初步建立联系，关系比较脆弱，随时都有可能流失；核心用户是长期稳定使用和依赖产品的用户，这部分用户已经习惯产品为自己提供服务、解决问题，也是产品要精心服务好的用户，因为产品通常需要依靠这些用户获取盈利；铁杆用户是那些不仅忠诚于产品，而且在领域内有一定话语权的用户，一般把他们称为关键意见领袖，简称 KOL（Key Opinion Leader）。

用户分级之后，就要有针对性地进行运营和管理。很显然，铁杆用户和核心用户是应该重点对待的用户。对于铁杆用户就必须给予他们最大的空间，不要过多地干涉，要建立机制支持让他们去自主宣传产品；而对核心用户就要加大引导力度，要让他们对产品有更多的依赖，让他们在产品的社群里有一定的影响力；对普通用户要在故障处理和意见反馈上做到响应迅速，还要让他们在社群或者社区有一定的归属感。

3. 引导用户产出

如果用户只是单纯地注册了产品，而不在产品上产生任何行为，那对产品来说也是无效用户。所以，用户运营的一个重要任务是引导用户产出，这里的产出指一切用户在产品体系内发生的行为。不同性质的产品用户产出的类型也不同，简书、知乎就是靠用户产生内容的社区，所以简书和知乎极度依赖用户能够生产出一些优质的文章，他们必须邀请不同领域的专家来产生内容，从而带动其他用户生产内容的积极性。而类似于电视盒子或者手机这样的智能硬件，所谓的用户产出类型可能就是产品开箱评测、玩机教程等更有技术含量的一些示范性内容。所以，运营人员可能会找一些科技类或者相关领域的达人，免费送产品给他们，请他们给产品写评测。这样的内容力求真实，也会邀请这些达人跟对内容有疑问或者其他意见的人有更多的互动，打消其疑虑，从而达到宣传的效果。

引导用户产出的意义在于，只有用户才能更好地带动更多的用户广泛而深入地使用产品，人们总是愿意相信与其特性相同的群体的行为。所以，与其产品方自上而下说一千道一万，宣传产品有多么优秀、好用，都不如告诉用户，已经有多少与其同样身份、同样处境的人已经在使用产品了。

4. 放大产品价值

用户运营人员就像是直接和用户打交道的贴身保姆，其作用绝不仅仅是促使用户完成某个消费动作，而是要在与用户互动过程中千方百计向用户传达和渗透这样一个理念：使用我们的产品物超所值。对于用户而言，其对产品的价值最直接的判断就是，等同于他购买产品的价格或者使用产品节省的时间或精力的多少。

用户花 1 000 元买了手机，那么手机的价值就是 1 000 元；如果用户花了 2 min 下载了一个软件，那么这个软件的价值就是用户的 2 min 时间。用户可能不会自主地去想，这个程序员多么努力，写出这么漂亮的代码；那个设计师多么有情怀，做出了这么完美的页面设计。用户从来不会这样想，所以就需要运营人员告诉他们：我们为什么要做这个东西，我们做这个东西是给予你们什么，比别人提供的同类产品有什么优势和特色。在这样的过程中，才会让用户感受到产品背后的故事和力量，让用户慢慢了解到产品的一些品牌溢价，让他们觉得产品原来不止值那么多钱。总结起来，就是不断放大产品在用户心目中的地位和价值。

3.2 用户运营的常用手段

用户运营的终极目标是让越来越多的用户留在产品中活跃，即和产品发生交互关系。一般而言，最常用的培养和激励用户的手段有发福利、享特权、攒积分、精准 EDM、针对性活动和文化塑造等几种。

1. 发福利

福利就是提供给用户的额外利益或奖励。发福利是互联网产品进行用户运营的重要方式，其本质是通过利益诱发用户特定行为。通常为了吸引新用户注册，对新用户都有专门的福利措施，例如首次注册用户默认赠送优惠券或者给予特惠价，如图 3-3 所示；对于老用户也可以制定特定的福利，如打折价、积分等。在一些特定的时间节点，也可以制定一些普惠性的福利，如周年庆、年节日、双 11 这样的时间节点，给予所有用户某种形式的福利。

图3-3 新用户注册福利示例

2. 享特权

特权就是给予部分用户以不同于其他人的特有权利，一般需要和用户的等级体系配合起来使用。即首先根据一定的指标体系对用户进行分级归类，然后给予不同等级用户不同的权限，等级越高其特权越大。给予一部分铁杆用户和核心用户特权，能够激发起其内在的身份认同感和自豪感，更加强化其对产品的忠诚和依赖。人们往往为了维护自己的特权地位，就会做出与运营人员的期望相一致的行为，同时又能够给那些普通用户以刺激，激励他们向有特权的用户的行为看齐和靠近。

这种方式在一些具有社交性质的产品中经常用到，像一些论坛就会设置严谨的用户等级体系，根据用户的注册时长、活跃时间、发帖行为等情况，将用户分成不同的等级，不同等级的用户被赋予不同的权限，等级高的少部分用户就成了特权用户。例如，QQ 对于升级为会员身份的用户，就会给予区别于普通用户的一些特权，如图 3-4 所示。

3. 攒积分

积分是互联网产品对用户行为的一种价值表示，即用户只要在产品中发生了一些特定的行为，就能够为自己积累相应的积分，而这些积分是可以兑换相应价值的实用物品的。积分方式是激励用户，促使用户回头再次使用产品的重要手段，在现在很多互联网产品的用户运营过程中都会应用到。像大家经常应用的支付宝，就建立了庞大而科学的积分体系——芝麻信用分，甚至于基于积分体系，支付还期望建立线上的信用体系，如图 3-5 所示。

建立积分体系进行用户运营时，要特别注意以下几点：首先，积分必须有价值，赠送给用户的积分，用户必须能够将其派上用场，不管是兑换虚拟礼品、实物礼品，还是抽奖，甚至是抵扣现金购物，总之要让用户可以利用积分获得收益，必须能给其带来实实在在的价值。其次，必须激发小额积分用户的活跃。积分发下去，如果用户不用，也还是没有价值。大量的用户持有的积分数并不高，需要用各种方式创造场景让用户把小额积分用起来。只有觉得积分有用，用户才会有积极地去争取积分的动力，从而才能存留在产品里。

图3-4　高级用户特权示例

图3-5　支付宝的积分体系

4. 精准 EDM

用户运营除了要不断吸引新用户加入，还有一项重要的工作是召回沉寂的用户，即那些很少访问或使用产品的注册用户。否则，进得多，流失得也多，最终结果还是不好。

EDM，即电子邮件营销，就是向用户发邮件，传达一些产品信息。现在的互联网产品在用户注册时，基本都会让用户提交自己的电子邮件地址，当一些用户逐渐不再登录产品时，通过这些邮件地址告诉用户产品有什么新特色、新优惠就成了最后的选择。

给用户发送电子邮件，要注意频率和方式，不能频繁地进行狂轰滥炸，而是要进行精准发送，以站在用户立场的角度，适时恰当地发给用户可能会关心的内容。例如，当你在职场上处于倦怠期有跳槽的打算时，有一封邮件告诉你“有一个老板关注了你”，岂不就是雪中送炭？如图 3-6 所示。

图3-6　精准邮件营销

需要指出的是，用户召回除了可以使用 EDM，其实还可以用其他能够触达用户的手段，这取决于作为产品运营方自己手里掌握了哪些触达用户的方式，比如，如果拥有用户的手机号，还可以通过短信发送的方式去提醒和召回用户。

5. 针对性活动与文化塑造

在用户运营的过程中，当然也可以策划一系列有针对性的活动来实现用户拉新、活跃、留存等目标。

文化塑造是用户运营的一种高级境界。当某项活动成为产品中长期性的特有的一种机制性活动时，就像形成了产品的一种文化。例如，QQ 随着登录在线时长的累积，会有等级增长，如图 3-7 所示。在 QQ 加入这个功能之后，一时间曾经大大激发了用户的活跃度，人们为了提高自己的等级，会经常登录 QQ，即使不跟人聊天也都在网上挂着，这就形成了一种强大的独有文化。文化的力量是特别强大的，能起到四两拨千斤的效果。

图3-7　QQ等级

3.3　用户成长体系的搭建

3.1 节曾提到搭建用户成长体系是互联网产品用户运营的重要工作之一。用户成长体系就是通过将用户行为进行数值化计算，累加求和后作为用户对平台忠诚度、贡献度的衡量依据，同时可以刺激用户留在平台的一套结构。在一套用户成长体系中，用户被按照一定的标准分为不同的等级（见图 3-2），当然这是一个动态的体系，低一级的用户是可以不断向高一级成长迁移的，同样高一级的用户也可以向低一级退化。

对于产品运营方而言，搭建用户成长体系的本质目的就是不断激励和促进用户由低级向高级流动、上升，防止高一级用户向低一级下滑。具体而言，产品运营方能够通过用户成长体系了解用户使用情况，将不同层级的用户区隔开，为后续的精细化运营做准备。成长体系中一般都要设计用户获取权利的任务，这些任务的设计，既有利于提供用户黏性和忠诚度，同时也引导用户产出（评论、晒单等），有助于促成用户消费和用户拉新等，对产品实现商业价值具有直接而重大的意义。对于用户来说，一个好的用户成长体系有助于引导用户提高使用产品功能的深度和广度、满足用户成就感，享受更多更好的特权，同时能从平台中获得物质利益和精神享受，包括价格优惠、低门槛获取价值以及地位、名气等的提升。

3.3.1　搭建用户成长体系的原则

一个好的用户成长体系对于提高用户忠诚度、提高用户黏性具有巨大的价值；没有价值的用户成长体系一定没有意义，反而可能适得其反。因此，在设计用户成长体系时，要注意遵循一些基本的原则，搭建真正有利于用户价值和产品价值最大化的用户成长体系。

1. 坚持用户立场

既然是用户成长体系，就一定要从用户的角度考虑所要搭建的体系是否有利于用户价值的实现以及最大化，互联网产品运营方的商业价值始终是以用户价值最大化为前提的。所以，坚持从用户立场搭建用户成长体系，而不是从运营目标实现的角度出发，是搭建用户成长体系的首要原则。

例如，一个旅游APP产品，要想让用户多生产内容，从而实现用户量的扩大和活跃度的提升，在策划用户任务活动时，不可直接生硬、粗暴地要求用户每天在旅游心得社区发表50条评论，这只会让用户厌倦，同时给平台带来大量没有价值的评论。正确的做法应该是，从用户利益的角度出发，设置日常任务，告诉用户将自己的旅行心得分享出来，有利于引导更多的人懂得“生活不止眼前的苟且，还有诗和远方”……这样，用户就会觉得自己在做一件很有意义、很有公德的一件事，就会很乐意参与到产品设置的任务中。

2. 体现业务特色

用户成长体系的搭建不能生搬硬套，要能结合产品本身的业务类型所特有的属性进行巧妙的设计。这样有利于与产品本身形成强关联，从而巩固产品特性在用户心目中的认知。这就是对用户心理“关联效应”的运用。

例如，京东商城的虚拟奖励币就与京东的名称紧密相连，叫京豆；一个健身APP的日常任务就应该以锻炼的种类、次数、时长等设置任务，而不是像社交软件QQ一样，将登录时长作为任务；一个电商平台就应该主要围绕购买、支付、晒单等设置任务和分配激励。实际上，这提示我们在做用户运营的时候，始终要明确所运营的产品的灯塔性目标是什么。

3. 利益可感知、可获得

用户成长体系，简单地说就是激励用户通过在产品中的一系列行为，换取相应的奖励的过程。用户做出这些行为是为了奖励，奖励是为了让用户做出产品运营方期待的行为。所以，要想让用户广泛而持续地做出运营方所期待的行为，对用户的奖励就要做到实惠、具有可感知、可获得的特点。

用户升级或者获得奖励时要注意不能骚扰用户，但也不能不通知用户，通知方式应该具有平台特色且新颖。对于奖励大小的设置，也要确保能引起用户的关注，真正觉得该奖励是一个不可小视的额外所得；对于用户完成任务而获得的奖励，要有便捷的兑现渠道和方式，让利益可以很方便地获得。

4. 体系设计考虑可持续性

用户成长体系设计初期要做全局和前瞻性统筹，要考虑体系的可拓展性以及可持续发展的需要。假如等级较少，应当考虑成长值到达顶峰时的处理机制。成长体系测算时考虑当前设计是否预留足够的运营空间，不能搞几个活动奖励用户之后，参与活动的用户都升级到最高级别。

还要考虑当前的等级体系能用多久，多久之后需要增加等级之类的（一般不要修改现有等级，因为可能会出现掉级等让用户不愉快的现象）。

3.3.2　用户成长体系的表现形式

用户成长体系的表现形式就是用什么样的形式表现不同等级的用户身份和权限。在互联网产品运营实践中，用户成长体系的表现形式有很多种，下面介绍几种常见的主要方式。

1. 影响力

在一些社交类互联网产品中，通常可以用用户的影响力来表征用户的身份和等级，这种影响力一般表现为用户的粉丝数，即关注用户的粉丝用户有多少，如图 3-8 所示。粉丝数可以作为该用户给平台带来多少价值的直观衡量。根据马太效应，这部分给平台带来大量活跃行为的用户，平台也可以用一些辅助资源支持他们，如给予更多频次的曝光机会、更显眼的展示位，从而形成用户与平台的良性循环。例如，新浪微博中的大 V 用户（即粉丝数在百万级数量级的用户），新浪微博平台就会给予其比其他普通用户更大的权利和资源倾斜。

图3-8　按粉丝数表征用户体系示例

2. 身份

身份一般来说是实体身份的一种映射，但是可以间断性变更，不具有连续成长的能力。通常会从是否实名认证、资产水平多少、活跃程度大小等角度，对用户的身份进行划分和标识。不同身份的用户，其权限或利益是不同的。

（1）实名认证

按实名认证区分用户身份，通常的做法是根据用户是否具有营业执照、媒体执照等实体牌照转换成线上对应不同功能类别的账号。最常见的是使用身份证进行了实名登记的用户，这部分用户较普通注册用户具有更高的可信度和可追溯性。在 APP 一般以头像右下角角标的形式展示。例如，一些房屋出租网站产品，对于出租房子的用户就会按是否通过手机或身份证认证进行区分，如图 3-9 所示。

（2）资产水平

一些金融类产品，会根据用户的资产水平进行等级区分，分为金卡用户、银卡用户、普通卡用户、黑卡用户等，如图 3-10 所示。

图3-9 按身份表征用户体系示例

图3-10 按资产水平表征用户体系示例

（3）活跃程度

大多数社交类互联网产品都会以用户活跃度来表征用户体系，活跃度高的用户通常给予达人、超级 VIP 等称号或标识，一般会在 APP 的用户头像位置以小标签的形式展示。例如，新浪微博对用户会根据活跃程度，给出会员级别的标识，如图 3-11 所示，蓝色 V 字右方的标识，表明该微博用户的活跃度为 6 级。

3. 等级

按等级进行用户体系表征是互联网产品用户成长体系最普遍采用的方式。等级也是特权体系的基础和依据，分为有有效期（京东会员等级、迅雷会员等级）和无有效期（QQ 等级、游戏等级）两种。等级可以根据用户在产品中所付出的行为换取的经验值、成长值等来确定，也可以按照其他维度来确定，例如互联网金融平台，可能按照用户的信用分值来确定用户等级，QQ 以用户在线时长来计算其等级，如图 3-12 所示。

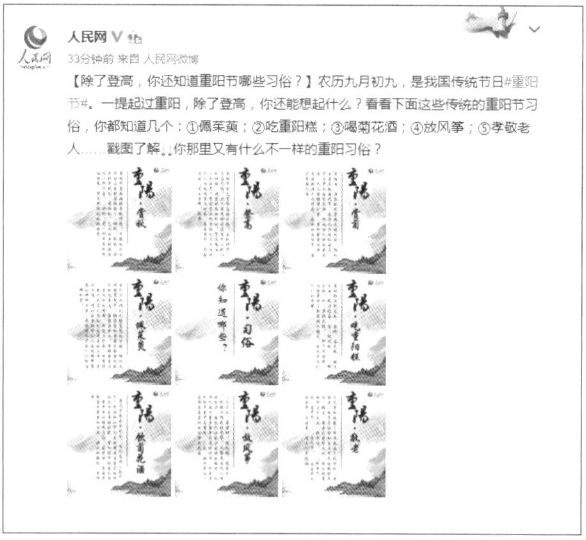

图3-11 按活跃度表征用户体系示例

图3-12 QQ按在线时长标示用户等级

4. 虚拟货币

虚拟货币是很多互联网产品都采用的用户成长体系表征形式，即根据用户在产品中的行为情况给予其相应数量的虚拟货币，虚拟货币是属于该产品体系内的一种特有的具有货币性质的东西。虚拟货币具有消耗性，可用于消费抵现、兑换、抽奖以及互动等。表现形式可能是积分、某某币（如QQ币、游戏币）或者一些具有平台特色的货币名称。例如，京东的虚拟货币为京豆，用户在京东进行购物、商品评价、晒单、交易满意度、移动端下单、指定区域在线支付等活动都可以获得京豆。用户可以花费京豆兑换购物优惠券、兑换手机流量等，如图3-13所示。这样，用户在京东平台购物消费越多、做出越多有利于平台的行为，就获得越多的京豆，拥有越多的京豆就能兑换更多的实惠和利益，有了更多的利益，就更加会吸引用户多去京东平台做出赚京豆的行为。通过这样一个良性的循环，既提高了用户的活跃度又提高了用户的留存度。

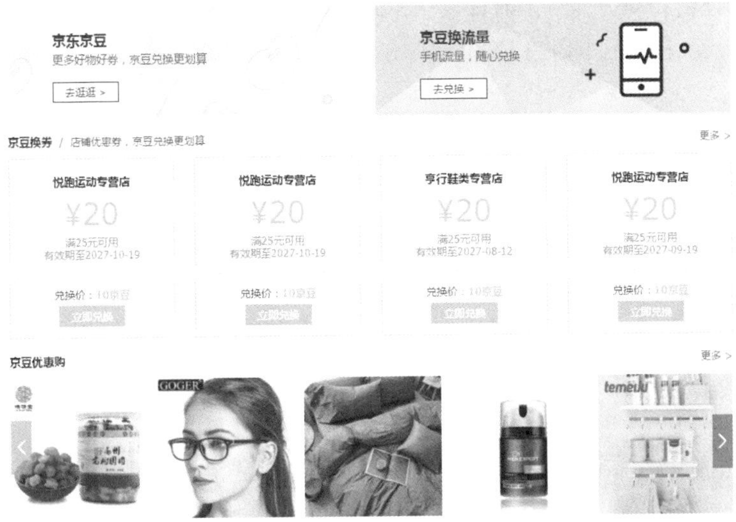

图3-13　京豆花销方式

除了上述几种常见的用户成长体系表现形式外，还有成就系统（如勋章）、虚拟道具等形式，由于这些形式只在一些特定类型的产品中会应用到，其实其实质还是一种激励形式，其本质都是激励用户做出与产品主旨一致的行为，这里不进行详细介绍。读者可以自行查阅资料或通过互联网搜索，进行深入的学习。

3.3.3　用户成长体系的任务设置

在互联网产品的用户成长体系中，驱动用户成长的基础是供用户完成的任务，用户只有完成了特定的任务，做出了特定的行为，才能得到相应的奖励（积分、成长值、虚拟货币等）。通常而言，互联网产品的用户任务主要有以下几类：

1. 新手任务

新手任务是专门为初次注册或使用产品的用户设置的任务，其主要目的和作用有两个：一是引导教育用户更好、更熟练地使用产品，任何用户第一次使用一个新产品时都是比较陌生和生疏的，需要有一些激励才能激发用户去尝试探索的动力；二是通过新手任务可以获取产品运营方想要的用户属性，单纯在注册时给出大量表单让用户填写时，用户很可能在注册时由于填写信息过多而流失，而在用户新手任务中，通过一定奖励引导用户完善其信息资料，其成功率就大大提高了。

新手任务常见的形式有：让用户绑定邮箱、绑定手机、完成实名认证、上传头像、完善个人信息、下载 APP 以及首次完成的其他任务，如图 3-14 所示。

2. 日常任务

顾名思义，日常任务就是需要用户平时经常性完成的一些重复性动作式的任务。设置日常任务的主要作用是激励用户更主动、更经常地去使用产品，从而产生产品运营方所期待的用户行为数据。通俗地讲，就是通过设置一些任务使用户可以获取一些利益点，给用户一个经常打开和使用产品的理由和动力。常见的日常任务的形式有：点赞、评论、转发、发状态、看私信、登录、签到（单次、连续）、收藏以及分享等，如图 3-15 所示。

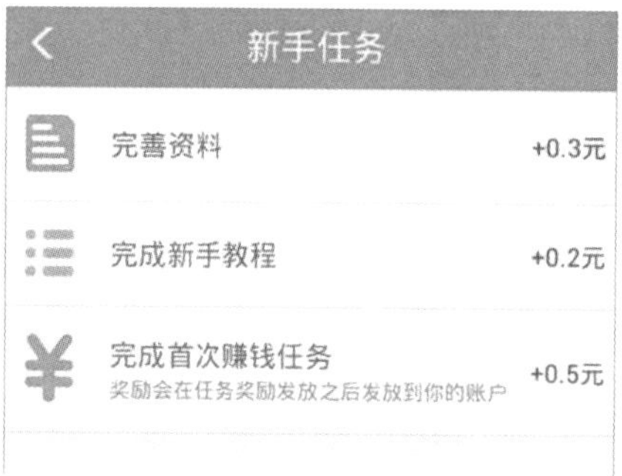

图3-14 新手任务示例

图3-15 日常任务示例

3. 关键核心任务

关键核心任务是指那些能够激励用户持续性使用产品核心功能的任务。显而易见，这些任务的设置是为了鼓励用户使用产品的核心功能，并且能够高频次重复性地去使用。例如，上文提到京东商城，它的虚拟货币获取方式就是购物、晒单、在线支付等，因为京东商城是一个电商平台，其核心功能是在线购物，所以，其设置给用户的关键核心任务就是围绕着让更多用户更多频次地使用京东平台购物展开的。同样的道理，网易云音乐产品的关键核心任务设置就会是听歌，例如，让用户再听多少首歌曲就可以升级到下一个级别，如图 3-16 所示。

4. 节点性活动任务

节点性活动任务是指只有在一些特殊时期和节点才会有的任务，这类任务一般是为了完成某个运营指标而策划实施的活动，通过活动短期内提升一些运营指标。例如，各大电商平台在“11.11 购物节”期间，会推出各种商品促销活动，以提升销售额，如图 3-17 所示。

图3-16　关键核心任务示例

图3-17　节点性活动任务示例

值得注意的是，节点性活动任务通常是根据运营实际需要而有针对性地策划实施的，一般是限定周期的，其形式可以丰富多样，一般要配合一定力度的宣传预热，主要可用于短期内瞬间提升新用户注册量和老用户的活跃度。同时，这类活动在周期上不宜太频繁、在形式上不宜太花哨复杂，否则，容易让用户觉得繁杂和参与疲劳，从而产生反感离开。

3.3.4　用户成长体系的用户利益兑现形式

在互联网产品的用户成长体系中，用户参与和完成产品运营方设置的各类任务，从而获取等级、积分和虚拟货币等权益表征形式。但在前述这个过程中，用户通过付出一定的行为所获取的权益，还只是通过等级或积分这样的符号来标示的。所以，只有当这些符号可以换取实质的收益时，用户的利益回报才算真正落地。这样，整个用户成长体系才算真正构建完毕，才能真正地得以运行。

一般情况下，用户成长体系的用户利益兑现形式有给特权、积分商城、消费抵现等，下面分别进行简要介绍。

1. 给特权

给特权就是根据用户在产品平台中活动所获得的等级、身份等的不同，分别给予用户不同的权限和权利。例如，拥有一定等级的用户可以开通一些高级功能：在一些内容社区类产品中，高级别的用户发帖可以带附件；在一些网盘产品中，高级别用户可以获取更大的网盘容量上限；在一些社交产品中，高级别用户可以享有一些个性化服务，如换肤、获取更高的升级速度。下面具体看一下腾讯 QQ 不同等级用户的对应特权列表，如图 3-18 所示。

分等级特权

特权与功能	非会员	SVIP1	SVIP2	SVIP3	SVIP4	SVIP5	SVIP6	SVIP7	SVIP8
好友上限	1500	2400	2400	2400	2400	2400	2600	2800	3000
QQ等级加速	不加倍	1.7倍	1.9倍	2.0倍	2.1倍	2.2倍	2.4倍	2.7倍	3.0倍
2000人群	无	1	1	1	1	1	2	2	3
1000人群	无	1	1	1	1	1	2	3	4
表情漫游	无	100个	200个	400个	600个	800个	1000个	1200个	1400个
云消息服务	7天	2年	2年	2年	2年	2年	2年	2年	2年
离线传文件	2G	2T	2T	2T	2T	2T	2T	2.5T	4T
网络相册	无	25G	50G	75G	100G	125G	250G	300G	500G
靓号抵用券	无	2Q币	5Q币	10Q币	15Q币	20Q币	25Q币	30Q币	35Q币
文件中转站	2G	7G	8G	10G	2T	2T	2T	2.5T	2.5T

图3-18 腾讯QQ用户等级特权

2. 积分商城

积分商城就是专门用于消耗用户积分的商城，即用户可以用自己在产品平台上挣得的积分、虚拟货币等在积分商城里进行消费，购买各种与产品属性相关的商品，这样用户获取利益享受的同时，可以消耗积分，从而刺激用户再去参与相关任务活动去赚积分。例如，在电信网上营业厅 APP 的积分商城里，用户可以用积分兑换新潮的硬件产品、手机周边产品等，如图 3-19 所示。

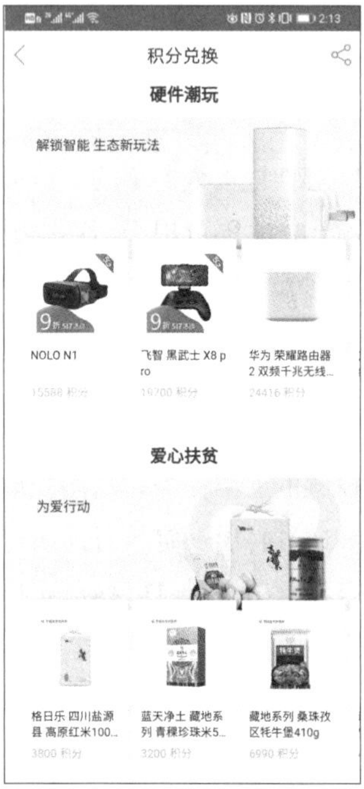

图 3-19 积分兑换示例

通俗地讲，积分商城就是用来消耗用户积分的。除了在积分商城中直接用积分兑换相应的商品来消耗积分之外，还有其他一些消耗积分的方式，例如，利用积分兑换抽奖的机会。抽奖借助用户的博彩心理，可以消耗用户积分让用户更持久地留在平台，同时通过获奖概率控制成本支出。阿里巴巴旗下的天猫电商平台的用户成长体系中就曾推出了"小积分抽大奖"的积分消耗方式，如图 3-20 所示。具体的消耗积分抽奖的规则如图 3-21 所示。

3. 消费抵现

消费抵现就是直接将虚拟货币当作现实货币使用，直接在购物时进行抵现，这主要是在电商类产品中使用的方式。例如，京东商城的虚拟货币京豆，用户上一次在京东商城购物消费时可以获得京豆，下次再购物消费时可以用于抵扣商品的部分金额。这样，相当于一次购物时给予了用户下一次购物的优惠（注意购物时奖励虚拟货币与购物时直接打折的区别），有利于刺激用户循环多次在商城平台消费，如图 3-22 所示。

图3-20　积分抽奖示例

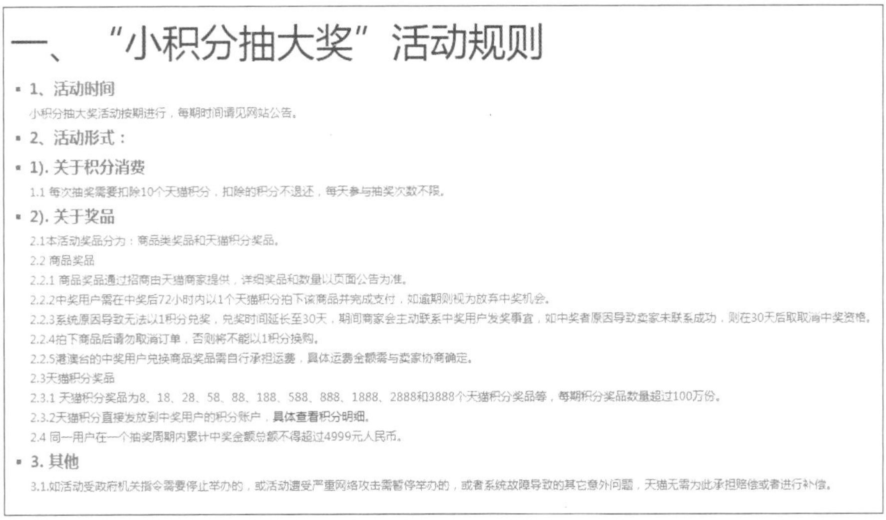

一、“小积分抽大奖”活动规则

- **1、活动时间**

  小积分抽大奖活动按期进行，每期时间请见网站公告。

- **2、活动形式：**
- **1). 关于积分消费**

  1.1 每次抽奖需要扣除10个天猫积分，扣除的积分不退还，每天参与抽奖次数不限。

- **2). 关于奖品**

  2.1本活动奖品分为：商品类奖品和天猫积分奖品。

  2.2 商品奖品

  2.2.1 商品奖品通过招商由天猫商家提供，详细奖品和数量以页面公告为准。

  2.2.2中奖用户需在中奖后72小时内以1个天猫积分拍下该商品并完成支付，如逾期则视为放弃中奖机会。

  2.2.3系统原因导致无法以1积分兑奖，兑奖时间延长至30天，期间商家会主动联系中奖用户发奖事宜，如中奖者原因导致卖家未联系成功，则在30天后取取消中奖资格。

  2.2.4拍下商品后请勿取消订单，否则将不能以1积分换购。

  2.2.5港澳台的中奖用户兑换商品奖品需自行承担运费，具体运费金额需与卖家协商确定。

  2.3天猫积分奖品

  2.3.1 天猫积分奖品为8、18、28、58、88、188、588、888、1888、2888和3888个天猫积分奖品等，每期积分奖品数量超过100万份。

  2.3.2天猫积分直接发放到中奖用户的积分账户，**具体查看积分明细。**

  2.4 同一用户在一个抽奖周期内累计中奖金额总额不得超过4999元人民币。

- **3. 其他**

  3.1.如活动受政府机关指令需要停止举办的，或活动遭受严重网络攻击需暂停举办的，或者系统故障导致的其它意外问题，天猫无需为此承担赔偿或者进行补偿。

图3-21　天猫积分抽奖规则示例

图3-22　京豆抵现支付

至此，关于搭建互联网产品用户成长体系的基本过程就已经介绍完了，从用户的任务设置开始，这是用户成长体系的入口，再到用户的收益的兑现，这是用户成长体系的出口。实际上，在入口和出口两者中间，还涉及用户成长数值的换算，因为不管怎样设置激励措施，最终都需要有一套算法和机制保证产品运营方有利可图，给用户做出某种行为奖励多少，必须要以利大于亏的原则进行精确的计算和预测，而不能随意设定。在计算过程中，还需要考虑一系列的周边因素，如通货膨胀、恶意刷分等。有关内容有一定复杂性，学有余力的读者可以专门查找相关资料进行深入学习。

3.4 用户运营的常用工具

在进行用户运营的过程中，从用户研究、用户获取、用户信息管理到用户互动、用户成长体系搭建，都可以借助一些专门工具辅助提高工作效率。

3.4.1 用户信息管理工具

在用户运营的实践过程中，运营人员通常要面对数以万计甚至亿计的用户量，要对这么大规模的用户进行有效的管理和维护，需要借助一些专门的用户信息管理工具，以便高效地完成用户分类、统计分析、批量操作等工作，从而提高工作效率。

这里介绍一款运营人员经常使用的用户信息管理的工具——麦客 CRM。麦客 CRM 是一款免费用来对用户信息进行收集管理以及拓展新用户的轻态表单工具。麦客 CRM 能够帮助运营人员进行用户信息收集、用户研究以及市场开拓、新用户挖掘并展开持续营销活动的管理平台，如图 3-23 所示。

图3-23 麦客CRM首页

信息收集是深入渗透在运营人员日常工作活动中的事务，举办运营活动报名、用户调研投票、问卷调查反馈，都可以借助麦客 CRM 提供的表单功能来实现。运营人员只要简单地拖动组件框，配置出想要收集的内容，收集完成后，麦客工具就可以提供自动规整的信息、自动统计报表，从而帮助运营人员方便有效地进行数据的导出和处理，如图 3-24 所示。

图3-24　麦客表单制作

在麦客表单收集的信息中，凡是填写表单的联系人的相关信息都会沉淀到麦客的联系人模块，可以对用户进行灵活的管理，这些数据也可以作为新用户数据的重要来源，如图 3-25 所示。这对于用户运营过程中的用户拉新是极其有帮助的。

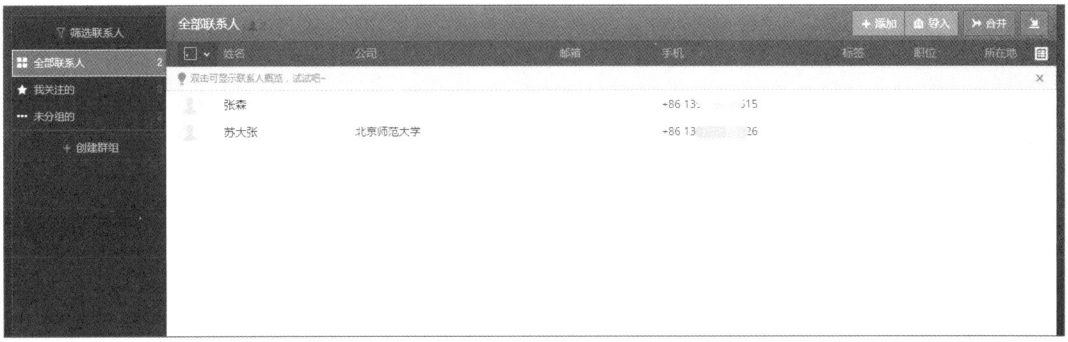

图3-25　麦客联系人管理

在用户运营服务的过程中，经常需要与用户进行通信互动，麦客提供了便捷易用的邮件和短信模块，如图 3-26 所示。短信模块需要开通相应服务，购买相应配额才能使用，如图 3-27 所示。运营人员可以向联系人批量地推送消息，也可以在与表单等其他系统功能交互的过程中向联系人触发相应的消息，传达产品运营方想要客户了解的内容。

麦客的联系人管理模块能够精准定位到每一个联系人与产品运营方的交互行为归集，并根据这些行为将联系人分类分级，可以在运营过程中对联系人进行进一步有针对性的管理，例如，对其进行分组、打标签等，如图 3-28 所示。这有助于为产品用户成长体系的搭建奠定基础。同时麦客还能够从大批量联系人中提取出对产品运营而言更有意义的那一小批用户，便于有选择性地在这些用户身上投入更多的资源，提高转化成交率。

图 3-26　麦客邮件发送功能

图3-27　麦客短信模块

图3-28　联系人精细化管理

麦客除了可以对收集的信息进行管理之外，还可以进行基本的数据统计和分析，如图 3-29 所示。

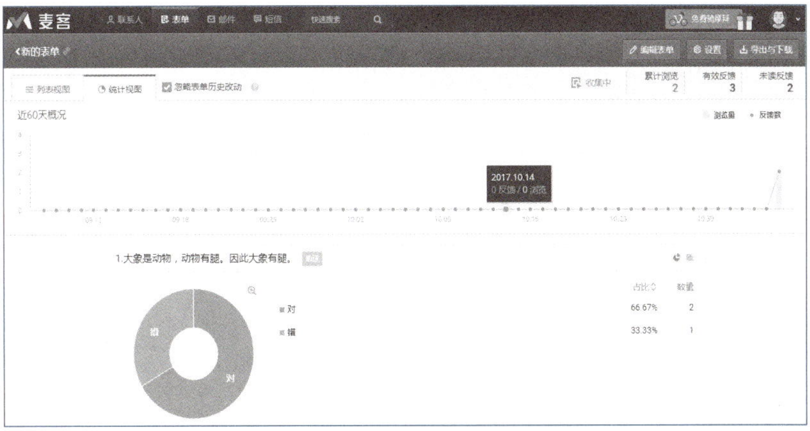

图3-29　麦客信息数据统计分析

运营人员经常需要在微信公众号、今日头条等自媒体发起活动，与用户进行各种类型的互动。麦客表单很适用于进行活动报名、用户调研、意见反馈、外部下单、投票调查等各种场景，生成的表单链接可以直接添加到微信菜单栏或者进行朋友圈、微博的转发和分享，方便传播。用麦客收集到的数据会自动生成数据报表，相较其他在线表单制作工具而言，麦客能够将表单收集到的信息与客户的“联系人信息”打通，非常有利于有效数据的沉淀和对用户信息进行有针对性的处理。

3.4.2　用户在线客服工具

在互联网产品运行过程中，用户经常需要即时咨询有关产品的一些问题，这就需要即刻与产品运营人员取得联系，在过去往往是通过电话来实现咨询联络，互联网时代，有许多直接通过网页就能一键连线的互动咨询工具，可以用来实现用户的即时在线咨询需求。

这里介绍两款互动咨询工具，一个是百度商桥在线客服系统，另一个是 QQ 在线客服工具。百度商桥是一款针对企业客户量身打造的网站商务沟通工具，如图 3-30 所示。

图3-30　百度商桥在线客服系统

百度商桥打造了集在线客服、智能营销、客服管理、数据分析为一体的营销平台。它从线上线下、PC 移动，全方位助力流量转化；从咨询成单到统计分析，帮助产品运营方实现整个营销过程的良性循环。

安装商桥客户端后，只需在网站上添加一段代码，即可获得访客“进入网站、浏览网页、商业意图判断、捕获访客发出商机、建立在线沟通、成单记录、效果分析、优化建议”的全程数据和解决方案。

QQ 在线客服工具可以支持互联网访客直接通过网页的一个按钮发起与运营人员的 QQ 沟通，如图 3-31 所示。

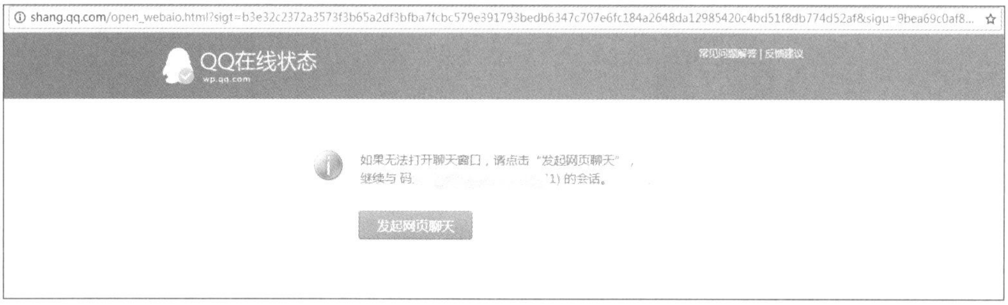

图3-31 QQ在线客服

由于 QQ 基本是全民普及的即时通信软件，每个会使用互联网的人几乎都至少拥有一个 QQ 账号。所以，用户通过 QQ 在线客服直接发起与运营人员的对话，十分便捷和高效，不需要再下载安装或登录任何特殊软件就可以直接对话。

QQ 在线客服的设置也十分简单，只要简单的几步设置就可以轻松完成一个 QQ 在线客服的部署。

首先，选定一个需要用作客服的 QQ 账号，登录腾讯 QQ 推广官网 http://shang.qq.com，如图 3-32 所示。

图3-32 QQ推广官网地址

选择并单击“推广工具”菜单，会弹出一个开通 QQ 通信组件的提示框，单击提示框中的“立即免费开通”按钮即可开通 QQ 通信组件功能，如图 3-33 所示。

图3-33　开通QQ通信组件

在所期望的组件样式中单击即可选中相应的组件样式，然后再设置鼠标移过组件按钮时的提示语，如“联系运营小妹”，如图 3-34 所示。

图3-34　设置组件样式

刷新页面，发现下面的文本框根据我们的选择生成了一段代码，只需要把这段代码复制到自己网页中相应的位置就可以在网页上安装一个 QQ 在线客服按钮，如图 3-35 所示。

图3-35　在线QQ客服安装代码

测试一下最终效果，就出现了一个悬挂在网页一侧的咨询 QQ 在线图标，如图 3-36 所示。

随着 5G、人工智能等新技术的发展与应用的不断普及，除了上述两款比较传统的在线客服工具之外，还出现了一些充分发挥和应用新技术优势的客服工具，比如基于视频技术的客服解决方案，基于人工智能的自动化客服解决方案。

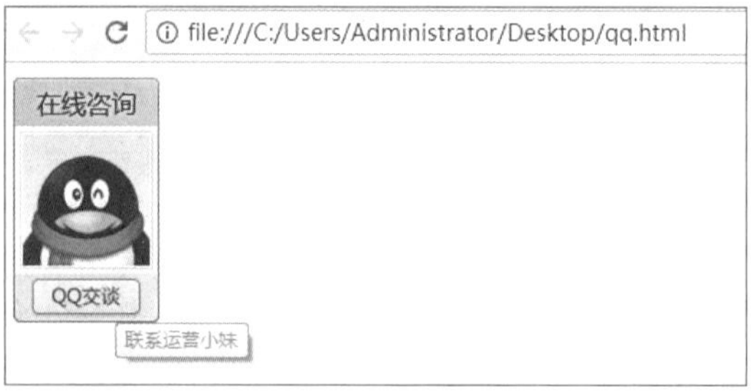

图3-36 测试效果示例

总之，在用户互动、关系维系方面，不断发展和涌现着一些新的工具，可以为用户关系的维护提供有效的支撑。

3.4.3 用户间通信工具

在移动互联网时代，大量互联网产品都以移动端 APP 的形式存在。在移动 APP 产品的用户运营中，为了提高用户的活跃度，不仅要求产品与用户之间要有密切的交互，而且要求用户与用户之间也能够发生密切的互动联系，以不断提高用户对产品的黏性和活跃度。也就是说，在许多移动互联网 APP 产品中，用户与用户之间也是需要相互通信互动的，互动的形式包括即时交流、各种交互活动和群组活动等。

除了社交类产品外，这种用户间的通信功能往往并不是一些 APP 产品的主流功能，主要是用于满足用户活跃需要的，属于运营性功能。这种情况下，这些功能大可不必专门进行开发，可以借助第三方现成的工具辅助实现，这样既可以节省产品开发成本，也能够比较全面地满足实际运营的需要。这里介绍一款专门用于 APP 产品用户间的即时通信服务工具——环信，如图 3-37 所示。

图3-37 环信官网

环信可以提供覆盖各种即时通信场景和让用户畅所欲言的通信服务，包括私密社交、群聊和直播聊天室、视频会议等功能。

1. 私密社交功能

环信私密社交功能支持用户之间以文字、表情、语音、图片、位置、文件等丰富多样的全类型消息格式进行互动，同时还支持消息撤回、阅后即焚、实时音视频等丰富功能，如图 3-38 所示。

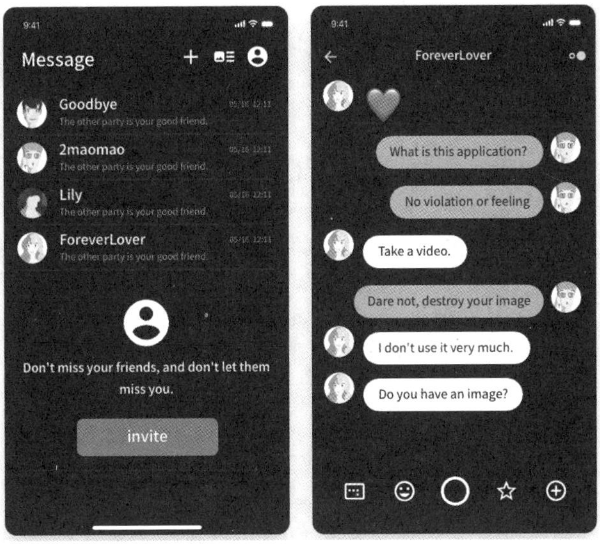

图3-38　环信的通信功能

2. 群聊互动功能

环信支持建立群组功能，而且支持将直播嵌入群聊建立直播聊天室功能。该功能提供丰富的群聊管理功能，提供群主、管理员、成员等角色身份，可以对群聊角色进行分类管理，支持开通消息已读回执功能。如图 3-39 所示

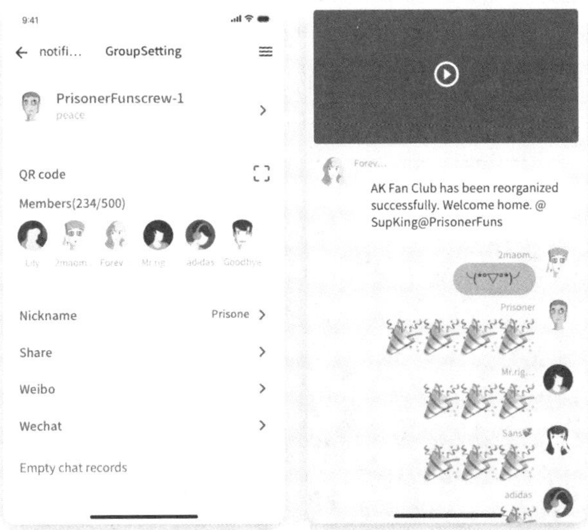

图3-39　群组互动功能

与此同时，基于当前不断成熟的视频技术，环信还提供了视频聊天室、视频会议等即时通信解决方案，如图 3-40 所示。

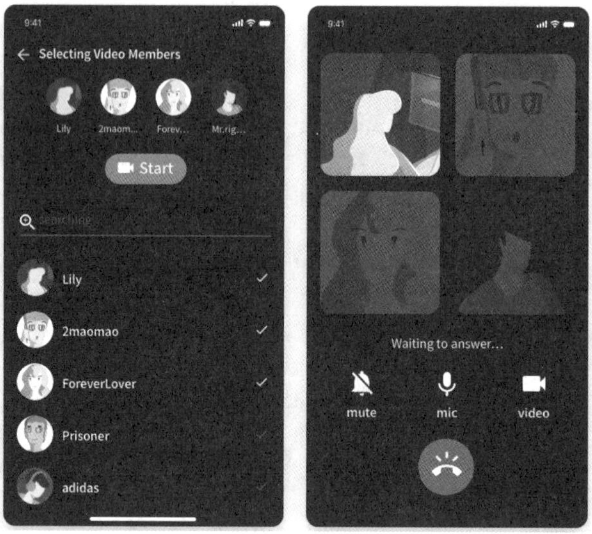

图3-40 视频通信

总之，目前市面上有许多专门提供支持用户间即时通信的工具，在用户运营的过程中，可以根据产品本身需要，选择合适的工具以提高效率，提升用户运营的质量。

3.4.4 用户积分运营服务工具

在用户运营实践中，通过一系列的活动拉新、促进用户活跃，提高用户黏性和忠诚度，促使用户不断成长为产品的高等级用户，是运营人员的重要职责。

市场有很多专门的致力于用户运营的第三方服务平台，可以提供针对性的用户运营工具和服务，帮助运营人员提高用户运营的效率。这里介绍一个用户运营的服务平台——兑吧。

兑吧用户运营 SaaS 平台旨在通过多样化的用户运营工具，为应用开发者及线下企业提供全周期的用户运营服务，帮助其提升用户的在线留存及活跃度，如图 3-41 所示。

图3-41 兑吧官网

兑吧平台主要提供积分运营、签到活动、爆款活动工具等三大类型的工具与服务。

前面已经介绍了积分商城是用户成长体系运营中消耗积分的重要出口，同时各种节点性的活动任务是用户成长体系运营中赚取积分的重要入口。兑吧的积分运营服务为用户提供积分商城的全套服务，包括商城系统的搭建、商城商品的配置以及订单管理等一站式的功能，如图 3-42 所示。兑吧的积分运营功能接入也非常简单，只要通过简单的配置步骤即可完成。

图3-42　积分运营服务工具

针对日常运营中为了提高用户活跃度和黏度的需要，兑吧提供了用户签到活动工具和服务，提供丰富多彩的签到活动形式，如图 3-43 所示。基于这项服务，可以轻松开展用户签到活动，提高用户黏性和忠诚度。

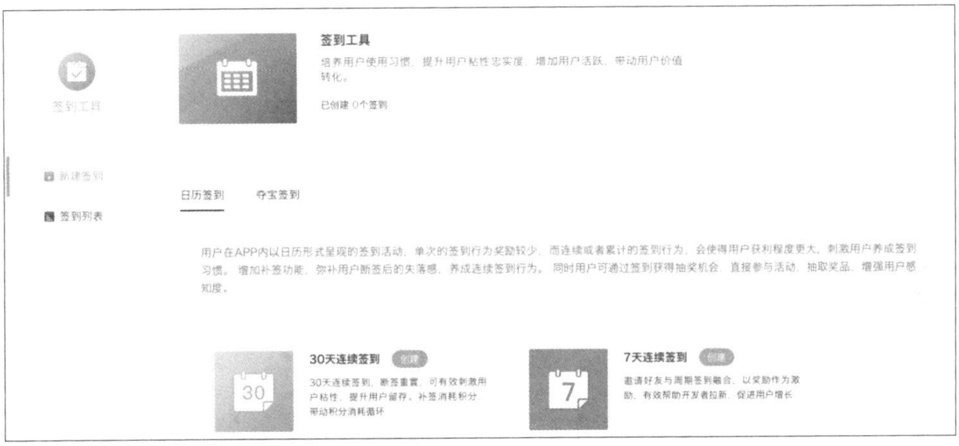

图3-43　签到活动

同时，兑吧还提供了丰富的用户运营的活动工具，可以帮助使用者轻松开展丰富多样的爆款活动，以提高用户的活跃度。如图 3-44 所示。

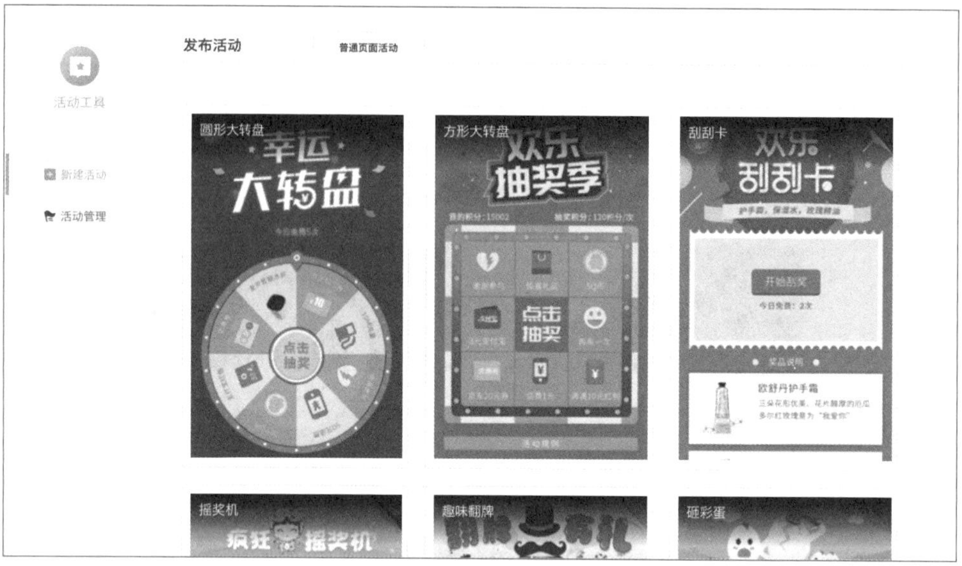

图3-44　用户活动工具

综上所述，用户运营所要达成的目标是互联网产品运营的终极目标，其他无论是活动策划还是内容策划与运营，都是为用户运营服务的。所以，用户运营是互联网产品运营工作中的核心所在，从事互联网产品运营工作的人员，要深刻理解和领会这一点。在此过程中，运营人员要善于运用专业化的第三方服务工具，以提高用户经营的效率和质量。

思考与练习

1. 什么是用户运营？
2. 简要叙述用户运营的主要任务包括哪些。
3. 简要概括什么是用户成长体系。
4. 简要概括用户成长体系搭建的原则。
5. 用户成长体系的表现形式有哪些？
6. 用户成长体系中的任务设置有哪些类型，分别概括说明一下。
7. 用户成长体系中用户获得的利益都有哪些兑现方式？

第4章　内容运营的基本方法和工具

在第 1 章介绍的互联网运营“一二一”工作内容框架中，内容建设是服务和促进用户经营的重要支柱之一。本章我们开始介绍如何具体开展内容建设，即内容运营的基本方法和工具。

4.1　内容运营的定义及范围

互联网时代，无论什么产品，只要跟用户打交道，就一定存在着内容。产品所提供的功能价值以及功能使用方法，都需要通过内容来与用户沟通和传达。内容的范围很广泛，无处不在，无所不是，小到各导航菜单标题或者一句话，大到一篇文章、一集视频或者一个内容型产品（如知乎、百度贴吧）都可以是内容。概括起来，凡是产品中用以阐释、承载、传递产品功能价值的信息，都可以称为产品的内容。无论产品是何种形态，都是建立在内容的基础之上。例如，工具型产品，内容一般为 UI 界面、功能、社区等；电商类产品，内容一般为海量 SKU（Stock Keeping Unit, 库存单元）、轮播图、网站 Banner 图等；资讯类产品，内容则为文字、图片、视频等，依此类推。

根据内容发挥作用的不同，产品的内容可以分为辅助性内容和消费性内容两大类：辅助性内容主要用于向用户解释、说明产品的相关功能、特色和使用步骤、方法，即辅助用户更好地理解和使用产品价值；消费性内容是直接供用户消费的信息资源，即直接满足用户对某类内容的需求，这类产品直接以其提供的内容本身为其核心价值，如视频网站、音乐 APP、知识社区等都属于直接提供消费性内容的产品。

产品内容的形态包括文字、图片、动画、视频、音频等多种形式。早期互联网产品的内容以图文形式最常见，随着网络技术的发展普及，音视频、动画等形式也越来越常见。而且各种形态搭配组合，综合使用，能达到更为强烈和彻底的表达效果。

在互联网产品运营实践中，内容运营就是通过对产品内容进行策划、创作、编辑、传播、优化等一系列与内容相关的工作，传达产品理念和价值，促进用户对产品的认知，从而提升产品与用户的紧密联系。内容运营主要包括内容的策划与生产、内容的包装与呈现以及内容的传播与扩散三个阶段的内容。在现实工作场景中，根据产品内容的特性和侧重点不同，一个从事内容运营的岗位，有可能只负责其中一个阶段的工作内容，也可能需要负责完成几个或全部的工作内容。

4.2 内容的策划与生产

顾名思义，内容的策划与生产解决的就是内容从 0 到 1 诞生的问题。本节主要介绍内容策划与产出的基本过程、基本方法和常用的一些工具。

4.2.1 内容生产的模式

内容对于互联网产品十分重要，那么互联网产品的内容通常都是怎么生产出来的呢？这是内容运营要了解的首要问题。总体来讲，互联网产品内容的生产一般有 3 种主要模式：一是产品运营团队里设置专门的岗位，负责所运营产品需要的内容的策划与生产，例如某款产品的官方微信公众号的内容，通常都是设置一个新媒体运营的岗位，由该岗位的职能人员负责把产品相关的内容信息通过微信公众号进行传播；一种是聘请专业人士来为产品提供特定的专业性内容，例如在一个医疗服务平台产品中，专门聘请有资质的医师撰写医药健康类的文章、回答用户医疗问题；第三种是通过鼓励产品的用户来生产内容，常见于一些具有社交性质的产品，如微信从来不自己生产内容，而是让用户自发生产内容（例如微信朋友圈的照片、微信公众号的文章，都不是由微信产品运营团队自己生产，而是由广大用户生产的）。

上述第一种通过产品方自设内容生产岗生产内容的方式通常称为品牌生产内容，简称 OGC（Occupationally-Generated Content）；第二种方式通常称为专业或专家生产内容，简称 PGC（Professional Generated Content）；第三种方式是现在互联网产品越来越重视并着重发展的方式，通常称为用户生产内容，简称 UGC（User-Generated Content）。

OGC、PGC、UGC 三者之间既有密切联系又有明显的区别，如图 4-1 所示。一个产品的 PGC 和 UGC 是可以有交集的，一部分专业内容生产者，可能既是该平台的用户，同时以专业身份（专家）贡献具有一定水平和质量的内容，如微博平台的意见领袖、科普作者和政务微博；PGC 和 OGC 也可以有交集，一部分专业内容生产者既有专业身份（资质、学识），也以提供相应内容为职业（职务），如媒体平台的记者、编辑，既有新闻的专业背景，也以写稿为职业领取报酬；而在一个平台（互联网产品）上，既以用户角色生产贡献内容，又是平台内容岗的拿报酬的职能人员，这两种方式的逻辑是说不通的，所以 UGC 和 OGC 相对没有交集。

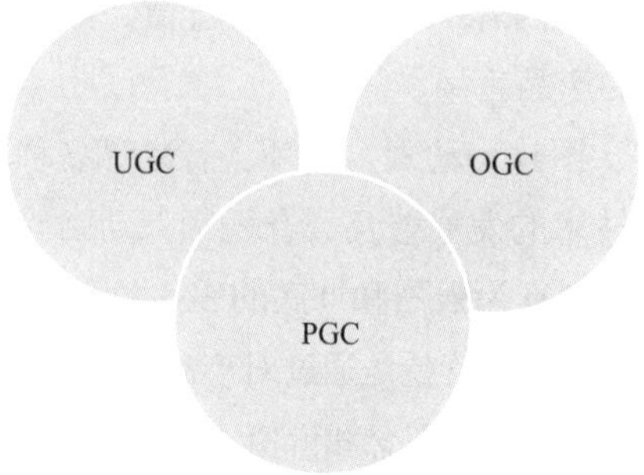

图4-1 3种内容生产模式的关系

4.2.2　内容生产的流程

不管生产什么形态的内容，一篇文章或者一段视频的创作，一般都要经历确定主题、构思结构、拟定大纲、收集制作素材以及聚合输出 5 个步骤，如图 4-2 所示。

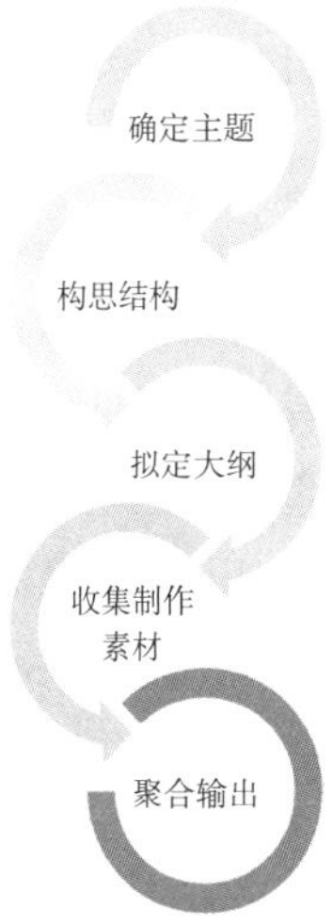

图4-2　内容生产流程步骤

1. 确定主题

主题是一篇内容作品的中心思想和核心主旨，是内容创作的出发点和落脚点。任何内容创作都要从确定主题开始，只有确定了主题，才能够围绕主题开展结构、布局、素材等各方面的后续工作。在内容运营实践中，确定什么样的主题，主要取决于要达成什么样的目的及目标。

2. 构思结构

结构是组成内容整体的各部分的搭配和安排，即内容作品的整体骨架构成。有了主题之后，就要围绕主题进行内容结构的构思，对内容作品的整体组成要素、组成框架以及侧重点进行构思与设计。

3. 拟定大纲

大纲是对上一个步骤的具体和深化，是经系统排列的内容要点，并且具有一定的顺序性、逻辑性。如果是创作一篇文章，则大纲就是文章的标题目录；如果是创作一个视频短片，大纲则可能是一个故事梗概或拍摄脚本。

4. 收集制作素材

上述前三个步骤实际上都属于思想、知识构建的过程，其产物都是一些构想和想法。接下来要使这些构想贯彻融入并体现到内容中，还需要通过文字、图片、动画、音 / 视频等素材去呈现。

所以，内容创作的第四个步骤是收集和制作相关素材，使内容充实和显性化。

5. 聚合输出

当所有的构思、想法都有恰当的素材进行表现之后，接下来的工作就是把这些素材进行梳理，有机地进行聚合，并进行修改完善。最后确认所有内容都符合主题及大纲的规定后，就可以进行内容正式成果的输出。至此，一个内容作品就这样从 0 到 1 被创造出来。

4.2.3　内容生产的方法和工具

在进行内容生产创作时，可以借助一些前人总结形成的方法、经验，也可以使用一些专门的内容创作工具，辅助进行内容的生产，这样有利于提高内容生产的效率。接下来，对于在内容运营实践中进行内容创作可以应用的一些方法和工具进行一些介绍。

1. 内容主题定位的思路与方法

内容主题反映的是内容的核心主旨，直接决定着内容的价值方向。实际上，精品内容暗含着一个基本前提，那就是该内容的主旨及其所代表的价值要与受众需求所匹配，如果没有内容主旨与受众需求的精准匹配，那内容的价值性也就无从谈起了。这就要求我们在进行内容创作的时候，首先要对内容的主题进行精准的定位。

一般而言，确定内容主题定位有两种基本思路和方法，一种是受众关注焦点追踪法，一种是专家引领法。

（1）受众关注焦点追踪法

用户关注焦点追踪法，顾名思义，就是适时追踪并围绕受众当下的关注焦点进行内容主题的定位和策划。通常可以通过受众调研的方式追踪和定位他们的关注点和疑惑，受众调研的方式主要有直接调研和间接调研两种形式。

所谓直接调研，就是直接面对目标受众，以访谈或问卷调查的方式，了解其所关注的焦点问题或是对某个主题的兴趣程度。或者是，通过设置一些用户的问答活动，通过与用户的直接交互，获取用户所关心的问题。在第 3 章介绍用户研究的方法和工具时，已经对访谈和问卷调查做过相关介绍，这里就不再赘述。

除了直接通过访谈、问卷调查等直接调研的方式追踪目标受众的关注焦点，还可以通过间接调研的方式追踪目标受众关注的热点。

间接调研主要是指通过利用第三方的一些渠道收集到目标受众的相关数据，从而帮助我们了解目标受众的关注焦点。这些第三方渠道包括一些问答类社区网站，如百度知道、知乎、悟空问答等，如图 4-3 至图 4-5 所示。

在这些问答社区网站里，当人们遇到什么问题的时候，都愿意将自己的问题发表出来，寻求解决方案。如“百度知道”社区里，分门别类“躺”着数以千万的问题。而且，还可以通过查看每个问题的关注数、收藏人数、评论数，判断哪些问题是关注度最高的热点问题，同时这些网站也会通过系统分析，将热点问题进行归类汇总，单独呈现在热门栏目里。这样，通过浏览这些问答社区网站，锁定我们自己所在的领域的目标受众，看看他们主要的提问聚焦在哪些点，就很容易追踪他们的关注焦点。

图4-3 百度知道社区

图4-4　知乎社区

图4-5　悟空问答社区

除此之外，很多大型的互联网平台都有热点指数功能，比如百度有百度搜索指数，微博有微博热搜，甚至淘宝也推出了淘宝热搜，通过这些热搜关键词，也可以帮助我们判断自己内容的目标受众正在关注着什么或是正遇到哪些棘手的问题。

（2）专家权威引领法

专家权威引领法，是指通过咨询某领域的专家和权威，基于其对该领域的长期研究和深刻洞察，确定内容创作主题，以高屋建瓴的专业性、深刻性引领目标受众的关注焦点。

如果说受众关注焦点追踪法是一种自下而上的内容主题定位方法，那么，专家权威引领法就是一种自上而下的内容主题定位思路。

这里的专家权威，主要分为两类，一类是领域内或是行业内的专家人物，这些人在该领域或行业已有多年的研究和积淀，具有该领域或行业的系统化知识经验，并能够基于此对该领域或行业相关的主题产出击中领域内受众内在需求的深刻的洞察和见解。

另一类是指一些专门的研究机构，这些机构通过专业的工具和分工，专业的方法，对某个特定领域进行长期的监测和研究，从而形成了如专家一样的权威结论和报告，可以作为我们进行内容主题定位的指导。比如，一些大数据公司，通过广泛采集相关领域的大数据，并基于专业的大数据技术和工具方法进行分析，得出权威的趋势预测报告，我们可以将这些报告的结论作为确定内容创作主题的指南。

所以，在进行原创内容的主题定位时，一方面可以直接与目标受众进行接触，获取一手的需求，另一方面，可以借助相关权威，确定引领性的主旨话题。受众一方面对匹配自己直接需要的内容是欢迎的，另一方面，受众对能让自己产生顿悟的引领性内容是渴求的。抓住这两点，才能很好地制定符合稀缺化、优质化要求的内容主题。

2. 内容结构搭建的思路与方法

不管什么内容如果是乱作一团，会给人造成心烦意乱、难以理解的障碍。因为人们认知事物总是按照某个逻辑进行的，有秩序、整齐的内容才更容易引起人们愉悦的情绪并容易理解。结构化呈现就是要按照一定的逻辑有条理、有顺序地展示内容。

所以，精品的内容不仅需要主题新颖、切中受众的需求和关注点，更需要在结构上逻辑严谨、层次分明，给人循循善诱和层层递进之感。这就需要精心构思和设计内容的表达结构，使其符合受众的认知思维和理解过程。

（1）内容构思所遵循的逻辑

一般而言，人们认知事物的常见逻辑有以下几种：

①因果关系。原因在先，结果在后（简称先因后果）是因果联系的特点之一，可原因和结果必须同时具有必然的联系，即二者的关系属于引起和被引起的关系，“在此之后”不等于“由此之故”。

②层递关系。是把要表达的意思按照大小、多少、高低、轻重、远近等不同程度逐层排列的写法。可使读者层层跟随，因而引人入胜。如是叙事，条理清楚；如是说理，说服力强；如是抒情，易生感染效果。

③主次关系。即主要和次要，分清主次就是要突出重点，聚焦中心思想，而不是记流水账式的没有重点，让人摸不着头脑。

④总分关系。总分关系就是构建段落方式中的一种，是指自然段中有一句话对全段内容进行总结说明，其他几句分别从不同方面展开。总分关系构成的自然段，在形式上可以是先总说，后分说；也可以是先分说，再总说；还可以是先总说，再分说，最后小结。

⑤并列关系。在文章中，层次、段落、语句、词组都可呈并列状态，并列状态只是有前后之分而无主次之分。

在实际的内容创作中，可以综合应用上述各种结构关系，也可以在某一种结构关系中套用其他结构关系，比如内容主体的结构关系是总分关系，在一些段落或是部分，采用因果、递进等结构。

（2）文章的框架

文章是在运营实践过程中最为常见的内容形式，一般而言，构思一篇文章主要有两种框架，一种是归纳型，一种是演绎型。

归纳型框架，是先抛出观点，再阐述分支论点，最后予以总结的一种框架结构，如图 4-6 所示。

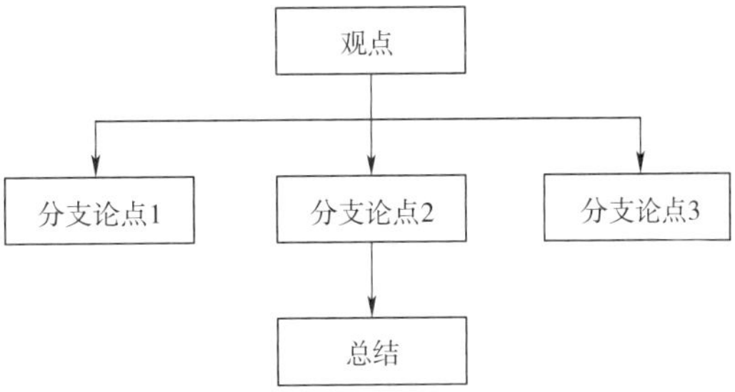

图4-6　归纳型框架

例如，一篇归纳型框架的文章结构大致如下：

观点：

基于移动互联网的短视频是一种新的内容表达与传播方式。

原因（分支论点）：

①短视频让内容创作门槛降低，人人都能参与内容创作；

②短视频这种内容形态生动、鲜活、立体、具象，便于人们理解。

总结：

每个人都要及早认识和利用基于移动互联网的短视频这种新的内容表达与传播形式。

演绎型框架，指一个一个情节和分支点展开，最后进行提炼总结得出结论的内容结构，如图 4-7 所示。

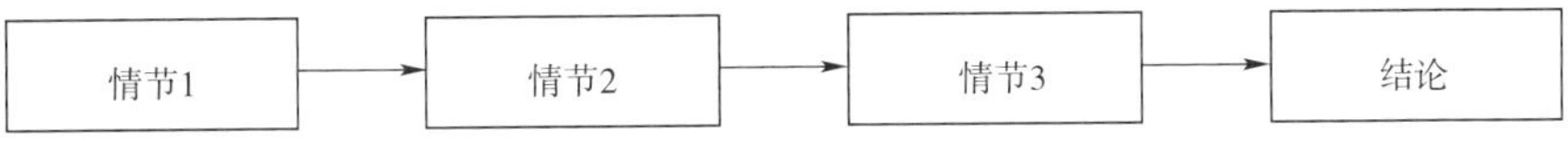

图4-7　演绎型框架

一篇演绎型框架的文章结构大致如下：

情节 1:

我的性格特点

我性格开朗，喜欢与人打交道，善于倾听；

情节 2:

我学习的专业

我学习的专业是心理学，对消费者心理学专业知识掌握比较好；

情节 3:

我准备求职

我马上要毕业了，面临求职就业，我需要根据自我的优势进行职业规划和选择。

结论：

我应该结合我的性格优势和专业长做职业选择，用户运营是符合这个思路的恰当职业。

3. 内容产出的思路与方法

当确定了内容的主题和逻辑结构，接下来就需要围绕主旨思想、遵循既定结构，进行内容细节的填充和描述，从而产出思想独具一格、内容丰富别致的原创精品内容。

原创内容的产出，通常是需要创作者具备扎实的知识积淀和丰富的阅历积累的。一般而言，原创内容的源泉主要有两个，一个是对自身直接经验的还原，即将自己的所见所闻所思按照一定的结构，原原本本描述和呈现出来，就可以形成一篇原创的内容，一般可以把这种方法称为直接经验还原法；另一个是对间接的知识进行二次加工，即将自己从书本、他人等第三方媒介获得的零散状的知识、信息，与自己的实践经验进行对照验证，再加以自我的思维框架的串连，用自己的语言、自己重组的逻辑描述和呈现出来，从而形成具有新的主旨思想和逻辑结构的原创内容，一般可以把这种方法称为间接经验整合法。

（1）直接经验还原法

应用直接经验还原法进行原创内容的生产，所需要面临的挑战主要是，一个人的经验毕竟是受限于时间和阅历的，也就是说我们很难依赖一个或有限的几个人持续不断基于自身直接经验输出原创内容，经验总有穷尽的时候。

因此，在内容运营的实践中，通常会采取 UGC（User Generated Content，用户生产内容）的方式，来发动产品的用户共同参与内容的创作和输出。用户生产内容就是发动产品生态里的用户来进行相关主题内容的集体创作，这样就可以解决某个特定人因直接经验限制而无法持续产出内容的问题。

这样一来，内容的运营者只需要进行内容主题的策划以及内容输出规范的制定，再加以相应的引导和激励机制，就可以让用户本身既是相关内容的消费者，也可以成为内容的创作者和贡献者。毕竟，每个人都有自己独特的实践经历和体悟，鼓励他们将这些直接经验还原出来，就可以形成丰富多彩的原创内容。微信产品生态里的所有内容就都是由用户生产的。

利用 UGC 的方式驱动更多的人生产内容时，为了保证内容的价值和风格的稳定性、可持续性，需要做到三个“统一”：

第一，主旨要统一。不管是发动多少人参与内容生产，都要加强内容选题的策划，使得众多参与创作的成员，都能够围绕产品的价值主张进行内容的生产。否则，就会出现东一榔头西一棒槌，每个人都率性而为，想生产什么就生产什么的现象，那样就会使得内容失去统一主旨、偏离产品价值的核心，从而显得凌乱和随意，最后让受众感到不知所云、索然无味。

第二，风格要统一。不同的创作主体，共同生产内容，很容易形成大家各树一帜、自成一派的内容表达风格。而产品作为一个具有统一价值主张的载体，宣示和表达其价值主张的内容，必须要有稳定一致的风格，才能够给受众留下独特持久且稳定一致的印象。所以，内容运营过程中，负责内容运营的主要人员，要塑造和示范内容的风格特点，不断加强对参与内容创作的成员的引导，使大家的创作风格趋近一致。

第三，规范要统一。要有统一的主旨和风格，必须要有具体可操作的统一规范来约束参与内容创作的成员。比如，如果是文字性内容的创作，可能要制定涉及标题、正文等的字体、字号、颜色等规范；如果是视频内容的创作，则可能需要对视频格式、清晰度等作出规范性要求。这样，所有创作者按照统一的规范，就能够比较容易地创作具有统一风格的内容。

（2）间接经验整合法

不管怎样，我们每个人的直接经验总是有局限的，所以，大多数情况下，都需要借助间接经验为我所用。毕竟人类文明经过数以亿计的人成百上千年的总结和记述，已经形成了特别丰富的宝库。在内容创作中，我们更要善于吸收这些前人或他人已为我们探寻和积累的瑰宝。

当然，这里所讲的间接经验整合法，重点在于整合，而不是对已有的别人的经验的简单复制。整合的意思至少包含两层：第一层是将第三方已有的间接经验，基于自我的实践体悟和逻辑框架加以思考和再加工，从而输出超越了原有内容内涵和外延的新内容；第二层是将分散的碎片化的由不同主体积累的间接经验，按照新的逻辑框架进行整合，形成了新的内容，产生新的价值，从而完成了二次创造。

在应用间接经验整合法时，间接获取的输入是整合的前提。在当前的互联网条件下，有很多途径可以获取别人已经创造和形成的间接经验信息。接下来，简单介绍几个获取这些间接经验信息的渠道，供大家在进行内容二次加工创作时参考。

1）学术知识数据库

如果想获取已有的比较专业的学术知识经验，一般可以查阅一些学术期刊和专著。在目前的信息化、网络化时代，这些期刊或专著的内容，都会被数字化形成专业学术知识数据库。这样，借助互联网就可以很容易地查询和阅读相关主题的学术知识内容。

比如，可以通过中国知网获取专业的中文学术知识内容，如图 4-8 所示。

图4-8　中国知网

中国知网是中国国家知识基础设施的简称，是以实现全社会知识资源传播共享与增值利用为目标的信息化建设项目，由清华大学、清华同方发起，始建于 1999 年 6 月。中国知网经过多年努力，采用自主开发并具有国际领先水平的数字图书馆技术，建成了世界上全文信息量规模最大的“CNKI 数字图书馆”，并正式启动建设《中国知识资源总库》及 CNKI 网络资源共享平台，通过产业化运作，为全社会知识资源高效共享提供最丰富的知识信息资源和最有效的知识传播与数字化学习平台。

2）严肃知识社区

除了专业的学术内容数据库，目前基于互联网还诞生了许多严肃知识社区，这些社区多以普及严肃的科技知识或常识为主要目标，形成了丰富多样的问答知识库。一方面这些社区通过引入专家顾问对相关知识的科学性和准确性进行审核把关，另一方面，这些社区还发动广大用户对每条知识的答案进行投票推荐，只有那些回答精准、质量优质的答案，才被显示在头条，其他粗制滥造的答案，会被用户打上“糟糕”的标签，然后被平台系统自动折叠隐藏起来。

这些严肃知识社区，汇集了千百万人关于某个问题的经验、思考和见解，为我们进行二次内容创作提供了丰富的素材保障。

这里主要推荐和介绍两个严肃知识社区：百度百科、果壳网。

百度百科是百度公司推出的一部内容开放、自由的网络百科全书。百度百科旨在创造一个涵盖各领域知识的中文信息收集平台。百度百科强调用户的参与和奉献精神，充分调动互联网用户的力量，汇聚上亿用户的头脑智慧，积极进行交流和分享。如图 4-9 所示。

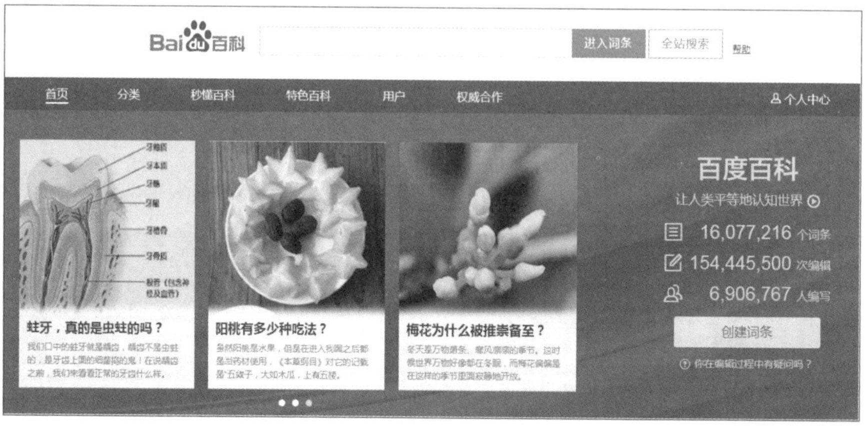

图4-9 百度百科

果壳网是一个开放、多元的泛科技兴趣社区，果壳网现有三大板块：科学人、小组和问答，由专业科技团队负责编辑，如图 4-10 所示。

图4-10 果壳网

果壳网吸引了百万名有意思、爱知识、乐于分享的年轻人聚集在一起，用知识创造价值，为生活添加智趣。在果壳网可以关注感兴趣的人，阅读他们的推荐，也将有意思的内容分享给关注的人；依兴趣关注不同的小组，精准阅读喜欢的内容，并与网友交流；在“果壳问答”里可以提出困惑你的科技问题，也可以提供靠谱的答案。

严肃知识社区，为我们提供了几乎覆盖所有领域的知识和经验，而且是基于互联网进行呈现和传播，借助搜索和智能推荐技术，可以很方便地获取他人对于我们所关注的某个问题的经验和见解。这为我们进行内容的二次创作提供了丰富的基础素材保障。

3）网络新闻媒体

除了从专业的学术内容数据库和严肃知识社区获取一些知识经验性内容，还可以通过网络新闻媒体实时获取大千世界的每个角落正在发生的新鲜事，让我们足不出户就可以掌握当下全世界已经发生或是正在发生着什么。

网络新闻媒体主要分专业的新闻门户和自媒体网站。专业新闻门户常见的有人民网、凤凰网等，如图 4-11、图 4-12 所示，这些新闻网站都有专门的新闻采编团队，遵循严格的新闻编发流程和规范，载于这些新闻网站上的资讯，一般都比较真实、可靠，可以直接作为时事信源引用。

随着移动互联网的兴起和发展，自媒体网站层出不穷，如微博、今日头条等，如图 4-13、图 4-14 所示。这些自媒体新闻网站的特点是，资讯内容全部由用户实时提供，当某个事件发生时，参与其中或是旁观见证的人，就立刻通过图文或音视频的方式记录下来并发布在网络上进行传播。所以，相较于专业的新闻门户，自媒体新闻网站时效性更强，但由于缺乏严谨的新闻采编和发行规范约束，其资讯的准确性、权威性就相对会弱一些。

图4-11 人民网

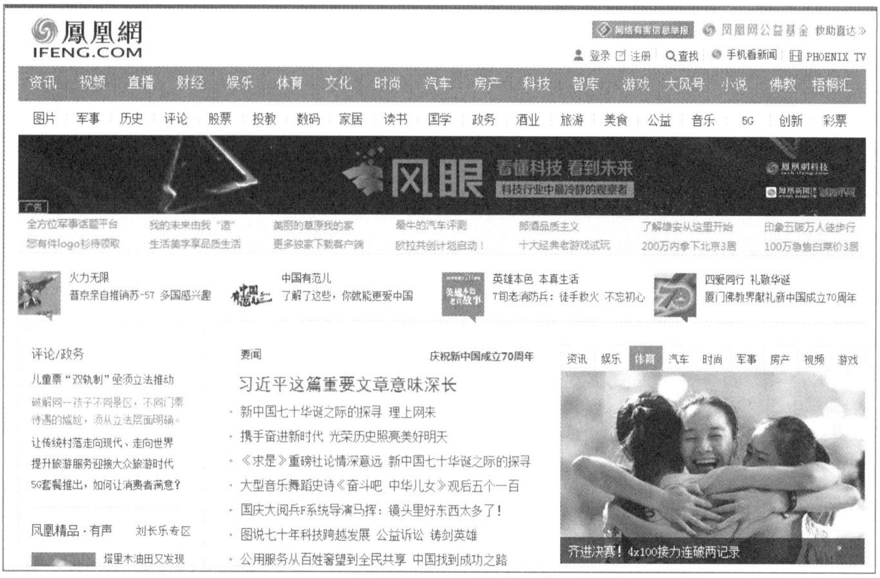

图4-12 凤凰网

图4-13 微博

图4-14 今日头条

综上所述，在应用间接经验整合法进行内容的二次创作时，学术知识数据库、严肃知识社区和网络新闻媒体都可以成为我们“间接经验”获取的源泉。

4. 标题创作的方法

标题是文案内容中旨在传达最重要的或最能引起受众用户兴趣的信息，位于文案内容的最前面，以吸引用户继续阅读内容的简短语句。标题在内容作品的整个版面和构图中，始终处于最醒目、最有效的位置。

互联网一方面极大地丰富了可获取的信息量，另一方面也为人们选择信息制造了障碍，因为人们在有限的时间、精力下，只能选择消费有限的信息。那么，如何能让所创作的内容被用户优先选择消费，是一个内容运营人员首先要考虑的问题。而在互联网上一个用户接触内容的第一个接触点就是标题，一个有趣、能打动用户的标题，可以大大增加内容被关注的概率。

除此之外，在内容运营实践中，并不是时时刻刻都在生产鸿篇巨制，更多地就是创作一些宣传海报、焦点广告（Banner 图）的内容，而这些形态的内容，许多时候就是标题式的一句话。

所以，对于一个内容运营从业者，能写好标题式的内容十分重要。

（1）标题写作的原则

根据互联网的传播特点和用户的心理特性，标题的写作要遵循以下几个基本原则。

① 主题鲜明，直击要害。标题是内容的高度概括，要使人们看到标题就能理解具体信息内容是关于什么类型的，因此，标题必须结合主题且要鲜明，而不能与内容毫无关联，或者目标受众看了半天不知所云，不知道内容的主题，那用户就没有兴趣再去看内文了。标题要在最短的时间内捕获用户的注意力和兴趣，所以标题必须足够简短清晰，直接突出核心思想和重点关键词，让用户在最短的时间内，最明确地理解标题说的是什么。

② 新颖个性，引起关注。在拟定标题的时候，要使标题具有个性且有自己的独到之处，给人耳目一新的感觉。要知道，现在网络上内容那么多，要让一个标题更引人注目，就必须使标题体现个性和独特之处。只有让标题包含有吸引力和刺激性的要素，才能诱发受众用户的猎奇、围观等心理和情绪。这样才能引起关注，起到充分宣传产品的作用。

③ 契合心理，针锋相对。不同的用户有不同的心理特点和认知焦点，所以，标题的写作要根据受众群体的不同而进行差别化写作。例如，针对现实、理性的成年人的标题就要突出现实利益诱惑；针对少年儿童的标题就要突出轻松有趣。

（2）标题写作的常见类型

根据互联网运营的实践经验，为了使标题更能引人注意、打动人心，基于互联网的内容标题写作可以采用以下一些常见的类型和技巧。

① 标题关联化。标题关联化就是在标题中加入用户喜闻乐见的关联性的元素，以带动其对标题所要表达的内容更快、更容易地接受。例如，地标、名人、每天常见的事物，都能让人有熟悉的感觉，标题里融入这些元素，不仅更容易得到读者的好感，而且当用户帮你传播的时候，也更容易脱口而出。

示例：

《一个网络女主播喵喵走红》（未做关联）；

《一个神似周 ×× 的女主播喵喵走红》（与熟知影视明星做关联，周 ×× 为明星）。

② 标题结果化。标题结果化就是在标题中直接点出所要告诉用户的关键结果或结论。用户看一个内容，是因为该内容有价值，所以，要在标题上就写清楚用户看完这个内容之后会得到什么好处，这样用户非常容易判断这个内容是否对自己有用，是否要进去看看。

示例：

《“双十一”在本店买手机，打五折送手机壳》；

《国庆期间，用支付宝在商场支付可以返现金》。

③ 标题数据化。标题数据化就是在标题中明确地列出量化数字，给人一种具体、真实的可获得感。数字，让人瞬间就能对一件事有量化和概念。例如，减肥广告说从胖人变成苗条人，不如说从 130 斤变成 80 斤。每个人心里都有关于自己的“数据”，只要在标题里说出数字，用户用这个数据和自己的数据进行对比，于是马上可以判断这个内容是不是值得一看。

示例：

《优质和劣质标题写手的区别在哪里》（没有数据化的标题）；

《月薪 3 000 和月薪 30 000 的标题写手的区别》（突出数据化的标题，显然给人的感受更强烈）。

④ 标题差异化。标题差异化就是在标题中突出与常规认知不一样的点，从而引起用户的好奇心。用户往往都是有猎奇心理的，总是对一些不一样的东西具有好奇心和窥探心。所以，要想让用户对内容足够重视，首先在标题上就要标新立异，将内容所提供的与众不同的差异化价值在标题中反映出来，这样才能够成为用户喜欢的标题。

示例：

《学会以下几点让你在老板面前倍受宠爱》（常规写法）；

《在职场学会以下几点，下一个成为老板的人可能就是你》（突出差异性）。

⑤ 标题场景化。标题场景化就是在标题中能够带出用户的真实生活或工作场景，让其有感同身受的感觉。每个人都有自己特定生活或工作场景，例如，挤公交，看球赛，跟父母吵架，吃美食，逛街……细分到不同职业的人，也都有不同的典型场景，比如一个策划，每天辛苦做 PPT、做策划案，一个银行柜员，每天劳累办业务。所以，标题中越能体现用户生活的真实场景，就越容易击中用户，这样内容点击率自然好很多。

示例：

《春节了，你妈又逼你结婚了吗》（如果说“该找对象了”就没有场景感）；

《“我把通讯录翻了一遍，没有找到那个可以说话的人”》（如果说“我没有交心的朋友”效果就不强烈了）。

⑥ 标题利诱化。标题利诱化就是在标题中突出对用户的直接现实利益点。每个人都或多或少地有着利己的心理，都有占有更多资源的心理，所以，在标题中直接突出对用户的好处、利益，能够有效刺激用户进一步去了解、深挖其中的价值。

示例：

《双 11 在淘宝购物，送 100 元现金券》；

《10月前办会员卡，送价值1 000元小米加湿器》。

⑦ 标题悬疑化。标题悬疑化就是在标题中突出悬疑感，让用户一时摸不透，而在好奇心的驱使下又想去一探究竟。就像一些电视剧的悬疑剧情，总是有一个接一个扣人心弦的剧情，让观众总猜不出下面一集剧情会走向何方。标题写作也是如此，从标题上就埋下伏笔，使读者由于惊讶、猜想而读正文。此类标题应具趣味性、启发性和制造悬念的特点，并能引发正文作答。

示例：

《打开门看到快递小哥那一刻，我惊呆了！》；

《不过是普通的一次让座视频，为何看一次哭一次？》。

⑧ 标题揭秘化。标题揭秘化就是在标题中营造出披露内幕的感觉。和悬疑一样，人民大众最喜欢听到或者探求各种真相，人类的求知本能也让大家更喜欢探索未知的秘密。于是揭秘的标题往往更能引发关注，这类标题常用的关键词有秘密、秘诀、真相、背后、绝招等。

《双11商品打折的惊天内幕》；

《揭秘：乔布斯生前对苹果公司高管的最后一次训话》。

⑨ 标题恐惧化。标题恐惧化就是在标题中营造出让用户恐惧的心理，从而促使用户寻求解除恐惧的答案。恐惧式标题最早见于保健品的宣传中，通过恐惧的手法吸引读者对产品的关注，特别是有某种疾病的患者，看到相关内容信息后更能引发共鸣。此后，这种恐吓手法也开始转变，转为陈述某一事实，而这个提供的事实，能让一个人意识到他从前的认识是错误的，或者产生一种危机感。

示例：

《喝酒千万别吃这种食物，致癌！》；

《A4纸上的人生，你的生命只剩半页纸》。

⑩ 标题问句化。标题问句化就是直接以问句的形式做标题，从而引发用户的思考。问句式的标题往往所表达的正是用户的疑惑，标题的正文恰恰是这个问题的答案。所以，如果这个问题恰好也是用户疑惑的，那么为了得到答案，用户就会被这些问题吸引，从而去关注正文。

示例：

《三个月如何实现月薪翻翻？》；

《乔布斯做产品的核心思想是什么？》。

⑪ 标题规损化。标题规损化是标题利诱化的衍生，就是在标题中直接体现出内容所含的价值，只是这个价值是从能帮助用户规避什么样的损失的角度描述的。一般而言，对于同样价值的事物，人们在失去它时比得到它时的感触会更深切、更敏感，就像一个人对丢失100块钱的感受要比捡到100块钱要强烈得多。所以，标题中体现出规避损失的价值，可以有效引起用户的注意。

示例：

《不会这三招，每月多花1 000块冤枉钱》；

《不关闭手机这个功能，话费比别人多2倍》。

⑫ 标题价值观化。标题价值观化就是在标题中直接传达某个圈层用户的价值观和态度，让

持有相同价值观的人能够产生共鸣，从而愿意去关注和分享。

示例：

《90后小花：宁愿尝尽365种失败的苦，也不一种生活重复365天》。

5. 内容素材制作

通过一系列的思维创造过程将内容的结构、大纲勾勒出来之后，接下来需要做的工作就是通过文字、图片、动画、音／视频等素材去贯彻和承载大纲所确定的主题方向。在此过程中，可以借助一系列的工具来处理图片、动画、音／视频等素材。

目前有很多专门提供多媒体素材制作功能的工具软件，可以用来处理图片、动画、音/视频等多媒体素材，而且很多工具都是免费提供给用户使用，操作的方法也比较简单。在内容运营过程中，要善于借助这些工具进行内容素材的制作和编辑。

下面介绍一些可以用于内容素材处理的工具。

（1）图片素材来源工具

在内容制作过程中，经常需要一些图片素材，比如背景图，可以从以下网站获取：

- 千图网：http://www.58pic.com/；
- 优美图：http://www.topit.pro/；
- 花瓣：http://huaban.com/；
- 图虫：https://tuchong.com/；
- 图片114：http://www.tupian114.com/；
- Picjumbo：https://picjumbo.com/；
- Pexels：https://www.pexels.com/；
- Gifs Categories：http://giphy.com/categories；
- SOOGIF动图搜索：http://soogif.com/；
- 素材公社：http://www.tooopen.com/；
- 插画家园：http://www.13cg.com/；
- Pixabay免费高清图片：https://pixabay.com/；
- Veer：http://www.veer.com/。

（2）图片处理工具

如果需要对一些图片进行编辑处理，可以利用以下一些在线工具进行图片的编辑和制作：

- Gif录制编辑工具：GifCam；
- 图片批量处理工具：美图秀秀批处理；
- 创客贴：https://www.chuangkit.com/dc.html；
- Magic Mockups：http://magicmockups.com/mockup/2/；
- trikingly建站工具：https://www.strikingly.com；
- canva海报设计：https://www.canva.com；
- 暴走漫画制作器：http://www.gaoding.com；
- tuyitu动图制作：http://www.tuyitu.com；

- tagul 在线文字云制作：https://3d.tufu.cn/ciyun；
- smallpdf pdf 转换网站：https://smallpdf.com/cn。

（3）视频处理工具

视频处理工具包括录屏工具和视频剪辑工具，有很多这方面的专业工具，如 Adobe Premiere、Adobe After Effects（简称“AE”）等。还有一些比较傻瓜化操作的工具，比如爱剪辑，用于手机剪辑的剪映、快剪辑等。在具体应用过程中，可以根据需要灵活选用。

具体来说，当需要使用相关工具时，可以借助互联网搜寻行业内的一些专业人员的关于工具使用的经验分享，选择适合自身实际的工具加以利用。或者可以通过搜索引擎搜寻相关工具的线上使用教程进行学习。

4.3　内容包装与呈现

内容的生产解决的是内容从无到有的问题，内容的包装与呈现则解决内容从有到优的问题，即在保持内容核心原意的前提下，通过形象化、形式化的包装，将内容以一种更加美观、容易引起用户注意和喜欢的方式呈现出来。好的内容呈现方式能够让用户感受到一种优美的品质，留下美好的印象和愉悦的情绪体验。所以，对于一个内容运营人员来说，内容的包装与呈现方法是必备的基本功。

4.3.1　内容呈现的原则

内容的呈现要符合人们的一般审美习惯，可以遵循以下基本原则。

1. 结构化呈现

不管什么内容如果乱作一团，会给人造成心烦意乱、难以理解的障碍。因为人们认知事物总是按照某个逻辑进行的，有秩序、整齐的内容才更容易引起人们愉悦的情绪并容易理解。简单来说，结构就是由组成整体的各部分的搭配和安排。换个方式说，结构体现的是一种秩序、节奏和关系，结构的意义在于给人一种稳固与合理的感受。

这样说来，结构化表达与呈现，是指按照一定的顺序搭配和安排词语、句子和段落以表达信息和思想，从而使得表达的内容便于受众理解。换句话说，结构化表达就是按照受众易于理解的顺序搭配和安排词语、句子和段落的方式。

在 4.2 节中我们介绍了人们认知事物的一般逻辑，结构化呈现就是要致力于以遵循基本认知逻辑的方式去描述和展示内容。

有一本很经典的书籍《金字塔原理》是全球畅销的专门讲述如何进行结构化表达与呈现的教材，这本书详细介绍了结构化的原理和方法，总的来说就是：结论先行、以上统下、归类分组、逻辑递进。遵循这个口诀可以将内容进行结构化表达和呈现。感兴趣的读者可以仔细研读这本书，对结构化表达和呈现进行更深入的学习，这里不再赘述。

2. 视觉化呈现

视觉化呈现就是努力激活受众的形象思维，使其头脑里呈现出视觉化的图像，多感官参与接收信息，从而达到提升传播效果的目的。根据科学家对人类记忆规律的研究，图像总是能够给大脑一个更深刻、更具体的内容，比单纯抽象的文字更能被大脑接受和记忆。所以，在对内容进行呈现时，要尽量做到视觉化呈现。

具体来说，视觉化呈现可以采取以下方法。

（1）内容图形化

常言道：一图胜千言。在内容呈现设计中，有“字不如表、表不如图”的说法，即越是形象化的元素越容易被人理解和接受。

例如，分别用文字、图表和图形描述 2017 年第一季度手机新闻客户端的市场占有情况，来感受一下视觉化呈现的魅力。

① 文字版：凤凰新闻客户端相较其他平台，其一二线城市活跃用户占比最高，其活跃用户在一二线城市占比分别为 21.9% 和 35.4% 。而腾讯新闻则在三线、四线及以下城市占比中领先其他手机新闻客户端平台，其活跃用户在三、四线城市占比分别为 19.8% 和 26.8%。

② 图表版（见表 4–1）：

表4–1　2017第一季度手机新闻客户端活跃用户各线城市分布

	一线城市	二线城市	三线城市	四线城市及以下
凤凰新闻	21.95%	35.4%	18.3%	24.4%
网易新闻	21.6%	35.0%	18.8%	24.6%
今日头条	20.5%	33.6%	19.5%	26.4%
腾讯新闻	20.3%	33.1%	19.8%	26.8%

③ 图形版（见图 4–15）：

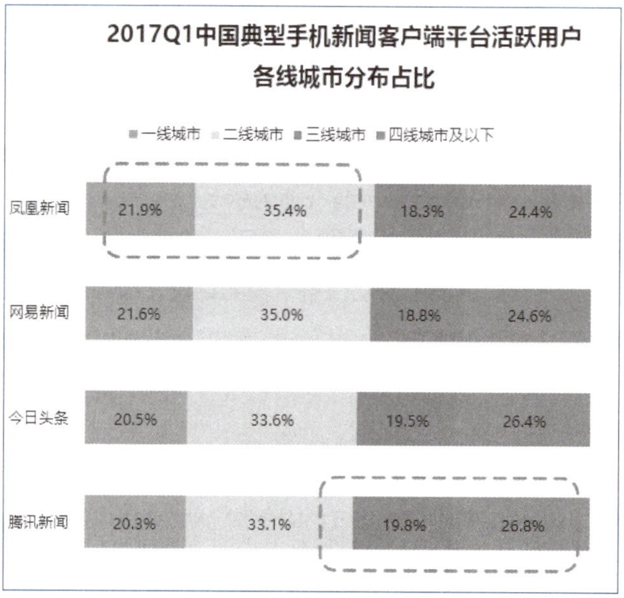

图4–15　2017第一季度手机新闻客户端活跃用户各线城市分布

很显然，以图形化的方式呈现的内容更一目了然，让人更容易理解。

（2）善用留白

“留白”是艺术形式的一种特质，中国古代文论对“留白”的论述屡见不鲜。清代邓石如在论及书法创作时说：“字面疏处可以走马，密处不使透风，常计白以当黑，奇趣乃出。”描述密不透风、缺少想象空间的文本注定是缺少生命力的。接受美学认为，读者的阅读活动也是一种创造，其创造的价值和文本提供“空白”的大小、多少有必然相关。某种程度上，阅读活动的创造价值体现完全有赖于文本提供的空白。

留白也是对当下扁平化设计的“少即是多”的原则的体现。在西方，填补空间意味着把东西放置在那里。

在进行内容呈现时，适当地进行留白处理，一方面能够减少视觉上的压抑、繁杂感，另一方面有利于激起用户对未知的探求欲望，更加专注地探求内容背后蕴藏的东西。

（3）活用设计原则

在内容的呈现中也可以应用一些基本的平面设计基础原则，比如可以通过对比、对齐、重复、靠近等方式，对内容进行视觉化设计和呈现。

4.3.2　内容呈现的工具

掌握了内容呈现的一些基本原理和方法之后，还可以借助一些工具，快速、高效地对内容进行视觉化、结构化设计和呈现。

目前，移动端应用占据了内容传播的主要渠道，在微场景下的内容由于移动端屏幕狭小，尤其要注意图文的编排整齐和有序。下面是一些可以用于图文编排的编辑器工具，在内容编排过程中可以选择借助这些工具编排结构化、视觉化的图文信息。

- 易企微：http://www.e7wei.com/；
- 兔展：http://www.rabbitpre.com/；
- 人人秀：https://rrxiu.cc/；
- 初页：http://www.ichuye.cn/；
- MAKA: http://maka.im/；
- 意派：https://www.epub360.com/；
- Vxplo：http://www.vxplo.cn/；
- 即时设计：https://js.design/；
- 起飞页：http://www.qifeiye.com/#bit_elmpz；
- WIX: http://www.wix.com/；
- 有图：http://www.360youtu.cn/；
- 翼码旺财：http://cp.wangcaio2o.com/；
- 微页：http://www.zhichiwangluo.com/；
- 点点客海报：http://www.dodoca.com/。
- 秀米秀制作：http://xiumi.us/；

- 易传单：http://echuandan.com/；
- Epub360 易派：http://www.epub360.com/。

4.4 内容的传播与扩散

内容最终能否发挥最大的价值，关键在于有多少用户接触并关注了内容。这就涉及内容的传播与扩散，只有内容被广泛地传播，被绝大多数目标用户所阅读，才说明内容是真正成功了。 所以，内容是否能够被大范围扩散，也是检验内容生产和包装两个环节工作成效的核心标准。

4.4.1 内容传播的常见渠道

内容传播的渠道分为线上和线下两大类，线下主要是一些简略内容的传播，一般起到引流的作用，最终还是要吸引用户通过线上了解详细信息。

1. 线上内容传播渠道

通常有以下一些内容传播平台，可以用来为内容传播扩散服务。

（1）博客平台

主要的博客平台有新浪博客、天涯博客、豆瓣、QQ 空间等。通常都可以免费使用这些博客平台发布内容。

（2）论坛平台

目前比较主流的论坛平台有百度贴吧、猫扑、天涯论坛、综合论坛、垂直论坛等。有些论坛是可以无门槛免费使用的，有些论坛则有一定门槛，只有达到条件或者付费才能使用。

（3）新媒体平台

在移动互联网条件下，越来越多的新媒体平台成为内容传播的热门渠道。主流的新媒体平台有微信公众号、微博、今日头条、百家号等 。这些新媒体平台有的可以免费使用，有的则需要付费才能使用。

（4）新闻平台

有时候可以把产品信息内容包装成为新闻资讯，在新闻平台上进行发布、传播。目前比较主流的新闻平台有 腾讯、网易、新浪、凤凰网等。通常在新闻平台上发布新闻都需要付费。

（5）社交平台

社交平台能够精准地对目标用户进行内容投放，目前比较主流的社交平台主要有微信、微博、直播平台、陌陌、喜马拉雅等。

2. 线下传播渠道

虽然互联网产品在互联网条件下才能使用，但并不意味着互联网产品信息只在互联网上进行推广和传播。实际上，在互联网新产品推出市场的初期，运营人员都会大范围地通过线下渠道进行推广。常见的线下内容传播渠道有以下几种。

（1）传统媒体

虽然现在互联网已成为主流的媒体渠道，但一些传统媒体依然有强大的用户群和影响力。传统媒体主要有电视、广播、杂志、报刊等，通过这些媒体发布互联网产品内容信息通常需要付费。

（2）公共设施广告

公共设施广告主要指一些公共场所和设施可以提供广告发布功能，比如公交、地铁广告，火车站、机场等公共场所的大广告牌等。

（3）地推

地推是指直接由地面推广团队到人群中间散发广告单页，推广宣传产品信息。

4.4.2　内容扩散传播的工具

为了提高效率，同样可以借助一些工具，辅助内容的扩散和传播。

1. 二维码制作工具

在线下进行产品推广时，通常只是为用户呈现简洁的产品亮点、特色等宣传内容，用户需要了解更多详细的内容时，通常会让用户扫描一个二维码链接到线上网页去查看详细内容；还有在一些线下渠道，只能呈现有限的宣传信息，需要通过二维码把用户引到线上进一步了解更详细的产品内容，这都需要用到二维码的制作，这里介绍比较简单、易上手的二维码制作工具——草料二维码生成器，如图 4-16 所示。

草料二维码是国内专业的二维码服务提供商，提供二维码生成、美化、印制、管理、统计等服务，帮助企业通过二维码展示信息并采集线下数据，提升营销和管理效率。

图4-16　草料二维码

除了制作内容丰富的二维码之外，草料二维码还提供其他诸如记录单、规模应用、数据统计、多人协作等功能，具体可以访问其官网 https://cli.im/products 查阅更详细的信息。

2. 一文多发工具

创作一篇内容文章是非常花时间和精力的，当内容被创作出来之后，我们希望能够借助多种渠道进行发布，以便于触达更多的潜在目标用户群。现在互联网上有各种各样的自媒体平台，如果运营人员一个平台一个平台去编辑和发布文章，效率会非常低。这里给大家介绍一款一文多发的工具，利用它只需要编辑一次，就可以同时在多个平台上进行内容发布，能够大大提升内容发布和扩散的效率。这款工具称为简媒，如图 4-17 所示。

图4-17 简媒平台

简媒平台支持数十家头部信息流平台的一键发布，快速生成数据报告，为内容运营人员提升 10 倍工作效率！

简媒助手是一款运行在浏览器上面的一键发布平台插件，内容运营人员不仅可以通过简媒快速进行文章排版，还可以体验它强大的数据分析功能，可以统计文章的整体数据、文章排行榜，也能一键导出详细的数据报表。

综上所述，我们对内容建设与运营中三大环节的基本方法和工具做了介绍。通过学习，可以发现，内容策划与建设是互联网运营工作的重要支柱之一，也是做好用户经营和活动运营的重要基础。在运营实践中，不管是对产品的宣介和推广，还是其他运营工作本身的策划说明，都离不开精确、明晰的内容表达。所以，每一个互联网运营人员，都需要掌握内容运营的基本方法和工具，并结合实践不断提高场景化内容策划生产、包装呈现与传播扩散的能力。

思考与练习

1. 概括内容运营的定义和任务范围。
2. 简要比较 UGC、PGC 和 OGC 的联系与区别。
3. 简述运营内容生产的基本流程。
4. 简述如何创作标题更能够引起用户注意。
5. 简述内容如何呈现，用户才能更喜欢看。
6. 简述有哪些方式可以帮助内容的产出？

第5章 活动运营的基本方法和工具

通过内容运营，不断挖掘、建设和积累了承载产品价值内涵的内容，需要通过活动运营使其流通起来，才能够有效地将这些价值凸显出来和传递下去。本章介绍怎样开展活动运营，即活动运营的基本方法和工具。

5.1 活动运营的定义

根据前面所学可知，互联网产品运营工作始终是围绕加强用户与产品之间的联系而展开的。当产品被创造出来，有关产品的内容信息也被生产出来，但并不能保证用户就自然而然地知道并去使用产品。这时候就需要策划组织一些活动，通过活动驱动产品信息的传播，从而提高用户对产品的认知和了解。所以，活动运营是活动策划、活动实施、活动执行跟踪、分析评估活动效果等步骤的全部过程，是在一定时间内快速提高产品指标的运营手段。

活动运营的作用和价值主要包括 3 方面：一是吸引用户关注产品或者产品信息；二是引导并强化用户对产品的认知；三是拉动用户对产品的参与。

活动运营的类型主要有以下 3 种：

① 营销主导型，主要指以盈利销售为主、品牌宣传为辅而展开的活动，为了促进用户消费。例如，各商场在国庆期间推出“满 3 件打 8 折”的活动，就是为了刺激用户消费；一些餐饮店推出的“消费满 100 元赠代金券”的活动，也是为了提高用户进店消费的频率，进而促进其销售额的提升。当然，用户消费了某产品，对该产品的品牌认知自然也会相应加深，所以这类活动虽然是以销售为主，但对品牌宣传也有助益。

② 传播主导型，主要指以品牌宣传为主、盈利销售为辅而策划和展开的活动，是为了扩大品牌知名度。例如，奥运代表冠军团香港行、概念产品发布会、米粉节联谊会等活动，注重报纸形象的传播，LOGO 和报纸版面图片以背景板、单册（页）、海报、白皮书、礼品等形式出现。另外，报社相关领导参与活动开幕、颁奖、抽奖或闭幕仪式，还能进一步促成产品及品牌信息以新闻资讯的形式在新闻媒体的传播。

③ 混合型，混合型运营活动就是兼具销售和品牌宣传双重作用的活动。

5.2 活动策划

活动策划是开展活动运营工作的核心内容，一个活动最终效果是否可以达到或超出预期的效果，很大程度上取决于活动策划阶段。那么，怎么策划活动才能取得良好的效果呢？

5.2.1 活动策划的流程和步骤

一般情况下，常见的运营活动策划都要经历活动目标确定与分解、活动方案设计、活动开发准备、活动预热、活动实施及活动总结分析等几个主要阶段，如图 5-1 所示。

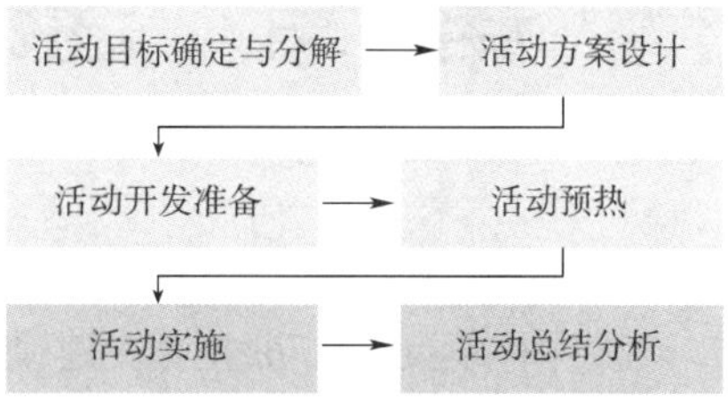

图5-1 活动策划的流程

1. 活动目标确定与分解

活动目的是策划活动的起点，是思考的源头。把握好这一点，在后续的活动执行步骤中就不会偏离初衷和方向。

为什么要做这个活动，目的是什么，这是活动策划一开始就要搞清楚的核心问题。进行活动策划之初，就要先明确目的，确定具体目标，再据此思考活动后续的环节和过程。

在实际制定活动目标的过程中，不仅要有明确的目的、目标及意义，还要进一步把目标进行分解，分解成量化的具有可操作性的指标体系。例如，某个产品希望提升用户规模，这是目的，对其进行进一步分解，可以分为提升日活跃用户量到 10 万、提升用户月留存率到 90%，显然后者就更加具体和明确。

目标分解就是将总体目标在纵向、横向或时序、数量上进行分解，形成目标体系的过程。目标拆解的过程是使总体目标得以有效实现的支撑基础。

2. 活动方案设计

确定了活动的目的和具体目标之后，就可以根据活动目标，进行活动方案的策划设计。活动方案策划主要是确定活动的策略、活动形式以及活动的计划安排等。

进行活动策划的前提是对活动目标、用户需求和产品形态进行综合分析，找到三者之间的结合点，而后有的放矢。

活动方案中最重要的就是对活动形式的策划设计，即要确定举办什么样的活动。每一个活动都是一个参与的过程，是用户认知、参与、分享的过程；而要让用户参与到每个环节，是需要满足用户的某些心理特性的。无论举办什么形式的活动，都要确保活动对于用户来说是足够有趣的、参与门槛是低的、是有利可图的、是可以获得适时反馈的。这是活动形式策划需要把握的基本理念和原则。

（1）足够有趣

活动只有足够有趣，才能吸引用户广泛参与。从某种意义上来说，互联网运营活动就是让用户达到运营的目的。所以，即使不是游戏，也可以让活动游戏化、娱乐化，这样会使活动更有趣。

例如，2017 年春节以来，支付宝每年都推出的“集福字”活动，用户只要用支付宝扫一扫任意一个“福”字，就有机会集到不同类型的福，集齐“五福”之后有机会领取现金红包，如图 5-2

所示。这个活动就十分有趣，一时间很多人都拿起手机到处扫描“福”字，玩得非常开心。

（2）参与门槛低

根据前面第 3 章介绍的漏斗模型，在一个活动举行的过程中，用户参与的深度和广度也遵循漏斗模型的规律，即从用户看到活动的宣传信息，到所有操作环节结束，每多一步，用户都会衰减一部分。这就启示我们,在进行活动策划时,一定要尽量确保用户参与活动的门槛足够低,这样才能尽量保证有更多的用户参与进来。

首先，活动操作的步骤要少，而且步骤要简单清晰，不要让用户在非活动流程的页面里跳来跳去，找不到来时的路。尤其是在手机端的软件页面中，由于不支持多窗口层叠展示，多个页面跳来跳去很容易让用户迷失，从而离开活动。

其次，活动的规则要足够容易理解。要让规则尽量简单，用户不必思考研究就能明白，一眼就能看出“去做什么,就能得到什么”。除了规则设置要简单以外,规则的表述也要简洁明了。

完整的活动规则需花费很多文字，包括时间、操作方法、评奖办法、奖品列表、附加条件、注意事项等，这些对用户来说都是阅读成本。其实，用户只需要了解最关键的规则，即可参与活动，其他的不重要，甚至有些条款只是为了免责。所以，在活动页面表述规则时，核心规则放在页面上方的显著位置，具体规则和免责放在页面底部，这部分内容只是有就可以，用户看不到也不会直接影响活动的可参与性。

例如，在招商银行与当当网合作宣传的一个“满减”活动介绍页面中，首先在显著位置介绍了活动的关键信息，然后在次要位置详细介绍了一些具体规则，如图 5-3 所示。当然，总体来看，虽然该活动页面介绍规则时先把核心信息进行了提炼，但该页面还不够简洁，文字密密麻麻的，容易给用户带来畏难情绪，从而放弃参与活动。

图5-2　支付宝集福活动

图5-3　招商银行活动规则页面

（3）突出利益点

用户参加活动，都期望会有相应的物质或精神收益，毕竟没有人愿意无偿拿出自己的时间和精力，去参与一些对他并无裨益的活动。用户参与活动要么是出于对物质利益的占有欲，要么是出于愉悦自己的情绪、提升自我身份的精神追求。所以，在活动页面要把用户的收益放在显著突出的位置，优先级最高。因为页面的受众是用户，需要能够适应用户利己的心理。

所以，很多活动页面把奖品放到最头部的位置，例如，物质类的苹果手机、红包、礼盒等，精神类的特权、等级、头衔等，然后下方才是活动规则和具体操作区。例如，2017 年国庆期间，京东商城的一个促销活动页面，该活动介绍页面首先展现给用户的就是用户参与活动的收益点，如图 5-4 所示。

图5-4　京东促销活动宣传页面

（4）及时反馈

既然是活动，就要体现出热闹、活跃、互动的气氛，并要让用户在参与活动的过程中实时感受到这种气氛。这就要对用户参与活动的进度以及周围其他用户参与活动的状况给予反馈。活动一般都有一连串的操作行为，每一个操作之后都应该给用户一个反馈，例如，数字不断再累加或进度条不断在前进，其目的是告知用户操作的成果，让用户有一种成就感，也是一种精神激励。为了激励用户积极参与活动，还要利用人们的从众心理，刻意在活动页面打造人气爆棚的氛围，这样也符合中国人喜欢热闹的心理。所以，很多活动页面会在头部展现“已有 XYZ 人参与”，并且数字会不断刷新。例如，一些商品的促销活动会实时展示已经有多少人购买或者还剩下多少库存，如图 5-5 所示。

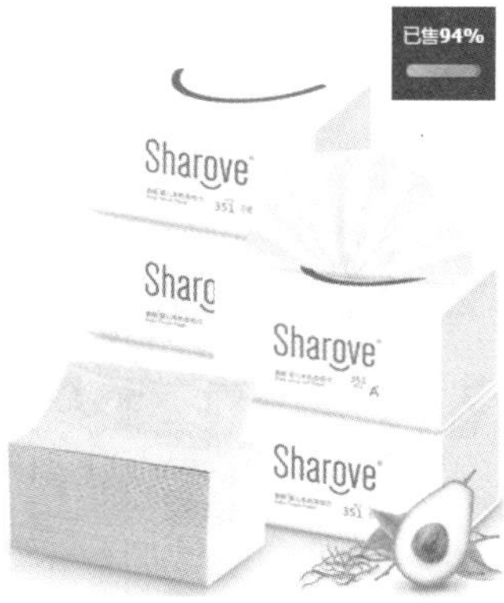

图5-5　活动进度标示

3. 活动开发准备

活动基本方案确定之后，紧接着就要基于活动方案进行活动物料的开发和准备。一般情况下，活动需要准备的物料包括线上资源和线下资源两类。有的物料是需要运营人员协调相关职能岗位的人员去开发的，例如活动所需要的相关宣传资源，包括宣传单页、海报、活动专题页等；如果是线上开展的活动，还需要设计开发活动支撑的系统页面。有的物料是需要协调相关职能岗位如行政人员去采购的，例如活动所需要的一些奖品、场地布置材料等。除此之外，活动前还要做好人员分工安排、活动预算、活动风险控制预案等各项准备工作。

除此之外，还要做好活动推广的准备。活动效果好不好，推广渠道非常重要，这些要在活动上线前就都准备好，包括确定上线排期、物料设计和数据统计。推广资源一般分为自有和外部、线上和线下等。自有推广渠道主要包括自己产品平台网站内部的资源位、消息推送、系统通知等；外部推广渠道一般需要资源互换或付费购买。

活动准备环节的工作，主要特点是细、碎、杂，需要运营人员足够细心和耐心，而且善于协调和沟通，从而才能做到按照活动方案严格执行、万无一失。

4. 活动预热

按照活动总体方案的设计安排，活动一切准备工作就绪之后，紧接着的环节就是活动预热。

活动预热是在活动正式推出前做一些铺垫性的宣传，逐渐引起用户的注意，打消用户的陌生感，给用户制造一些悬念和期待。活动预热非常重要，这关系到活动能否按预期达到爆点，以及爆点到底有多高。预热最简单的方式就是告知，如哪天上线什么活动。更复杂的方式，不只是告知，而是用有噱头的元素吸引用户感兴趣并关注，并通过推广渠道向更大范围进行推广，普遍吊起用户的胃口。

这里举一个滴滴曾经做的一个品牌升级活动预热的例子：

首先，在各渠道发布“滴滴打车再见”的宣传广告，如图 5-6 所示。通过这样的宣传，让用户摸不着头脑，纷纷猜测究竟发生了什么，吊足了大众的胃口。

紧接着又广而告之：将有大事发生，进一步引起用户的好奇和围观。最后在临近“真相大白”的日子里，开始部分透露基本事件信息，即品牌即将升级，如图 5-7 所示。

图5-6　“滴滴再见”海报

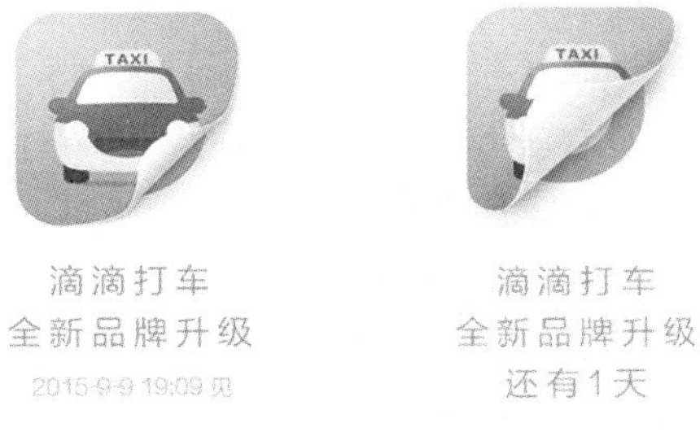

图5-7　初步揭示基本信息

用户基本回过味的时候，进一步对品牌升级的详细信息进行强化，在发放给用户的优惠——滴滴红包里植入品牌更新为“滴滴出行”的最终信息，向广大用户推送，如图 5-8 所示。

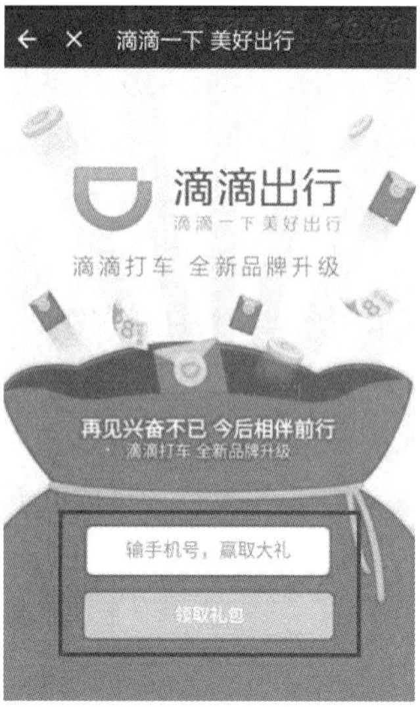

图5-8 红包里植入结果信息

就这样，滴滴通过一步一步升温，将活动推向高潮，最终达到告知所有用户滴滴品牌全新设计更名为“滴滴出行”的结果。

5. 活动实施

完成了前述 4 个步骤之后，就正式进入活动实施阶段。活动实施阶段的主要工作就是监控活动运行在既定的轨道上，并实时收集与活动有关的效果反馈，随时进行分析，必要的时候还要根据实际情况对活动方案进行微调，以使活动达到既定的目标。

同时，需要特别注意做好活动实施末期的收尾工作，例如活动结果的公布、活动奖品的兑现。活动实施要有头有尾，活动初期怎么向用户承诺的就要如实兑现，活动结果评判要公平公正，奖品要及时兑现。有时候活动整个过程都很顺畅、很成功，就是忽略了活动收尾阶段这些细节，而伤害了参与活动用户的情感，从而得不偿失。

6. 活动总结分析

活动整个实施结束之后，进行活动的总结和分析是十分重要的。活动总结一方面是检验活动效果是否达成的重要手段，另一方面也是吸取经验教训，提升自身认知和活动策划技能的重要机会。

活动的总结一般要对活动的过程进行复盘，首先是对活动背景、目标、过程原汁原味地回顾和记述，然后是对活动中取得的结果进行收集和数据统计，通过统计数据进行相关分析，得出相关结论，例如哪些是优点、哪些是不足，可以如何改进等。这样就可以总结经验，得出规律，为其他人或者为自己日后从事同类工作时做参考。

5.2.2 活动策划方案的必备要素

活动策划最终要有一个输出物，一般是形成一个可以执行的活动策划方案，一份完整的活动策划方案至少要包含以下必备的要素，分别是：活动背景、活动目标、活动主题、活动时间、活动创意 / 玩法、活动流程、活动推广渠道、活动资源需求和活动预算。

（1）活动背景

活动背景旨在简要说明活动开展的大环境、前提条件，比如活动是在双十一电商促销节这样的背景下开展的。活动面向的对象人群，活动对于这些对象带来什么价值和影响，以及活动对业务或公司将带来什么价值，有什么意义，都是活动背景里要说明的信息。

（2）活动目标

活动的目标部分要说明本次活动要达到的目标，目标的写作要点是具体、量化、可衡量，一般要符合 SMART 原则。活动目标是活动策划的起点，也是验证活动效果的落脚点。

对于互联网运营活动的目标，一般有 4 种类型的目标，包括拉新、促活、成交和传播，这与互联网运营中的用户经营过程是一致的。

拉新类的目标主要有软件下载量、注册量、涨粉数等具体指标；促活类指标主要有签到数、登录人数、登录次数等；成交类指标主要有销售额、订单量等；传播类指标主要有转发数、分享数等。

（3）活动主题

活动主题是一句简明扼要的能凸显活动亮点的话语，用以让目标用户快速捕捉活动主旨，以吸引其参与活动。活动主题一般会用在活动宣传内容的显要位置并夸大展示。

（4）活动时间

活动时间要写明活动具体的启动时间和结束时间，以及活动过程中的一些关键的节点的时间。

活动启动时间一般有以下几种选择：一是在一些节假日举办活动；二是在一些重要事件发生的时间举办活动，比如奥运会、世界杯等；三是跟随近期的一些热点事件，在热点事件正在热炒的时间举办活动；四是选择在目标用户群关注点比较聚焦的时间点举办活动。

（5）活动创意 / 玩法

活动创意 / 玩法就是游戏规则，主要是说明活动大致的玩法、核心的规则以及活动具体进行的形式，比如是线上传播的 H5 活动，还是线下的活动。

（6）活动流程

活动流程就是从用户的视角描述活动的主要环节，以及活动流程的要点、注意事项等。

（7）活动推广渠道

活动推广渠道主要用来说明主要通过哪些渠道来推广活动，以便于让活动的目标参与对象能够获知并参与活动。

活动推广渠道有产品内部的渠道和产品外部的渠道。产品内部的渠道常见的有：APP 启动页面、网站首页 Banner、APP 上的 Banner、登录后弹窗提示、APP/ 站内的消息推送、用户社群等；产品外部的渠道常见的有：短信 / 邮件、微信订阅号模板消息、微博、百度 SEM、广点通及其他第三方推广渠道等。

（8）活动资源需求

活动资源需求主要是说明开展活动需要什么样的资源需求，比如需要什么设备工具、什么样的人员支持、什么样的推广渠道、是否需要一定奖品等。

（9）活动预算

活动预算是用以说明本次活动需要支出的费用，活动预算主要是依据活动所需要的资源来评估和决定的。

5.3　互联网运营活动的形式

在日常的互联网产品运营实践中，已经形成了一些典型的活动策划类型和形式，按照这些大逻辑就可以胜任常规的互联网活动运营的工作。

5.3.1 常见活动的基本形式

目前在互联网运营实践中，常见的活动运营形式有以下几种：

1. 补贴活动

补贴是互联网新产品在推广期普遍采用的一种活动形式，主要是通过补贴的形式大大降低用户使用产品的代价，有时甚至用户使用产品不仅不用付出金钱还会得到额外的回报，从而激励用户广泛而深入地体验和使用产品。典型的如滴滴、共享单车早期刚进入推广期的时候，都是通过大范围的补贴迅速聚集大量用户。还有外卖平台对用户的补贴形式，一般是发放红包，用户使用其平台订餐一次，就得到相应数额的红包，红包在下次订餐时可以用来支付餐费，如图 5-9 所示。

2. 社交话题性活动

话题性活动主要是借助一些热点事件或者原创炒起一个热门话题，从而扩大产品品牌信息的传播。这类活动适合于在一些社交平台开展，通常是利用人们的社会属性，通过社交关系链进行某个话题的讨论和传播。话题性活动除了可以对消费者购买行为起作用之外，在搜索引擎优化、增加网站流量、建立品牌认知度方面也有不小的作用。例如，2014 年可口可乐推出的“昵称瓶”营销活动，就是一个典型的引起社交话题传播的活动。该活动将网络上的各种昵称和网络语言印在了可乐瓶上，大大促进了其在年轻群体中的传播和销量，如图 5-10 所示。

图5-9 外卖平台订餐送红包

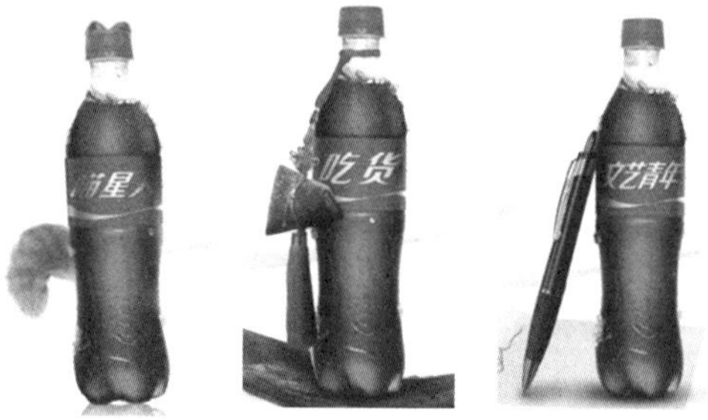

图5-10 昵称瓶活动

从广义来看，可口可乐把瓶子也作为一种新媒体，把接地气、接近年轻人的文化体现在瓶子上，可以表达年轻人的一种态度，自然可以满足乐于体验新鲜事物、年轻活力、可乐控等年轻群体的心理需要，从而引起话题性传播，在线上社交平台和线下朋友之间广泛分享。

策划话题活动时，话题要能唤起用户的某种心理需求，能够引起用户广泛的认同和参与。

话题性活动一般按以下步骤开展：

（1）确定具有传播性的话题

话题性活动当然得有一个话题，而且是一个具有传播性的话题。一个不会引起用户兴趣的话题，就不会让公众对其进行更多的关注。话题性活动最常见的传播平台就是社交媒体，社交媒体抛出一个话题，可以采用幽默形式、滑稽形式、争议形式、社会热点形式。这样的一个话题就会使更多的人去关注甚至对这个话题产生一定的讨论，相关的产品和服务也会受到更多的关注。话题的产生途径多种多样，如基于节假日的话题、基于名人的话题、基于新鲜事的话题等，也可以自己创造话题。

（2）广泛曝光

网络时代，话题倍出。一个话题的抛出，如果不利用多种媒体形式进行持续宣传推广，很有可能石沉大海。所以在话题性活动中，仅靠一个有传播性的话题开展营销是远远不够的，还需要尽可能将一切可以利用的资源结合起来，为这个话题提供更多的扩散助力。例如，电视媒体一经宣传，就可以利用报纸媒体、网络社交媒体争相报道。在各种媒体的整合营销下，话题的覆盖面就很广。

（3）后续话题迭代

一个话题的抛出，即使得到了多方面的宣传，在一段时间过后，还是会很容易地淡出公众的视线，所以还需要有后续话题的支持和跟进。一个具有引爆点的话题还有很多后续话题的产生，这样整个话题传播才会持续较长的一段时间，对运营的整体效果才能达到最大化。

3. 有奖参与活动

有奖参与活动主要是通过给予用户奖励的形式，激发用户去做出某种行为。这类活动主要就是利用人们贪图便宜、贪图占有的自私性心理，通过给人好处的方式鼓励其去做出一些活动策划者想要的行为。例如，一些论坛平台，当用户发帖或者回复评论后，就可以得到论坛的虚拟币奖励，有了这些虚拟币就可以在论坛内获得更多的特权。还有一些产品为了促进用户提高对产品的使用频率，经常会推出一些抽奖活动，如图 5-11 所示。

有奖参与类的活动是利用了行为主义原理，即人们做出某种行为，不做出某种行为，只取决于一个影响因素，那就是行为的后果。显然，在有奖参与活动中，奖励就是影响人们做出某种行为的因素，也是促成人们某个行为的强化物。当然，要依照强化对象的不同采用不同的强化措施。人们的年龄、性别、职业、学历、经历不同，需要就不同，强化方式也应不一样。例如，有的强化是返还现金，有的强化是给其特权等。

4. 互动游戏活动

互动游戏活动主要是通过互动性的游戏让用户参与到活动中，既让用户有愉悦的体验，又能够达到产品推广的目的。曾经有一款 APP，为了活跃用户，让更多的用户能够在产品中进行互动，该产品策划了“你拍我来画”的互动活动，活动的方式很简单，就是用户拍一张人物的照片在 APP 中进行上传，然后 APP 会迅速生成一个人像的简笔画，如图 5-12 所示。这个活动非常有趣，很多用户都把生成的简笔画像分享到了自己的朋友圈或者换成了自己的头像，这次活动很好地唤醒了许多沉默用户，瞬间通过这个活动让大量用户参与其中，很好地提升了产品的 DAU（日活跃用户量）。

该案例中的活动主要是通过一个有趣的互动游戏，调动用户参与的积极性，从而提升用户的活跃度。这个活动利用了用户的猎奇和自我关联效应，因为活动是鼓励用户上传自己的照片从而生成简笔画照片，一方面这能引起用户想探究自己照片变成简笔画会是什么样子的好奇心，另一方面由于一般用户都会很在意与自己切身相关的事物，所以很愿意将自己照片生成的可爱的简笔画分享给别人，别人看到之后也会出于好奇和乐趣参与游戏，这就引起了连锁的传播效应。这也是互动游戏类活动成功的关键所在，即趣味性以及对参与者情感体验的调动性要强，而参与的门槛要低，否则此类活动就不容易取得预期的效果。

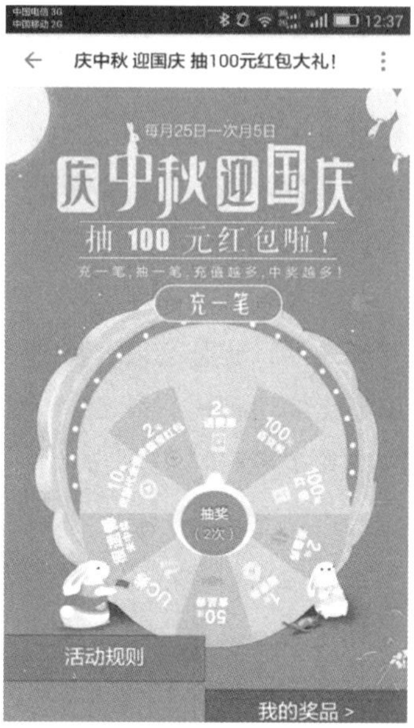

图5-11　有奖参与活动

图5-12　“你拍我来画”互动游戏

5. 资料赠送活动

资料赠送活动主要利用对目标用户十分具有吸引力的资料包，驱动用户去完成一些指定的行为和动作，从而达成运营目标。常见的形式就是将资料的海报转发分享到朋友圈，然后再截图给运营人员领取资料包，当别人看到朋友圈的海报后再重复前面分享者的动作获取资料包，这样能够形成一种自动化推广和裂变的效果。一般在发放资料时，会在领取的环节设置关注某个公众号或是注册某个产品的门槛，这样无形中就把拉新的运营目标达成了。同时，作为内容性产品而言，这些被分享出去的资料包本身还可以作为用户体验产品品质的一个窗口，从而扩大该内容产品的口碑。

资料赠送活动中要用到的资料的获取途径有 3 个，第一种是自己生产，比如一家教育培训公司本身就能生产很多课程资源；第二种是通过第三方渠道比如淘宝去购买；第三种方式是去一些网盘进行搜集、整理。

资料赠送活动中对资料包要注意进行包装，常见包装的侧重点有 3 个：一是体现资源够大，即大容量，比如包含 500 G 的课程资源；二是体现全，即包含某个品类的全部资料；三是体现用心，突出是经过很长时间的研究、整理才获得的资料，体现资料的稀缺和珍贵。

资料赠送活动这种形式主要是利用用户的占便宜和拥有欲，拉动用户完成运营人员期待用户完成的动作。

5.3.2　微信活动的常用形式

微信公众号已经成为互联网产品运营的基础平台，在当下的互联网条件下，基本上所有的品牌都会选择建立自己的官方微信账号。所以，掌握微信活动策划的基础知识是每一个互联网运营人员的必备基本功。这里主要介绍几种常用的微信运营活动形式。

1. 留言回复有礼

留言回复有礼活动一般是根据当下热点、近期活动、节日庆典等准备一个话题，让用户在活动时间内到留言区进行回复，进而随机筛选或者按照点赞数等规则选取中奖用户。还有一种方式，直接要求留言回复指定内容，随机抽选中奖用户，以最简单的方式测试有多少用户愿意参与互动。还可能是征集报名类的留言，即留言本身还与其他活动挂钩，通过留言回复获取其他活动的参与资格。

这种形式的活动简单易行、用户参与度高，可控性强。同时，由于留言回复的前提是关注过公众号，所以这类活动有利于引导用户去关注公众号，提高公众号的粉丝量，可以完成拉新的目标。但是，活动形式太单调，用户容易产生心理疲倦，所以要使话题互动感强一些。

2. 晒照有礼

一种方式是设定方向。例如，亲子照、全家福、婚纱照、造型照、风景照、美食照、萌宠照等不同主题的照片，或者其他具有规定特征的照片，如手机里距现时最近的第三张照片，做过的最怪表情照、收到的最哭笑不得的礼物照等。然后，让用户将照片发至公众号后台，进而按照活动规则抽选中奖用户。

另外一种方式是促进分享、促进交易或者促进其他 KPI（Key Performance Indicator）的晒照活动。例如，将某个指定图片、指定文章分享到指定的朋友圈、微信群或者其他平台，进而截取相应的图片，如图 5-13 所示。或者，拍摄购买的物品或者购物小票等，发至公众号后台，运营者收到后再进行选取与奖励。

这种形式的活动互动感更强、能与运营目标相结合。但用户参与难度比“回复有礼”更高，收到的图片只能够在微信后台保存 5 天，需要及时收集用户参与信息。

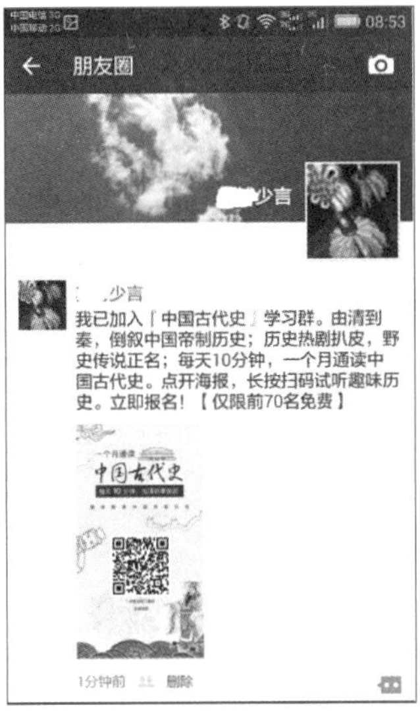

图5-13　晒照有礼活动示例

3. 口令红包

微信红包已经成为互联网时代人们交往的必备工具，即使再冷清的群组，只要有人发个红包，瞬间就能引爆大家的热情。做公众号运营，发红包活动必然也是不可缺少的活动。

开展口令红包活动时，一般是提前预告，并在活动周期的某个整点公布红包口令，用户收到红包口令后，在微信回复相应的红包口令，或者去支付宝口令红包中输入口令内容，即可获得红包。为了控制成本，一般红包数量有限，抢完即止。

口令红包特别适合商家去做宣传，例如，把公众号的二维码和口令印在广告传单上面，口令可以遮住，让用户去刮。用户关注了公众号会收到领取口令红包的消息。可以在广告页面输入口令，也可以在公众号直接回复口令，领取红包，如图 5-14 所示。这类活动也主要是有利于达成拉新的目标。

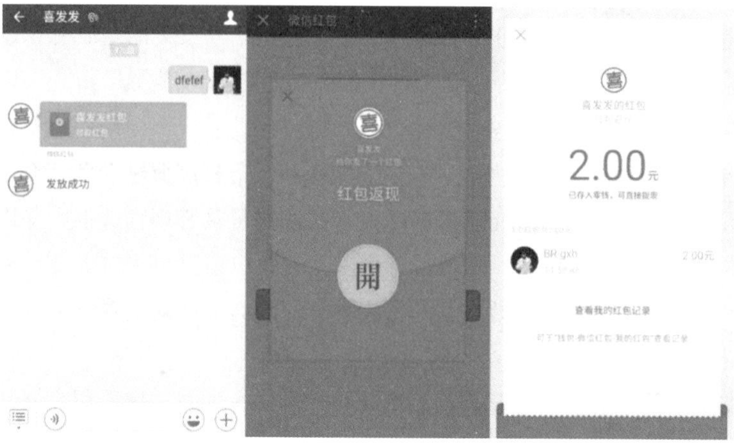

图5-14　微信口令红包示例

在目前的移动互联网平台上，发红包是聚集人气的有效手段，很多移动端的产品也都开发了红包功能，主要也都是为了辅助产品的运营，以提升用户的活跃度和黏性。

4. 抽奖有礼

活动期间，用户完成指定要求或指定类型的用户，通过公众平台进入活动页面即可进行抽奖，有机会获得奖品。

抽奖活动的表现形式既可以是常见的大转盘、九宫格、砸金蛋、刮刮乐、翻翻乐等，也可以是根据自己的产品宣传需要，将产品相关信息呈现在抽奖页面中，一方面增加趣味性和新鲜感，另一方面将产品信息顺带植入用户认知中，如图 5-15 所示。

图5-15　抽奖有礼示例

这种形式的活动是回馈用户的常见手段，通常除了大奖，还要设置更多丰富的小奖，以保证更多用户都可以参与或者中奖，以加强用户与平台之间的关联。

5. 病毒式 H5 互动

不是每个活动都需要有奖励才能够有参与度。现在很多病毒式 H5 活动形式用户参与度颇高，却不一定需要奖品激励。H5 互动活动主要以其互动性吸引用户参与并借助微信等社交平台进行社会化传播和扩散。常见的病毒式 H5 互动活动主要包括生成器型和测试型两大类。

（1）生成器型

用户在 H5 页面上输入指定信息，即可生成趣味的工资单、证件、微信对话、照片、海报、数据信息图、表情包等，通过好玩、有趣或有价值的内容促进病毒式传播。例如，在 2017 年中国人民解放军建军 90 周年纪念日期间，风靡整个微信朋友圈的“军装照”活动就是典型的 H5 生成器型互动活动，如图 5-16 所示。

（2）测试型

还有一种常见的 H5 互动活动是测试型的互动活动，例如，回答指定的问题进行智商测试、情商测试、专业度测试等。或者，对用户的照片、用户与家人的照片、用户与爱人的照片进行水平打分、契合度打分、相似度打分等。又或者，让用户设置好问题让用户的朋友回答，测试了解度、真情度、信赖度等，如图 5-17 所示。

图5-16　穿上军装H5生成器

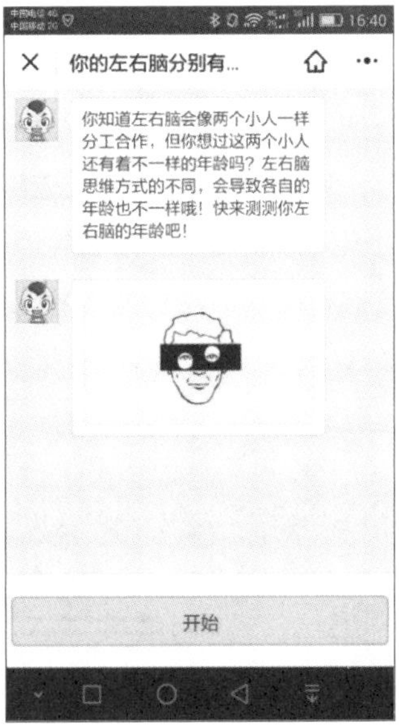

图5-17　测试型H5示例

无论是生成器型还是测试型，这类 H5 互动性活动，常常能够引起“病毒式”传播，是传播的一大利器，如果策划得好很有可能成为十分重要的拉新工具。

6. 投票 / 评比活动

投票 / 评比活动据说是朋友圈、微信群中最让人烦恼的一种活动形式，却又是在中国社会最有效的活动形式之一。活动形式一般是比赛制，通过设立大奖，吸引用户报名，然后进行微信公众号内拉票，根据最终票数或者报名内容等决定中奖者。在公众号中最常见的投票活动一般是萌宠比赛、孩子作品比赛、员工工作评比比赛等，如图 5-18 所示。

图5-18　微信投票类活动

这类活动通常有利益驱使，有人情面子的作用，也有虚荣心作为支撑，投票活动只要利用好了这些要素，基本上活动效果都不会太差，尤其是针对少年儿童的投票比赛，父母亲戚会不遗余力地推广。

5.4 活动运营的常用工具和方法

从活动策划到活动执行、总结分析，都可以借助一些专业工具，以提高工作效率。

5.4.1 活动发布工具

在活动运营实践中，经常需要举办一些线下活动。目前，已经有一些团队专门开发了活动发布推广平台工具，用户不仅在平台上可以发布活动，也可以选择各种各样的活动报名参加。

这里介绍一款活动发布及推广平台——活动行，如图 5-19 所示。活动行是一个活动报名与推广平台，可以为个人、企业或组织举办各种活动（包括免费或付费），用户可以免费注册并灵活使用该平台的发布、报名管理和推广、购票验票等功能。与传统的邮件、电话 / 短信和现场报名方式相比，活动行线上报名与售票平台更省时省事、活动管理功能更强更全，隐私、数据更安全。

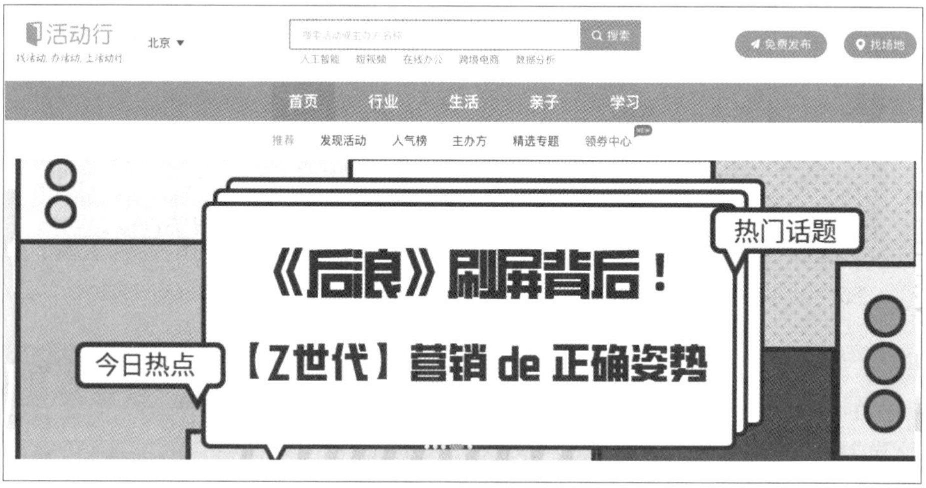

图5-19 活动行主页面

在活动行，主办方的活动信息及报名资料都由其自己掌握，主办方可以自行添加活动内容 / 流程、设计活动页面、自主在线收款、建立活动小站、收集报名表、自由地导出或在线分析等，还可以为小型演出 / 比赛活动售票或为一些会议论坛活动使用二维码签到。这意味着，从发布活动、接受报名 / 收款，到电子票务、快速签到和名单管理等功能以及活动流程管理，都能在活动行网站中得到实现。

5.4.2 活动流程绘制工具

活动策划过程中经常需要对活动流程步骤做出计划和安排，为了使这些流程更清晰易懂，经常需要借助一些流程图进行展示。有很多软件工具可以用来帮助我们绘制流程图，使用各种软件工具绘制流程图的方式大同小异，只要按照思路从绘图工具栏中拖动出需要的符号进行组合即可。常见的绘制流程图工具有以下几种：

1. 亿图图示

亿图图示是一款专业流程图绘制工具，利用全拖动式操作，有丰富的符号库和实例，附带丰富的流程图实例和模板库，使用方便简单，如图 5-20 所示。

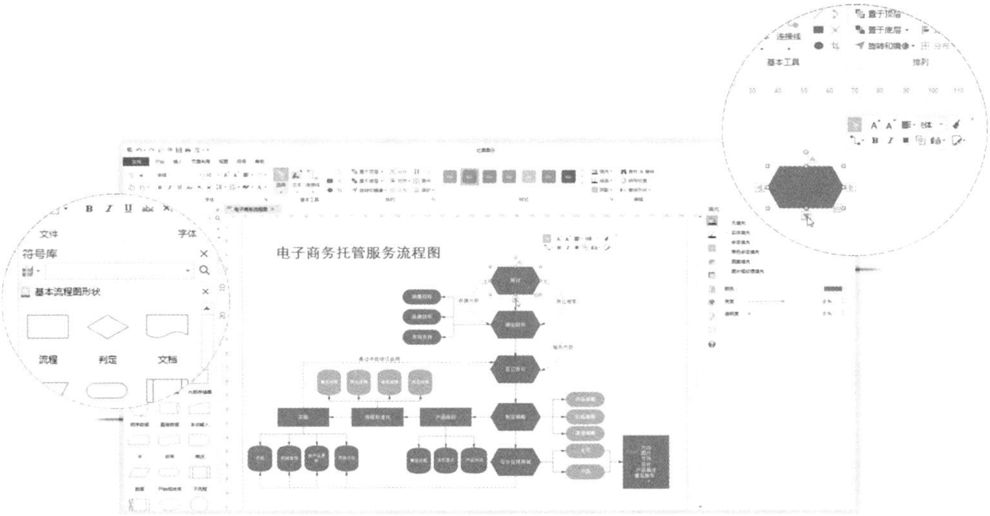

图5-20　亿图图示

2. Visio

Visio 是当今最优秀的绘图软件之一，它将强大的功能和易用性完美结合，可广泛应用于电子、机械、通信、建筑、软件设计和企业管理等众多领域，如图 5-21 所示。

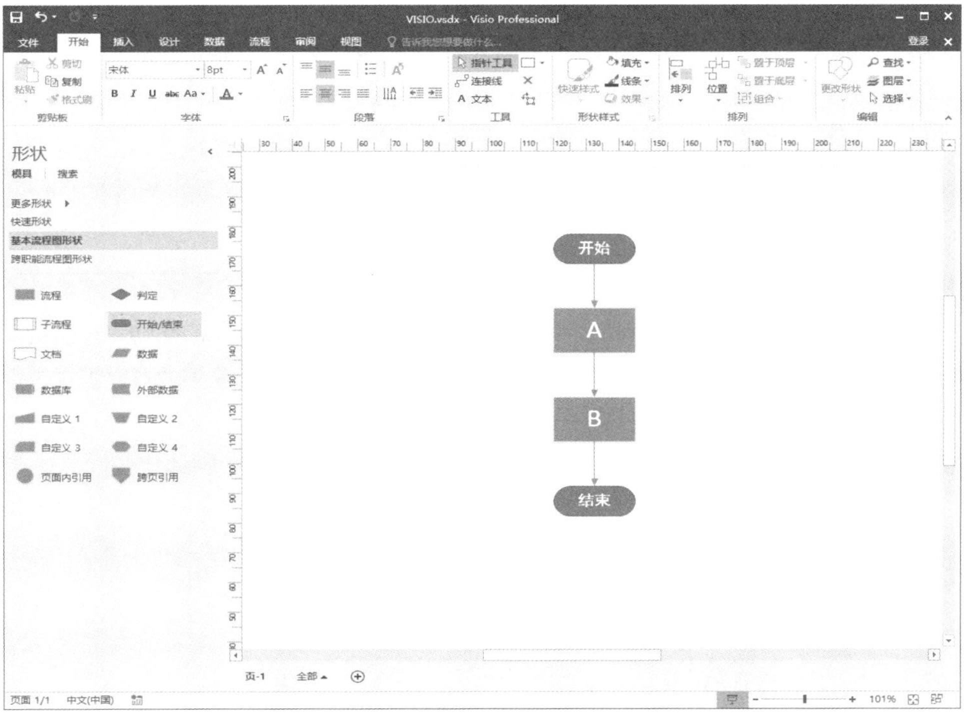

图5-21　Visio界面

3. ProcessOn

ProcessOn 是一个基于 Web 的免费画流程图的网站。其特点是：免费、不用安装、可以多人同时登录画一张流程图，如图 5-22 所示。

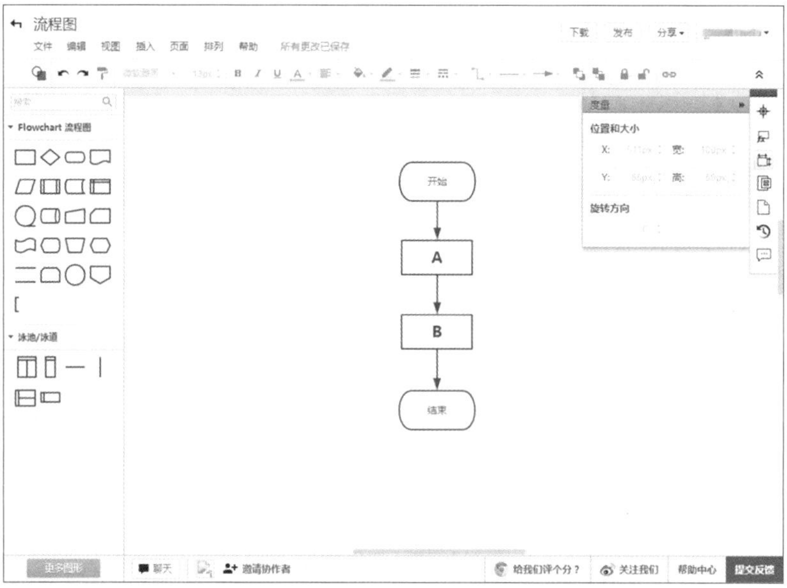

图5-22　ProcessOn界面

5.4.3　活动进程管理工具

运营活动能否取得成功，活动的执行是否到位起到关键作用，涉及活动进程的管理。活动管理是对活动涉及的全部工作进行有效管理的过程，准确地说，它是指运用知识、技能、工具和方法，使活动能够在有限资源情况下，实现或超过设定的需求和期望的过程。其中涉及对时间、成本、人员、资源、文档、风险、质量等方面的管理。为了更快捷方便地进行活动管理，在互联网信息技术的支撑下，已经开发出了许多工具可以辅助人们对活动实施进程进行管理。

1. 使用甘特图进行活动管理

甘特图可能是最容易理解、最容易使用的一种活动进程管理工具。甘特图基本上是一个线条图，横轴表示时间，纵轴表示活动，线条表示在整个期间计划和实际的活动完成情况，它以图示的方式形象地表示出活动的实施顺序、开始时间和持续时间等。使用者可以直观地看到活动的进展情况，了解活动在什么时候进行、还剩下哪些工作要做，以及实际进展与计划要求的对比情况。项目任务计划表如图 5-23 所示，项目任务计划甘特图如图 5-24 所示。

任务名称	工期	开始时间	完成时间
确定项目	5 个工作日	2017年9月1日	2017年9月7日
查找资料	3 个工作日	2017年9月6日	2017年9月8日
实施调查	9 个工作日	2017年9月9日	2017年9月20日
整理数据	6 个工作日	2017年9月16日	2017年9月22日
分析数据	5 个工作日	2017年9月19日	2017年9月25日
撰写方案	10 个工作日	2017年9月22日	2017年10月5日

图5-23　项目任务计划表

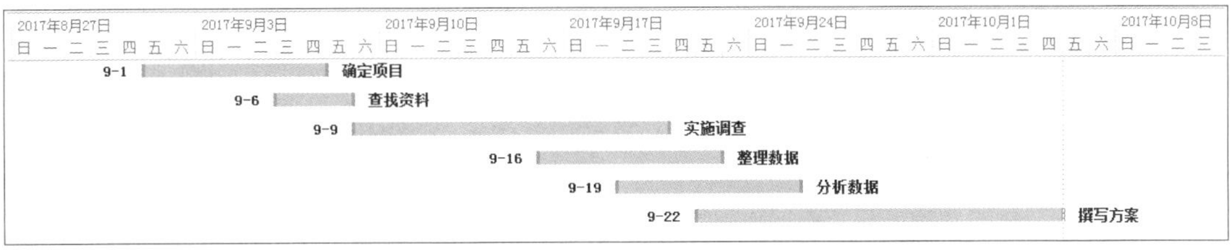

图5-24 项目任务计划甘特图

甘特图可以清晰地呈现活动的任务、时间、顺序等要素之间的关系，便于活动负责人从全局把控活动的进展全貌。所以，甘特图对于制订活动计划、监控活动过程非常方便，但在活动管理中的沟通、协同方面就显得有些薄弱，需要与其他沟通协同工具配合，才能高效地进行活动管理。

对于简单活动，使用甘特图进行管理会非常方便。绘制甘特图也非常简单，主要包括以下3个步骤：

（1）确定完成活动的所有任务

这一步就是将项目分为各个任务，并确定任务的开始时间和持续时间（工期）。

（2）确定活动中任务的依赖关系和完成顺序

在这一步骤，需要确定任务之间的完成顺序，哪个任务先完成，哪个任务后完成，哪个任务完成之后其他任务才能完成，哪些任务可以同时完成等。

（3）绘制甘特图

最简单的绘制甘特图的工具是纸笔，但是用纸笔绘制的甘特图修改起来不方便，在实际工作中使用不是很便捷。目前,已经有一些专门工具可以用来绘制甘特图,既方便又便于随时调整，特别适合项目管理的实际情况。

有些甘特图绘制工具比较专业但是很难上手，这里主要介绍 Gantter 这款甘特图绘制软件，用其绘制甘特图比较方便简单。它支持的项目管理功能有:新增任务、前置任务、插入任务、成本、工作量、资源、日历、上下移动、升降级、备注等，还具备专业甘特图需要的自动排程、统计分析功能，而且可以支持微软的 MS Project 以及多人协同合作。另外，Microsoft Office Project 和 Microsoft Office Excel 都可以用来绘制甘特图。

2.Teambition

Teambition 是一款近年发展起来的新型团队项目协同工具，具有扁平、自主、直观等特点，如图 5-25 所示。

利用 Teambition 可以进行活动任务的计划、监控和执行以及沟通协调等多项工作，具体具有以下功能：

（1）任务设置

Teambition 提供了一个像便利贴墙的任务板,使用者可以在上面发布、阅读上面所有的任务。针对每一个任务，可以分解子任务、搭载附件、设定截止日期，也可以随时开展讨论，如图 5-26 所示。

图5-25 Teambition界面

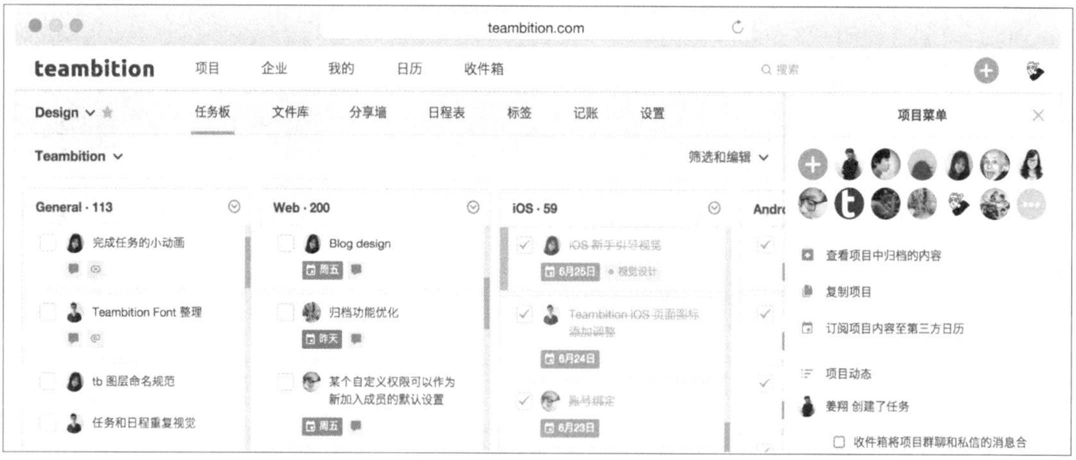

图5-26 Teambition任务设置面板

（2）分享想法

在 Teambition 上随时可以与团队沟通想法和总结经验，另外与来回发送内部邮件相比，在分享墙中发布话题更便于团队讨论和追溯，如图 5-27 所示。

（3）文件共享

文件库是一个可以协作的网盘，所有文件都可以随时访问，并发表看法。它支持图片、doc、PDF、xlsx、MP4 等多种常用文件的在线预览。同时，也可以随时上传更新版本，且所有历史版本都会保存，如图 5-28 所示。

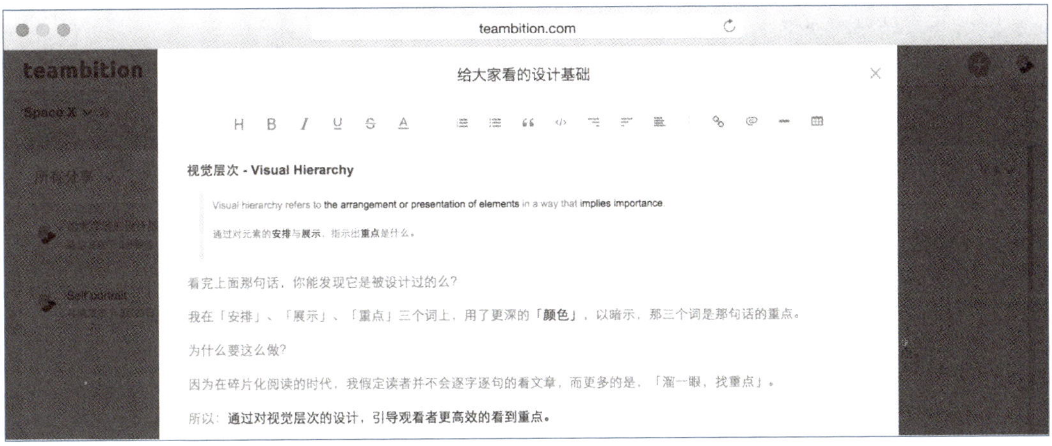

图5-27　Teambition沟通分享

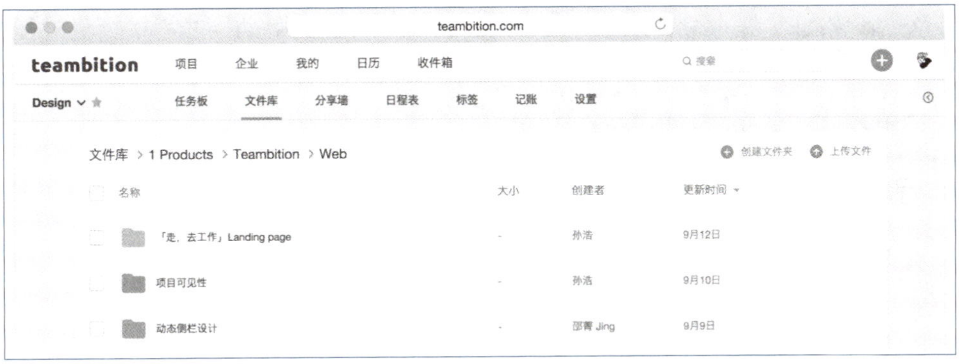

图5-28　Teambition文件分享

（4）日程管理

在 Teambition 上，发起会议也非常简单。日程表可以帮助用户安排好一整天，与远程的同伴加入视频会议，用户还可以订阅日程到手机日历。同时，它的日历视图让日程管理变得更加简单，如图 5-29 所示。

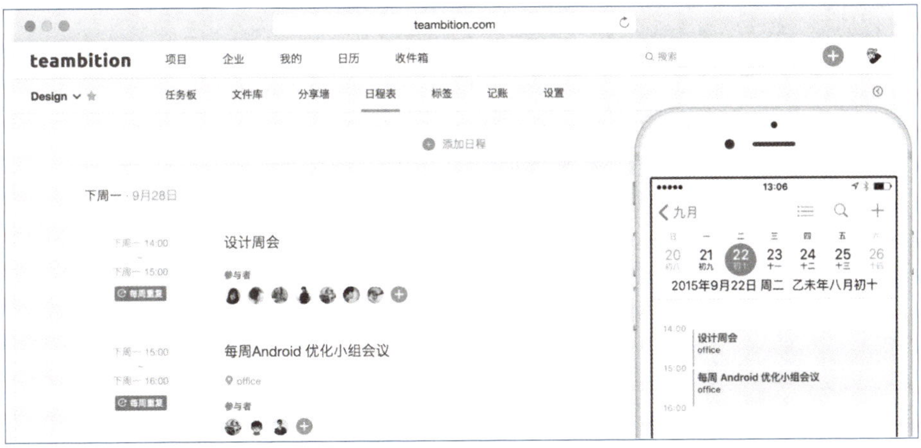

图5-29　Teambition日程管理

（5）任务提醒与记录

一旦项目中用户参与的事情有新的进展，例如，有新的成员回复或者任务状态有变化，用户都会很快收到通知。另外，软件上还汇总了用户需要完成的任务、参与的任务以及需要参加的日程，如图 5-30 所示。

图5-30 Teambition任务提醒与记录

Teambition 分为免费版、专业版和企业版。专业版适用于小型团队；企业版适用于各规模的团体或企业。同时，Teambition 支持 PC 和移动端设备，可以随时随地使用，无论身在何处，都可以随时与同伴协作。

综上所述，我们学习了互联网活动运营的策划流程及策划方法、常见的互联网活动运营形式和玩法、互联网运营中可以借助提高效率的工具等知识。在互联网活动运营实践中，可以按照活动运营的基本逻辑和流程，按照我们所介绍的基本的活动形式和玩法，灵活组配，策划和实施符合实际产品运营场景的形式多样的运营活动，从而促成相关运营目标的达成。

思考与练习

1. 简要概括活动运营的定义及其主要工作内容。
2. 简单说说活动策划的主要过程。
3. 常见的互联网运营活动形式有哪些？
4. 观察自己的微信朋友圈和微信群，说说通常在微信上做的运营活动都有哪些？

第6章　数据运营的方法和工具

在前面介绍用户运营、内容运营、活动运营的方法和工具时，其实背后都隐藏着一项共同的工作内容——数据的处理和应用。在谈到内容运营效果时，会关注内容的传播量、转发量等数据指标；在谈到活动运营效果时，会关注活动参与人数、活动转化人数等数据指标；在谈到用户运营时，会关注新增用户量、活跃用户量等数据指标。在互联网产品运营周期中，我们总是要无时无刻依据各种各样的数据去评估运营工作的效果，并根据数据决定下一步的运营策略和措施。由此可见，数据对于运营工作是十分重要的，数据分析是互联网运营工作的重要部分，它是支撑用户经营、内容建设、活动策划的根基。

在一些大型产品或对数据要求比较高的产品团队里，会专门设置数据运营岗位负责产品运营数据的相关工作。在大多数情况下，数据运营的工作要求不高，一般都是由其他运营岗位的人员顺带做了这一块的工作。所以，基本的数据运营工作方法是运营人员的必备技能。

6.1　数据运营的定义及范围

首先，我们先对数据的科学定义加以理解。数据是指对客观事件进行记录并可以鉴别的符号，是对客观事物的性质、状态以及相互关系等进行记载的物理符号或这些物理符号的组合。它是可识别的、抽象的符号。数据不仅指狭义上的数字，还可以是具有一定意义的文字、字母、数字符号的组合、图形、图像、视频、音频等，也是客观事物的属性、数量、位置及其相互关系的抽象表示。例如，“0、1、2……”“阴、雨、下降、气温”“学生的档案记录”“货物的运输情况”等都是数据。数据经过加工后就成为信息。

在计算机科学中，数据是指所有能输入到计算机并被计算机程序处理的符号的介质的总称，是用于输入计算机进行处理，具有一定意义的数字、字母、符号和模拟量等的通称。现在计算机存储和处理的对象十分广泛，表示这些对象的数据也随之变得越来越复杂。

在互联网产品运营中所讲的数据其本质同上述关于数据的科学定义是一致的，只是在具体形态和范围上是指有关产品运行和用户行为的一切数据。它是反映产品和用户最真实状态的一种方式，运营人员通过数据来验证取得了什么样的效果，决定做出什么样的决策。唯有数据，能够清晰地告诉运营人员已经和正在发生什么，从而为下一步决策提供依据。所以，数据的处理与运用对于互联网产品运营至关重要，尤其是在当前大数据技术发展正盛的时代，数据的意义不言而喻。

数据运营就是对于运营过程中产生的相关数据的处理和应用，具体包括数据规划、数据采集、数据分析等主要过程。数据规划就是规划要收集和处理的数据的类型和指标体系，即明确所需要的数据，这是数据采集的基础；数据采集就是将规划好的要处理的数据采集汇总起来，这是数据分析的基础；数据分析就是对所收集的数据按照一定的数据模型或计算逻辑进行统计分析处理，这是数据运营的核心所在。所有数据只有经过处理和分析，才能够从数据中发现可以指导下一步行动的规律和结论。

6.2 数据规划与指标体系搭建

数据规划是整个数据运营体系的基础，在采集和分析数据之前，首先要明确规划采集什么数据、确立数据指标和反映指标细分属性的维度。

6.2.1 常见的互联网运营数据指标

进行数据指标体系的规划前提是知道互联网运营过程中有哪些基本的数据指标。那么，在互联网产品运营过程中，都有哪些常见的数据指标呢？早期互联网产品运营人员只需要关注网站的 PV 是多少，而现在，运营不断向精细化方向发展，需要关注的数据越来越细致，从用户进入产品到离开，一共浏览了几个页面，多长时间，从哪个环节离开的，这个环节中操作了什么，这些行为痕迹都需要转化为数据，给运营人员后期做活动策划提供很好的依据。也就是说，需要把产品平台这批用户的行为轨迹，用数据方式呈现之后再做运营策划活动，才能从海量数据中找到产品需要的忠实用户。所以，数据指标的确定显得十分重要。下面分别介绍一些在互联网运营实践过程中时常用到的运营数据，这是进行数据规划必须掌握的基本知识。

1. 用户运营相关的数据指标

对于一个互联网产品来说，用户是其赖以存在和发展的根基，所以对用户的拉新、活跃和留存，是运营工作需要解决的重中之重的问题。在此过程中，需要通过一些数据指标来表征运营的效果，指导运营决策的制定。

（1）用户获取相关的数据指标

获取用户是运营的起始点，用户获取通常是一个线性过程，或者说是一个固定的流程。

运营的过程本质就是由用户接触产品到用户了解认知产品，再到引起用户体验产品的兴趣，再到用户下载使用产品，再到用户信赖推荐产品的过程。这个过程中每一个流程都涉及多个数据指标。

1）渠道触达量

一款新产品上线，需要推到一定渠道才能让更多的人知道。渠道触达量是指产品信息在推广渠道中的曝光量，即产品推广页中有多少用户浏览。推广渠道可以在应用商店，可以在朋友圈，也可以在搜索引擎，只要有流量的地方，都可以作为产品曝光的渠道。

一款产品在渠道中的曝光，一方面是想直接引来用户关注使用，另一方面还具有提升品牌热度的作用。用户虽没有点击或和产品交互，但是用户知道有这么一个东西，它会潜移默化地影响用户未来的决策。

2）渠道转化率

既然产品信息已经在渠道中曝光，一部分用户可能无动于衷，一部分用户应该被吸引去关注或注册产品。通常用转化率这个指标衡量一个渠道带来的对产品的关注量，例如，在一条微博中发布一个微信公众号的广告信息，这条信息的总计阅读量是 50 000，带来的对公众号的新增关注量为 500，那么这条微博的转化率就是 500/50 000 × 100%=1%。

当然，在使用转化率这个指标时还要考虑成本，并不是转化率越高越好，因为有的渠道虽然转化率很高，但相应的成本可能却是难以承受的。所以，关注转化率时更多的是要关注转化性价比，性价比越高越好。业界将转化率和成本相结合，衍生出 CPM、CPC、CPA、CPT、CPS 等指标。

CPM（Cost Per Mille）指每千人成本，它按多少人看到广告信息计费，传统媒介比较倾向采用。CPM 推广效果取决于印象，用户可能浏览也可能忽略，所以它适合在各类门户或者大流量平台采用 Banner 形式展现产品品牌。

CPC（Cost Per Click）指每用户点击成本，按点击计价，对广告主来说，与 CPM 不同的是，只有用户点击了才付费，不点击则不付费。也有很多人会认为 CPC 不公平，用户虽然没有点击，但是曝光带来了品牌隐形价值，这对广告位供应方是损失。

CPA（Cost Per Action）指每用户行动成本，按用户行为计价，行为可以是下载，也可以是订单购买。CPA 收益高于前两者，风险也大得多，它对需求方有利，对供应方不利。

以上 3 种是常见的推广方式，还有 CPT 是指按时间付费，CPS 是按销售付费，CPS 可以归到 CPA 的范围内。

3）渠道 ROI

ROI 是一个广泛适用的指标，是指投资回报率。

市场营销、运营活动，都是以企业获利为出发点，通过利润 / 投资量化目标。利润的计算涉及财务，很多时候用更简单的收入作分子。当运营活动的 ROI 大于 1，即收入大于投资时，说明这个运营活动是成功的，能够盈利。

除了收入，ROI 也可以用其他一些指标代替，例如，有些产品商业模式一开始并不清晰，赚不到钱，那么收入会用其他量化指标代替。例如，用注册用户量来代替收入，即 ROI= 注册用户量 / 投资额。

4）日下载量

目前很多互联网产品都是 APP 的形态，APP 需要下载才能使用，这是获取用户过程中的一个关键环节。所以，APP 的日下载量也是衡量运营效果的一个重要指标。日下载量除了要监控统计一个总数量，经常还和渠道结合起来统计，即某某渠道的日下载量。

5）日新增用户数

新增用户数是用户获取过程中的核心指标。新增用户可以进一步分为自然增长的用户和推广增长的用户，自然增长通常是用户邀请、用户搜索等带来的用户，而推广增长是运营人员干预控制下增长的用户量。

6）用户获取成本

用户获取成本又称获客成本，用户获取必然涉及成本，这是运营开展过程中不可忽略的重要因素。运营人员在求得用户稳步增长的同时，还要考虑成本因素，必须是在能够承受的成本范围内实现可观的用户增长。用户获取成本即指所有花在用户获取上的成本。

7）一次会话用户数

一次会话用户数，指新用户下载完APP或者注册过产品，仅打开过产品一次，且该次使用时长在2 min以内。这类用户，通常都是无效用户。该指标属于风控指标，用于监管一些运营执行人员为了完成运营指标，采用非法的技术手段获取虚假的点击量的行为。

(2) 用户活跃相关的数据指标

用户活跃是互联网产品运营的重要内容，不论移动端、网页端或者微信端的运营，都要有相关指标来衡量运营的效果。用户活跃是指用户发生了行为，那么发生了行为、行为的特点和规律是什么？这都需要通过相关数据指标来表征，便于适应当前精细化运营的趋势和需要。

1）日活跃用户 / 月活跃用户

一般行业默认的统计活跃标准就是用户使用过产品，广义上，用户打开APP算作“使用”了产品，浏览了网页内容算作“使用”，在公众号下单也算“使用”，所以对于“使用”的定义根据产品不同，采用的标准就不同。

活跃指标是用户运营的基础，可以进一步计算活跃率，即某一时间段内活跃用户在总用户量的占比。按时间维度，则有日活跃率DAU（Daily Active User）、周活跃率WAU（Weekly Active User）和月活跃率MAU（Monthly Active User）。

在一个成熟的运营体系中，会将活跃用户再细分出新用户、活跃用户、忠诚用户、不活跃用户、流失用户、回流用户等。流失用户是长期不活跃的用户，即通常所说的僵尸用户；忠诚用户是长期活跃的用户；回流用户是曾经不活跃或流失，后来又再次活跃的用户。

通过不同的活跃状态，将产品使用者划分出几个群体，不同群体构成了产品的总用户量，这也是完成用户成长体系搭建的基础。健康的产品，流失用户占比不应该过多，且新增用户量要大于流失用户量。

需要注意的是，针对具体不同的产品，上述分类用户的区分标准是各不相同的，得根据产品的实际业务属性来确定。

2）PV和UV

PV（Page View）是页面浏览量，是互联网早期Web站点时代的指标，用户在网页的一次访问请求可以看作一个PV，用户看了10个网页，则PV为10。

UV（Unique Visitor）是一定时间内访问网页的人数，专业名称为独立访客数。在同一天内，不管用户访问了多少网页，都只算一个独立访客。

3）用户会话次数

用户会话（User Session）是使用某个特定的IP地址最近（通常在过去的30 min里的任何

时间）访问这个站点的用户的表现。用户打开 APP，搜索商品，浏览商品，下单并且支付，最后退出，这样的整个流程就算作一次会话。

会话的时间窗口没有硬性标准，网页端是约定俗成的 30 min 内，在 30 min 内用户不管做什么都属于一次会话。而超过 30 min，或者重新打开，都属于第二次会话。移动端的时间窗口默认为 5 min。

用户会话次数和活跃用户数相结合，能够判断用户的黏性。如果日活跃用户数为 100，日会话次数为 120，说明大部分用户都只访问了产品一次。

4）用户访问时长

顾名思义，用户访问时长就是指一次会话持续的时间长度。不同产品类型的访问时长不等，社交类产品肯定长于工具类产品，内容平台肯定长于金融理财。如果数据分析师发现做内容的产品大部分用户访问时长只有几十秒，则说明内容的吸引力不足，需要仔细分析一下原因。

5）功能使用率

除了关注活跃度，运营和数据分析师也经常关注产品上的重要核心功能，如收藏、点赞、评论等，这些功能关系产品的发展以及用户使用深度，没有一个运营人员会喜欢一个每天打开产品却不再做什么的用户。

功能使用率也是一个很宽泛的范围，例如，用户浏览了一篇文章，那么浏览中有多少用户评论了，有多少用户点赞了，这些都属于功能使用率，可以用点赞率和评论率这两个指标来表征。

又如，视频类网站，核心的功能使用率就要用视频播放量和视频播放时长来反映。

（3）用户留存相关的数据指标

如果说活跃数和活跃率反映的是产品的市场大小和健康程度，那么用户留存就是产品能够可持续发展的基本前提。

1）用户留存率

用户在某段时间使用产品，过了一段时间后，仍旧继续使用的用户，称为留存用户。那么，用户留存率 = 持续使用的用户 / 总用户注册量。

在今天的互联网行业，留存是比新增和活跃提到次数更多的指标，因为移动互联网时代，越来越多的用户注意力被几个大型 APP（如微信、今日头条等）占据，用户越来越难获取，竞争也越来越激烈，如何留住用户比获得用户显得更为重要。

假设产品某天新增用户 1 000 个，第二天仍旧活跃的用户有 350 个，那么称次日留存率有 35%，如果第七天仍旧活跃的用户有 100 个，那么称七日留存率为 10%。

上面的案例都是围绕新用户展开，还有一种留存率是活跃用户留存率，或者老用户活跃率，即某时间活跃的用户在之后仍旧活跃的比率。

新增留存率和活跃留存率是不同的，新增留存率涉及产品运营中的新手引导、各类福利，而活跃留存率和产品氛围、运营策略、营销方式等有关，更考验运营的策略体系建构。

2）用户流失率

用户流失率和留存率恰好相反。如果某产品新用户的次日留存为 30%，那么反过来说明有

70% 的用户流失了。

流失率在一定程度能预测产品的发展，如果产品某阶段有用户 15 万，月流失率为 30%，在不考虑新增用户等因素的情况下，简单粗略推测，5 个月后产品将失去所有的用户。

当然，产品的流失率过高就说明产品有问题吗？这取决于产品的功用及形态。例如，某产品主打婚礼管理工具，它的留存率肯定低，大多数用户结婚后就不用。旅游类的应用也是，用户一年也打开不了几次，毕竟天天在旅游的人是少数。

3）退出率

退出率是网页端产品的一个指标。网页端追求访问深度，用户在一次会话中浏览多少页面，当用户关闭网页时，可认为用户没有被留住。退出率公式：从该页退出的页面访问数 / 进入该页的页面访问数，例如，某商品页进入的 PV 是 1 000，该页直接关闭的访问数有 300，则退出率为 30%。

跳出率是退出率的特殊形式，有且仅浏览一个页面就退出的次数 / 访问次数，仅浏览一个页面意味着这是用户进入网站的第一个页面，然后就退出了。

退出率用于网页结构优化，内容优化。跳出率常用于推广和运营活动的分析。

2. 活动运营相关的数据指标

活动是互联网产品运营中经常采用的手段，广泛用于用户拉新、用户活跃、用户留存等。一次运营活动的策划、实施和传播效果如何，也需要通过一些数据进行表征。

（1）K 因子

K 因子（K-factor）是指每位用户平均向多少用户发出邀请，发出的邀请又有多少有效的转化率，即每一个用户能够带来几个新用户，当 K 因子大于 1 时，每位用户至少能带来一个新用户，用户量会像滚雪球般变大，最终达成自传播。当 K 因子足够大时，就属于指数级增长的病毒性传播了。

（2）病毒性传播周期

活动、广告、营销等任何能称为传播的形式都有传播周期。病毒性营销的波峰往往只持续两三天，这是用户拉新的黄金周期。

另外一种传播周期是围绕产品的邀请机制，它指种子用户经过一定周期所能邀请的用户。

因为大部分用户在邀请完后均会失去再邀请的动力，那么传播周期简化如下：假设 1 000 位种子用户在 10 天邀请了 1 500 位用户，那么传播周期为 10 天，K 因子为 1.5，这 1 500 位用户在未来的 10 天内将再邀请 2 250 位用户。

（3）用户分享率

当下的互联网产品都会内嵌分享功能，对内容型平台或者传播依赖型的产品，用户分享率是较为重要的指标，它又可以细分为微信好友 / 群、微信朋友圈、微博等渠道。

（4）活动曝光量 / 浏览量

线上活动对传播的诉求是比较高的，策划一次活动，首先需要传播出去，广泛曝光，才能引来一定的参与量。活动曝光量 / 浏览量就是表征活动传播广度的一个指标，可以通过一些技术手段进行数据监测和收集。

（5）活动参与率

活动参与率指参与活动的用户数与浏览活动的总用户数。

运营活动可以看作一个短生命周期的产品，产品的一切指标都能应用于其中。例如，一个活动的参与人数有（活跃数）多少；有多少老用户参与了这个活动；有多少新增用户是因为这个活动带来的，传播类的活动分享数据怎么样；活动中的各个流程转化如何；活动带来多少新订单。

3. 商务运营相关的数据指标

对于一款互联网产品的运营，最终都要导向商业目标的实现，即商业变现。所以，在互联网产品运营过程中，还涉及一些与商务相关的数据指标分析与应用。

（1）营收相关的指标

对于运营产品的商业组织来说，对产品运营各类指标的追逐，最终目的还是要实现商业价值，即实现营收、获取利润。所以，产品运营或者市场人员不仅是为活跃、留存负责，还要帮助企业实现营收的提升。所以，运营也要时刻关注一些关于营收的数据指标。

1）活跃交易用户数

在一个用户使用产品的过程中，从产品曝光到用户下载，从用户打开活跃到产生收入，产品的指标在一步步往商业靠拢，活跃交易用户则是核心指标。整个流程呈现漏斗状，即遵循漏斗模型。

和活跃用户一样，活跃交易用户也可以区分成首单用户（第一次消费）、忠诚消费用户、流失消费用户等。细分交易数据和指标，关系到产品商业化的进展，所以是有必要的。

活跃用户交易率，是用来统计交易用户在活跃用户中的占比。当产品活跃用户足够多，但是交易用户少时，此时的商业化是有问题的，即俗称的变现困难，很多公司都因这一步无法跨越而难以持续。

2）GMV

GMV（Gross Merchandise Volume）是指一段时间内的成交总金额，只要用户下单，生成订单号，便可以算在 GMV 里，不管用户是否真的购买了。成交金额对应的是实际流水，是用户购买后的消费金额。销售收入则是成交金额减去退款。

把上述的 3 个指标看作用户支付的动态环节，则能再产生两个新指标：成交金额与 GMV 的比率，实际能换算成订单支付率；根据销售收入和成交金额可以换算出退款率。

3）客单价

传统行业中，客单价是一位消费者每一次到场消费的平均金额。在互联网中，则是每一笔用户订单的收入，其计算公式是：总收入 / 订单数。

很多游戏或直播平台，并不关注客单价，因为行业的特性它们更关注一位用户带来的直接价值。超市购物，用户购买是长周期性的，客单价可以用于调整超市的经营策略，而游戏这类行业，用户流失率极高，运营人员更关注用户平均付费，这便是 ARPU（Average Revenue Per User，每用户平均付费数）指标，其计算公式是：总收入 / 用户数。

ARPU 可以再一步细分，当普通用户占比太多时，往往还会采用 ARPPU（Average Revenue

Per Paying User，每付费用户平均收入）指标，其计算公式为：总收入 / 收费用户数。

4）复购率

复购率即用户重复购买率，指消费者在单位时间内对该品牌产品或者服务的重复购买次数，重复购买率越多，则反映出消费者对品牌的忠诚度就越高，反之则越低。

重复购买率有两种计算方法：一种是所有购买过产品的顾客，以每个人为独立单位重复购买产品的次数，例如有 10 个客户购买了产品，5 个产生了重复购买，则重复购买率为 50%；第二种，按交易计算，即重复购买交易次数与总交易次数的比值，如某月内，一共产生了 100 笔交易，其中有 20 个人有了二次购买，这 20 人中的 10 个人又有了三次购买，则重复购买次数为 30 次，重复购买率为 30%。

由此可以引出另一个相关指标——回购率，指的是上一个时间窗口内的交易用户，在下一个时间窗口内仍旧消费的比率。例如，某电商 4 月的消费用户数为 1 000，其中 600 位在 5 月继续消费，则回购率为 60%。600 位中有 300 位消费了两次以上，则复购率是 50%。

5）退货率

退货率是指产品售出后由于各种原因被退回的数量与同期售出的产品总数量之间的比率。

退货率是一个风险指标，越低的退货率一定越好，它不仅直接反应财务水平的好坏，也与用户体验和用户关系的维护相关。

（2）商品相关的数据指标

这里谈以商品为主的数据分析，商品不限于零售行业，知识付费、在线教育、虚拟服务、增值服务都属于商品的一种。它有许多通用的分析模板，如购物筐、进销存。下面介绍一下购物筐分析。

购物筐分析仅仅是一种电子商务的指标，更多的是对用户消费行为特点和规律的分析。

连带率是购物筐分析的一个重要指标，其计算公式是：销售件数 / 交易次数。在大型商场和购物中心，连带消费是经营的中心，用户多次消费即连带消费。在电商网站中，连带率表示购物的深度，是单次消费提高利润的前提。

商品热度是指一件商品的热销程度。可以将商品分为最热门 Top20，最盈利 Top20 等，很多营销会将它和连带率相结合，如电子商务网站，重点推广多个能带来流量的热门爆款商品，爆款商品并不谋求赚钱，而是靠爆款连带销售其他有利润的商品。

购物筐分析中最为人熟知的非关联度分析莫属，简单地说，就是买了某类商品的用户更有可能买哪些其他东西。例如，买了洗脚盆的用户，关联地为其推荐泡脚的药材。

关联分析有两个核心指标：置信度和支持度。支持度表示某商品 A 和某商品 B 同时在购物筐中的比例，置信度表示买了商品 A 和有多少人同时买了商品 B，表示为 A → B。例如，李阿婆每次去菜场买菜都喜欢买一根葱，在李阿婆的菜篮（购物筐）分析中，葱和其他菜的支持度很高，可是能说明李阿姨买葱后就一定买其他菜（葱→其他菜）吗？不能，只能说李阿姨买了菜会去买葱（其他菜→葱）。

（3）进销存相关数据指标

进销存是传统零售行业的经典管理模型，将企业商品经营拆分出采购、入库、销售三个环节，并且建立全链路的数据体系。在电子商务中，许多场景与进销存息息相关。

电子商务有几个基础概念：商品、SKU、SPU。商品就是对应消费者理解的产品，任何主流的电子商务网站，商品详情页都对应一个商品，也称为 SPU（Standard Product Unit，标准化产品单元）。而在商品介绍的详情页中，还会涉及尺码、颜色、样式的选择，这类属性形成了 SKU（Stock Keeping Unit，最小单位库存）。商品的每一个属性都对应着不同的 SKU，如一件衣服有 XL、XXL、L 3 个尺寸，则这件衣服是一个 SPU，3 个尺寸对应着 3 个 SKU。

在日常的电商运营中，有些用户喜欢白色的手机，有些用户钟情于 256 GB 大存储量的手机，如何更好地卖出这些商品，是从采购环节就要开始考虑的。

采购包括广度、宽度、深度 3 个维度。广度是商品品类，越充足的品类越能满足消费者的消费需求，但是也带来管理难、销售难的缺点。例如，市面上手机品类总共有 60 个，某手机店出售 30 种，则品类比为 30/60=50%。

采购宽度是 SKU 占比，代表商品供选择的丰富程度。手机有黑色、银色、白色 3 种颜色和 32 GB、64 GB、128 GB 3 种存储容量，共 9 个 SKU，如果手机店只卖白色的手机，则 SKU 占比就是 33%。

采购深度是指平均每个 SKU 的商品数量，例如，某电商平台的服装店铺里 XL 号的 A 品牌女士内衣的商品数量为 368 件。

库存是一个中间状态，采购是进，销售是出。库存是一个动态滚动的变化过程，常拿过去时间窗口内的库存消耗速度衡量现有存量的消耗进度。某电商平台上的服装店铺 5 月每天消耗库存 2 000 件，5 月末的库存为 5 万件，按过去的消耗速度，则这 5 万件的衣服需要 25 天才能消耗完，25 天就被称为库存天数。这个规则可以作为评估缺货趋势的基本参考。

销售环节的指标主要体现在两方面：销售的速度和销售的质量。销售速度常用售罄率来表示，其计算公式是：一定时间周期内的销售数量 / 时间窗口内的库存数量 ×100%。例如，某电视机商品 3 月份累计售罄率为 50%，4 月份累计售罄率为 60%，5 月份累计售罄率为 80%，说明商该品逐渐卖断货，应该补货了，反过来售罄率如果一直低迷，则应该促销或者减少进货量。

销售的质量和折扣率挂钩，其计算公式是：实收金额 / 标准金额 *100%。

进销存相关的指标与互联网流量之类的指标似乎不属于一个范畴，但很多互联网产品变现都要靠电商或类似形式，所以，运营人员有必要掌握这方面的基本知识。但电商本身是一个比较复杂的体系，学有余力的读者可以通过网络等其他渠道，更进一步学习和了解相关的知识。

以上对数据运营中所涉及的基本数据指标类型进行了简要介绍，在实际工作中，由于工作侧重点的不同，运营人员所要关注和实现的指标也是各不相同的，根据业务场景和产品的不同，需要的数据指标也是丰富多样的。要想让数据为运营效果服务，还需要明确数据分析的目标和应用的方向，这样才能够明确采集什么数据以及用什么方法分析数据。

6.2.2　数据指标体系搭建

上一节我们介绍了互联网运营过程中常见的一些数据指标，具体到某个实际的运营项目分析中，究竟应该确立和分析哪些指标呢？这就需要在数据分析的一开始就确立数据指标体系。

数据指标是指用具体的数据表示的衡量目标的指数、规格、标准等参数，用来对事物进行确定性的描述。在实际工作中，一个问题并不是单一的，往往有很多方面，只用一个指标不能充分说明该问题。这就需要一组有逻辑的数据指标来描述，这就是数据指标体系。

1. 数据指标体系的要素

一般而言，一套数据指标体系由以下 5 个基本要素构成。

（1）主指标

主指标也称一级指标，是用来评价一个事物到底如何的最核心的指标。比如当我们说“产品卖得好”，直观地想到是用“销售金额”这个指标来衡量，即销售的收入多就是卖得好。

每个指标要包含以下要素：

- 业务含义：在业务上它的意义是指什么。
- 数据来源：哪个系统采集原始数据，即数据从哪里获取。
- 统计时间：在哪个时间周期内产生的该数据。
- 计算公式：有些数据是统计计算后的数据，比如销售利润率，如果有比例、比率，要描述清楚哪个数是分子哪个数是分母；如果是汇总，要说描述清楚哪个数加哪个数。

需要注意的是，有可能需要多个主指标来做综合评价从而得出结论。比如说“产品卖得好”，只看销售金额还不够，还要关注毛利，这才是真正赚到的钱。可能还要看销售数量，因为销售数量和库存直接挂钩，要防止积压太多导致库存成本畸高。这样就至少有了 3 个主指标：销售金额、销售毛利、销售数量。

（2）子指标

主指标不一定就是一个直接采集的指标，而可能由几个子部分构成，这就涉及到子指标，即构成主指标、支撑主指标的下级指标。

举个例子：销售金额 = 用户数 * 转化率 * 客单价

在上面这个数据公式中，如果销售金额没达标，就要搞清楚：到底是购买的客户少了，还是推广覆盖的人不够多，还是说价格设得太便宜了，了解细节有利于找到真正的问题，这时候就要将主指标拆解成子指标，如图 6-1 所示。

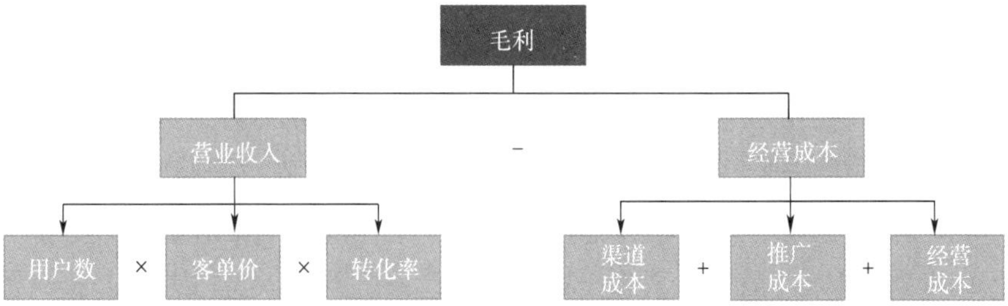

图6-1 指标拆解示意图

需要指出的是，选择的主指标不同，拆解成子指标的方式也就不同。比如，在图 6-1 所示的拆解过程中，如果选择的主指标是毛利，则子指标为营收和成本；如果选择的主指标是营收，则子指标是用户数。

（3）过程指标

主指标一般衡量的是一个最终结果，但在实际运营实践中，实际上某个最终结果的取得，是通过一系列的过程达成的，比如在电商平台运营过程中，一个用户从访问网店到最终形成销售，中间至少要经历筛选商品、进入详情页、加入购物车、下单、支付、收货等一系列的过程，在这个过程中会遵循在第3章所讲的漏斗模型。在数据分析的时候，不仅要分析最终的结果数据，得出符合预期还是不符合预期的结论，更多的时候是需要考察问题出在了哪个环节，这就需要根据最终指标的达成过程，设置一些用以监督、改进的指标，这些指标就是过程性指标。比如主指标是销售量，过程性指标可以是搜索数、进入详情页人数、下单数等，而且在这些过程性指标之间，还可以计算转化率这样的指标。

（4）分类纬度

在运营实践中，一个结果是一个团队在一定时间内，通过一系列环节达成的。那为了更细致地分情况、分条件了解一些情况时，可以把数据指标按照某种纬度进行分类分析和考查。比如，想知道总销售金额是怎么构成的，每个地区、每个团队分别完成多少，可以增加分类维度。通过分类维度，把主指标切成若干块，这样能避免平均数陷阱，把整体和局部一起看清楚，如图 6-2 所示。

图6-2 分类纬度示意

（5）判断标准

即使有了上述主指标、子指标、过程指标和分类纬度这些要素，还是不能轻易做出“A 产品卖得好”这样的结论。因为好是个形容词，是个相对的概念。这时就需要一个参照物来对比，这个确定了的参照物，就是数据指标体系的判断标准。在构造指标体系的时候，往往这些判断标准是和当前数据一起呈现的。这样在看数据的时候，可以直观地做出判断，使用起来就很方便了。

2. 数据指标体系的应用

按照上述 5 个要素搭建数据指标体系之后，就可以对其加以应用，从而指导我们的运营实践了。有了上述这 5 个要素，就能很轻松地对一些问题进行诊断，具体来说，应用这些要素，可以按照以下基本过程，得出相应的判断和结论。

首先，可以通过主指标 + 判断标准，得出总的结论，比如主指标是：销售金额，先看本月是否达标了，如没达标，差多少达标。再看年累计达标没有，有多少亏空 / 盈余。这样很容易看清楚：知道问题是什么，有多大。

其次，再通过分类维度看哪些方面做得好、哪些方面做得不好。比如：哪些区域没有做好，是不是一贯做不好；哪些区域做得好，是勉强完成还是持续上涨。

最后，通过观察子指标/过程指标看哪个环节没做好。比如：是线索太少了，得加大推广力度；还是跟进成功率低，得提升销售能力；还是报价太高，得增加一些折扣。

由此可见，通过搭建数据指标体系，不仅可以考查宏观层面的问题，还可以考查微观细节的问题，不仅可以了解总体的情况，也可以了解分类的情况。这样使得数据分析有的放矢、精准清晰，而且全面、立体地反映问题的点、线和面。

3. 数据指标体系的搭建步骤

确定数据指标体系 5 个基本要素的过程就是搭建数据指标体系的过程。具体而言，可以通过以下 5 个步骤进行数据指标体系的搭建。

（1）明确运营目标，确立主指标

每一个运营项目都有其核心诉求和预期达成的目标，找出如何衡量这个主目标的指标，就是主指标了。确立主指标是搭建数据指标体系最重要的一步，把主目标梳理清楚、确立起来，然后才能确定子指标怎么拆解、过程指标怎么划分，同时建立指标的判断标准也要先知道指标是什么。

（2）确定判断标准

既然已经找到了主指标，就得为它建立配套的判断标准。这样才能解读出数据含义，得出结论。

一般常见的判断标准有 4 类，包括 KPI 达成率法、竞品对标法、生命周期法和自然周期法。

KPI 达成率法：如果主指标直接是从 KPI 中确立的，那直接用 KPI 指标要求的数量作为判断标准即可，直接计算 KPI 的达成率。

竞品对标法：以竞品或行业的水平作为参照物，超过就说明做得好，未达到就说明做得不好。

生命周期法：主要是通过环比数据来判断好坏，假设业务运行有一个明显的周期性，那么选一个标杆周期的水平作为判断标准，超过标杆说明做得好，未超过说明做得不好。

自然周期法：主要是通过同比数据来判断好坏，假设业务每年有一个正常走势，那么符合往年走势且数据表现同比比往年还好，那说明做得好，否则说明做得不好。

（3）了解业务运作模式，拆解子指标

有了主指标和主指标的判断标准以后，可以进一步梳理子指标。子指标和业务运作方式有直接关系。比如销售金额，既能以分公司为单位进行指标拆解，也能以用户为单位进行。

具体怎么拆解，要看业务具体是怎么运作这件事的。比如销售一般按区域管理，那就按分公司拆。市场一般按用户管，就按用户拆。总之，指标的拆解是帮助业务、支撑业务、方便业务的。

（4）梳理业务流程，设定过程指标

过程指标理论上越多越好，越多的过程指标，可以越细地追踪流程，发现问题。但在具体工作过程中，不见得每个动作节点都可以做数据采集，因此要结合具体业务流程来确定指标，在关键节点加以控制。梳理过程指标过程中，究竟要梳理到何种详细的程度，取决于两点：第一点是该节点在过程中的重要程度；第二点是数据的采集难度。

(5) 添加分类维度

分类维度的添加主要取决于具体运营过程中想要从哪些方面了解情况，可以按照业务的需要，灵活地添加分类维度。比如，想要了解哪个区域的产品销量好或是差，可以按地域分类；想要了解哪些用户需要发优惠券促销时，可以按客户层级进行维度分类。

总之，数据指标体系的搭建要基于对业务的充分了解，紧密结合业务的需要，站在业务的角度去思考，不能为了搞指标而搞指标。因为，数据指标体系的搭建到最终的应用，是为了支撑业务、为业务服务的，不能为业务服务的数据指标体系都是无效的、徒劳的。

6.3　产品数据的获取

要对数据进行分析处理，前提是要有数据。数据采集是否丰富，采集的数据是否准确，采集是否及时，都直接影响整个数据后续的应用效果。所以，在确立了数据分析的指标体系之后，如何能够客观、全面、有效地采集到第一手的数据原料，就成为需要解决的关键问题。目前，常见的互联网产品数据采集方案有 3 种：埋点采集、可视化埋点采集和无埋点采集。

6.3.1　埋点

埋点是互联网产品运营数据分析的一种常用的数据采集方法。埋点也称打点，是通过在网页或 APP 中手动添加统计代码收集需要的数据。打点又可以细分为前端打点和服务器端打点。

例如，要收集用户注册数，就需要在注册按钮处加载相应的统计代码。

数据埋点分为初级、中级、高级 3 种方式，具体操作如下：

① 初级：在产品、服务转化关键点植入统计代码，根据用户独立 ID 采集，确保数据采集不重复（如注册按钮点击率）。

② 中级：植入多段代码，追踪用户在产品系统每个界面上的一系列行为（如打开商品详情页—选择商品型号—加入购物车—下订单—购买完成）。

③ 高级：尽可能采集分析用户全量行为的数据，建立用户画像，还原出用户行为模型，作为产品分析、优化的基础。

数据埋点是一种良好的私有化部署数据采集方式。数据采集准确，满足了产品运营方去粗取精，实现产品、服务快速优化迭代的需求。

当然，数据埋点的应用也有一些劣势。首先，埋点代价比较大，每一个控件的埋点都需要添加相应的代码，不仅工作量大，而且限定了必须是有一定技术基础的技术人员才能完成。其次，更新的代价比较大，每一次更新埋点方案，都必须修改代码。对于 APP 产品来说，修改代码后就需要通过各个应用市场进行分发，并且总会有相当多数量的用户不喜欢更新 APP，这样埋点代码就得不到更新。最后，所有前端埋点方案都会面临的数据传输时效性和可靠性问题，这个问题只能通过在后端收集数据来解决。

通常，有两种埋点的技术实现途径：第一种是产品运营者自己在产品中注入代码统计，并搭建起相应的后台查询统计系统；第二种是利用第三方统计工具进行埋点，例如，友盟、百度移动、魔方、App Annie、talking data 等第三方工具都提供了功能强大的数据埋点解决方案。

6.3.2 可视化埋点

可视化埋点也称框架式埋点，就是指用框架式交互手段来代替纯手工写代码，固化相应代码作为 SDK（Software Development Kit，软件开发工具包），方便直接调用，这就类似于用一个集成开发框架将许多需要手工完成的代码工作固化下来，供自动化调用。这极大地减少了手工写代码的工作量和复杂度。例如，早期开发设计一个网页，都需要通过写一行一行的代码去实现，后来随着技术的发展，一些公司开发出了诸如 FrontPage、Dreamweaver 这样的网页设计软件，这些软件可以通过可视化的方式直接进行网页设计，很多基础代码都可以由软件自动生成，用户只要进行布局、内容的设计即可，这样就大大降低了操作的工作量和难度。可视化埋点技术其道理类似于用 Dreamweaver 软件替代手工编写网页。

所以，可视化埋点技术很好地解决了代码埋点的埋点代价大和更新代价大两个问题。在国外，以 Mixpanel 为首的数据分析服务商，都相继提供了可视化埋点的方案，Mixpanel 将其称为 codeless。而国内的 TalkingData、诸葛 IO 等也都提供了类似的技术手段。

6.3.3 无埋点

虽然可视化埋点省时省力，但它也有应用的局限。可视化埋点能够覆盖的功能是有限的，并不是所有的控件操作都可以通过这种方案来完成。所以，就进一步发展出了既省时省力又能比较全面地收集数据的无埋点技术。

无埋点是先尽可能收集所有控件的操作数据，然后再通过界面配置哪些数据需要在系统中进行分析。无埋点相比框架式埋点的优点有：一方面解决了数据回溯的问题；另一方面；也可以自动获取很多启发性的信息。

无埋点工具会利用它部署在网站页面（或者 APP）上的基础代码对网站（或 APP）上所有的可交互事件元素进行解析，获取它们的 DOM 路径。采集用户行为时，监测工具也会通过它的基础代码对页面上所有的 DOM 上的用户操作行为进行监听，当有操作行为（交互事件）发生时，监测工具会进行记录，并且同时记录对应的 cookie（或 device ID）信息，将与用户设置的信息关联起来。所以，这也是为什么页面上所有的交互（包括基于 http 的链接交互）都可以通过这一方式可视化地被监测的原因。

无埋点大大减少了开发人员的开发成本及技术和业务人员的沟通成本。可以说，无埋点技术的出现最大化地提升了数据收集的速度，使得原来不敢想的事情现在敢做了，原来碍于必须有时效性不敢收集的数据也可以迅速进行分析了。在这点上，无埋点技术相对于传统埋点技术的优势巨大。

当然，无埋点技术也有一些局限，由于这部分知识涉及一些技术原理，相对有一定难度，一般需要专业的技术工程师或数据分析工程师进行操作和应用，初学者只要了解其基本的原理即可。学有余力的读者，可以通过互联网或其他书籍资源，进一步深入学习相关知识。

6.4　数据的分析及应用

有了数据之后，就可以对数据进行分析和应用，从而为运营决策提供依据。在数据运营过程中，数据分析及应用是核心所在。前两个阶段的数据规划和数据采集都是为数据分析服务的。

数据运营的最终目的是通过数据分析的方法发掘并定位问题，从而提出解决方案，促进业务增长。

关于数据分析的意义，可以用一个经典的案例来说明。例如，沃尔玛超市通过数据分析发现的“啤酒与尿布”的故事。故事产生于 20 世纪 90 年代的美国沃尔玛超市。沃尔玛的超市管理人员分析销售数据时发现了一个令人难以理解的现象：在某些特定的情况下，啤酒与尿布两件看上去毫无关系的商品会经常出现在同一个购物篮中，这种独特的销售现象引起了管理人员的注意，经过后续调查发现，这种现象出现在年轻的父亲身上。因为在美国有婴儿的家庭中，一般是母亲在家中照看婴儿，年轻的父亲前去超市购买尿布。父亲在购买尿布的同时，往往会顺便为自己购买啤酒，这样就会出现啤酒与尿布这两件看上去不相干的商品经常会出现在同一个购物篮的现象。如果这个年轻的父亲在卖场只能买到两件商品之一，则他很有可能会放弃购物而到另一家商店，直到可以一次同时买到啤酒与尿布为止。沃尔玛发现了这一独特的现象，开始在卖场尝试将啤酒与尿布摆放在相同的区域，让年轻的父亲可以同时找到这两件商品，并很快地完成购物；而沃尔玛超市也可以让这些客户一次购买两件商品、而不是一件，从而获得了很好的商品销售收入，这就是“啤酒与尿布”故事的由来。

6.4.1　运营数据分析的步骤

数据分析是指用适当的统计分析方法对收集来的大量数据进行分析，提取有用信息和形成结论而对数据加以详细研究和概括总结的过程。具体到运营工作实践中，运营数据分析应用的基本流程主要包括以下几个步骤：

1. 明确目标，确定问题

在互联网产品运营实践中，数据分析本身并不是目的，而是为实现某个特定目的而存在的，数据收集、数据处理和数据建模都要围绕数据分析的目的展开。所以，明确数据分析目标是数据分析的出发点。明确数据分析目标就是要明确本次数据分析要研究的主要问题和预期的分析目标等，简单地说就是定义问题，即确定数据分析是为了要解决什么具体的问题。

2. 数据收集

数据收集是按照确定的数据分析框架，收集相关数据的过程，它为数据分析提供了素材和依据。这里的数据包括一手数据与二手数据，一手数据主要指可直接获取的数据，如公司内部的数据库、市场调查取得的数据等；二手数据主要指经过加工整理后得到的数据，如统计局在互联网上发布的数据、公开出版物中的数据等。

3. 数据处理

数据处理是指对采集到的数据进行加工整理，形成适合数据分析的样式，保证数据的一致性和有效性。它是数据分析前必不可少的阶段。

数据处理的基本目的是从大量的、可能杂乱无章、难以理解的数据中抽取并推导出对解决问题有价值、有意义的数据。如果数据本身存在错误，那么即使采用最先进的数据分析方法，得到的结果也是错误的，不具备任何参考价值，甚至还会误导决策。

数据处理主要包括数据清洗、数据转化、数据抽取、数据合并、数据计算等处理方法。一般的数据都需要进行一定的处理才能用于后续的数据分析工作，即使再“干净”的原始数据也需要先进行一定的处理才能使用。

4. 数据统计分析

数据分析是指用适当的分析方法及工具，对收集来的数据进行分析，提取有价值的信息，形成有效结论的过程。

在确定数据分析思路阶段，数据分析师就应当为需要分析的内容确定适合的数据分析方法。到了这个阶段，就能够驾驭数据，从容地进行分析和研究了。

一般的数据分析可以通过 Excel 完成，而高级的数据分析就要采用专业的分析软件进行，如数据分析工具 SPSS、SAS、Python、R 语言等。

5. 数据可视化呈现

通过数据分析，隐藏在数据内部的关系和规律就会逐渐浮现出来，那么通过什么方式展现出这些关系和规律，才能让别人一目了然呢？一般情况下，数据是通过表格和图形的方式来呈现的，即用图表说话。

常用的数据图表包括饼图、柱形图、条形图、折线图、散点图、雷达图等，当然可以对这些图表进行一步整理加工，使之变为我们所需要的图形，例如金字塔图、矩阵图、瀑布图、漏斗图、帕雷托图等，如图 6-3 所示。

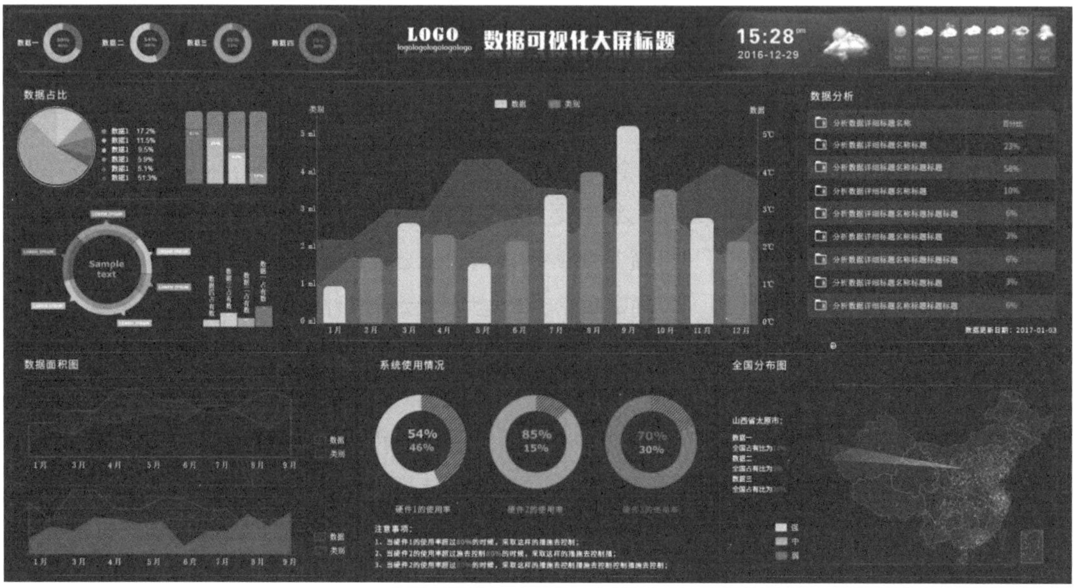

图6-3　数据可视化呈现示例

多数情况下，人们更愿意接受图形这种数据展现方式，因为它能更加有效、直观地传递出分析师所要表达的观点。一般情况下，能用图说明问题的，就不用表格，能用表格说明问题的，就不用文字。

6. 撰写分析报告

数据分析报告其实是对整个数据分析过程的一个总结与呈现。通过报告，把数据分析的起因、过程、结果及建议完整地呈现出来，以供运营决策者参考。所以产品运营数据分析报告是通过对数据全方位的科学分析来评估产品运营质量，为运营决策者提供科学、严谨的决策依据，以降低产品运营风险，提高产品核心竞争力。

一份好的分析报告，首先，需要有一个好的分析框架，并且层次明晰，图文并茂，能够让读者一目了然。结构清晰、主次分明可以使阅读对象正确理解报告内容；图文并茂，可以令数据更加生动活泼，提高视觉冲击力，有助于读者更形象、直观地看清楚问题和结论，从而产生思考。

其次，需要有明确的结论，没有明确结论的分析称不上分析，同时也失去了报告的意义，因为最初就是为寻找或者求证一个结论才进行分析的，所以千万不要舍本求末。

第三，一定要有建议或解决方案，作为决策者，需要的不仅是找出问题，更重要的是建议或解决方案，以便他们在决策时参考。所以，数据分析师不光需要掌握数据分析方法，而且还要了解和熟悉业务，这样才能根据发现的业务问题，提出具有可行性的建议或解决方案。

6.4.2 数据分析基本方法

在互联网运营数据分析中，常用的分析方法包括以下几类：

1. 描述性分析

在运营实践中，经常会面临下面这样的问题：

- 用户喜欢购买哪一类商品？
- 某商品月度销量的波动情况如何？
- 不同类别商品全年销量比较如何？
- 某商品消费者年龄分布是怎样的？
- 不同性别消费者购买行为偏好如何？

回答上述这些问题，就需要用到描述性分析。描述性分析用于描述定量数据的整体情况，通过描述性分析，计算数据的集中性特征（平均值）和波动性特征（标准差值），查看数据异常（最大最小值），以了解数据的基本情况。

描述性分析的常用指标及其作用和案例，如表 6-1 所示。

表6-1 描述性分析常用指标

指 标	说 明	作 用	案 例
最大最小值	数据最大最小值	反映数据极端值	某月销售额最小的一天
平均值	数据平均值	反映集中趋势	不同商品消费者平均年龄
方差	每个样本值与全体样本值的平均数之差的平方值的平均数	反映离散程度，即波动大小	某商品一年中价格变动

续表

指　标	说　明	作　用	案　例
标准差	方差的算术平方根	反映离散程度，即波动大小	某商品一年中价格变动
中位数	按顺序排列的一组数据中居于中间位置的数	代表全体数据的一般水平	所有消费者购买商品数量中位数
众数	一组数据中出现次数最多的数值	代表全体数据的一般水平	购买数量中的众数
四分位数	所有数值由小到大排列并分成四等份，处于3个分割点位置的数值	了解数据集的整体分布情况，进行多组数据的比较	不同商品全年销量对比
峰度和偏度	正态分布指标	检查正态分布情况	某商品消费者年龄是否正态分布
频数	一组数据中个别数据重复出现的次数	表示分布类型和分布特征	某商品各子类的销量分布
同比	历史同时期进行比较	反映长期的大趋势	今年5月和去年5月销售额对比
环比	与前一个统计期进行比较	显示数据的短期趋势	5月和4月销售额对比

2. 对比分析

对比分析法通常是把两个相互联系的指标数据进行比较，从数量上展示和说明研究对象规模的大小、水平的高低、速度的快慢，以及各种关系是否协调。比如分析不同年度的汽车销量对比，如图 6–4 所示。

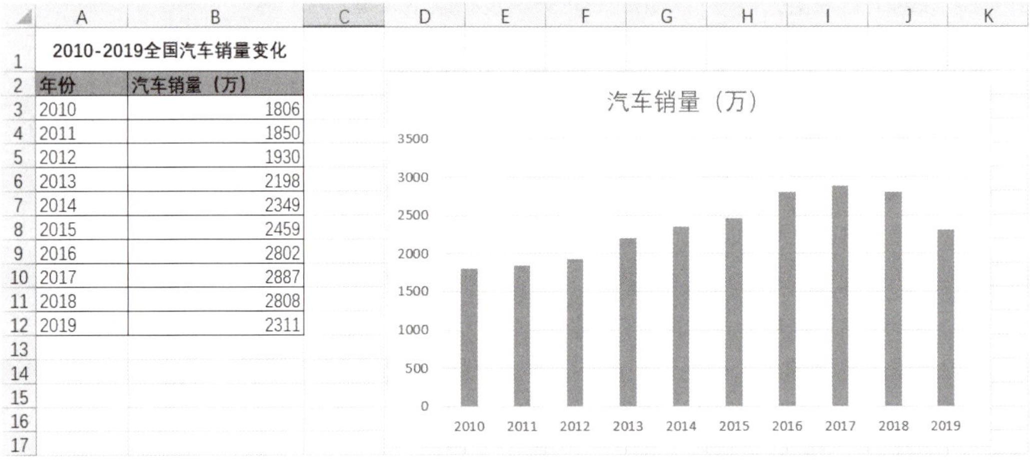

图6–4　汽车销量变化对比分析

在对比分析中，选择合适的对比标准是十分关键的步骤，选择得合适，才能做出客观的评价，选择不合适，评价可能得出错误的结论。

对比分析的常用对比标准及其应用方法，如表 6–2 所示。

表6-2 对比分析标准及说明

对比标准	说明	对比形式	说明
1．时间上的对比		1．绝对数比较	利用绝对数进行对比
纵比	同一空间条件下，对不同时期数据的比较	2．相对数比较	
同比	历史同时期进行比较	结构相对数	将同一总体内的部分数值与全部数值对比求得比重
环比	与前一个统计期进行比较	比例相对数	将同一总体内不同部分的数值对比
与特定时期对比	当前时期与特定时期的对比	比较相对数	将同一时期两个性质相同的指标数值对比
2．空间上的对比			
与相似的空间比较	同一时间条件下，对不同空间数据的比较		
与先进空间比较	同一时间条件下，与优势空间的比较		
与扩大的空间标准比较	局部对比全部		
3．与标准比较			
与目标值对比	将数据与目标值进行对比		
与业内平均水准对比	将数据与平均值进行对比		

3. 分类分析

分类分析是一种非常普遍的数据分析方法，主要是指根据属性指标或者数值指标，将数据对象分为不同类别，再进一步分析、研究，从而制定差异化策略。比如我们会对用户人群进行分类，以便于差异化地服务和营销，可以根据不同地域或年龄、消费频次等作为分类维度，对其进行分类分析。

分类分析的分类维度有属性指标和数值指标两种，属性指标如性别、年龄等，还可以分为有序属性和无序指标两类；数值指标指有明确量化数值的指标（如产量、销售额等），数值指标又可分为单项分组（如八折售价出售的商品）和组距（如 500 元以下的商品）分组。分类分析中常用的分类指标的框架如图 6-5 所示。

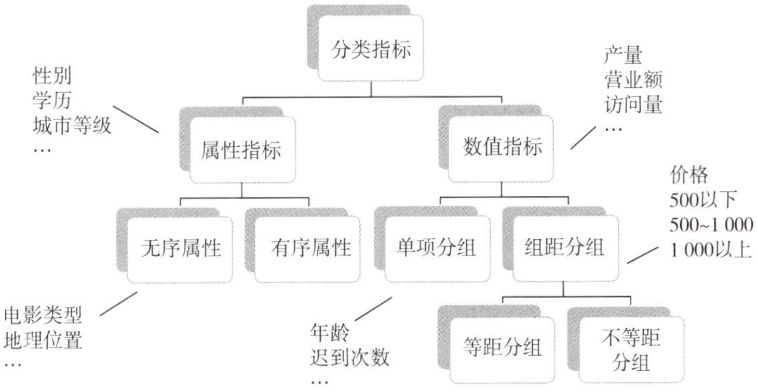

图6-5 分类指标框架

在分类分析的操作过程中，分类的维度可以是单一维度，即只用一种维度进行描述如图 6-6 所示，也可以是二维或是多维的分类，即用两种或多种维度描述，如图 6-7、图 6-8 所示。

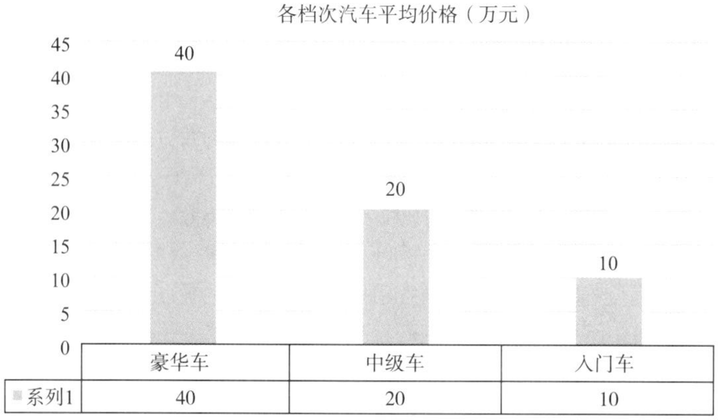

	豪华车	中级车	入门车
系列1	40	20	10

图6-6　单一维度示例

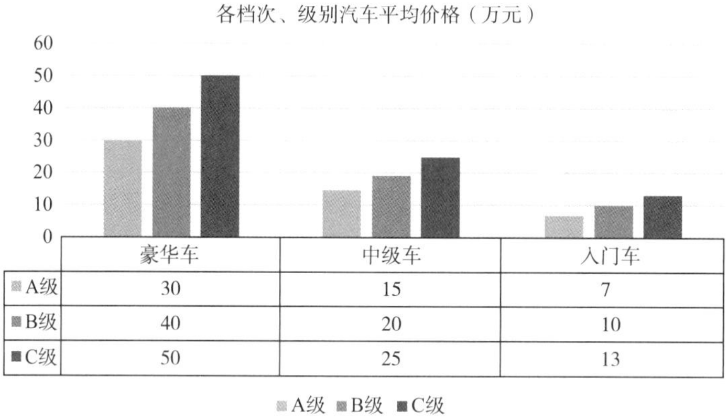

	豪华车	中级车	入门车
A级	30	15	7
B级	40	20	10
C级	50	25	13

图6-7　二维分类示例

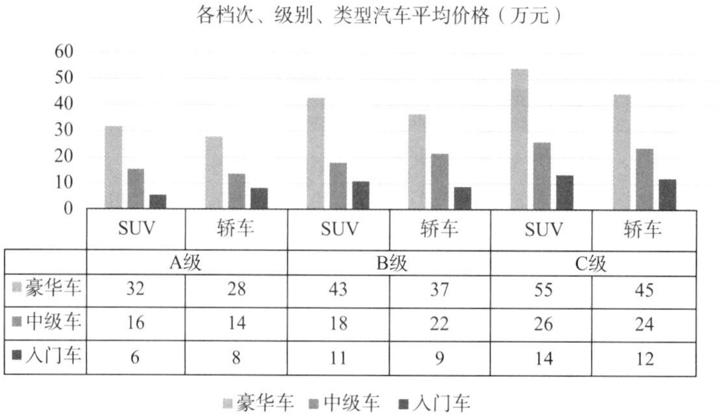

	SUV	轿车	SUV	轿车	SUV	轿车
	A级		B级		C级	
豪华车	32	28	43	37	55	45
中级车	16	14	18	22	26	24
入门车	6	8	11	9	14	12

图6-8　多维分类示例

4. 相关性分析

在本节开始的部分，介绍了沃尔玛超市关于啤酒和尿布的案例，这个案例就是典型的基于相关性分析得出把啤酒与尿布摆放在一起有利于促进销售的结论的。那什么是相关性分析呢？

相关分析用于研究定量数据之间的关系情况。通过对不同数据指标间的关系进行分析，发现业务运营中的关键影响及驱动因素，并对业务的模式进行优化。

常见的相关性分析方法有图表法、协方差、相关系数和回归分析等。

用图表法进行相关分析，就是将数据进行可视化（点、线图），变量之间的趋势和联系会一目了然，如图 6-9 所示。

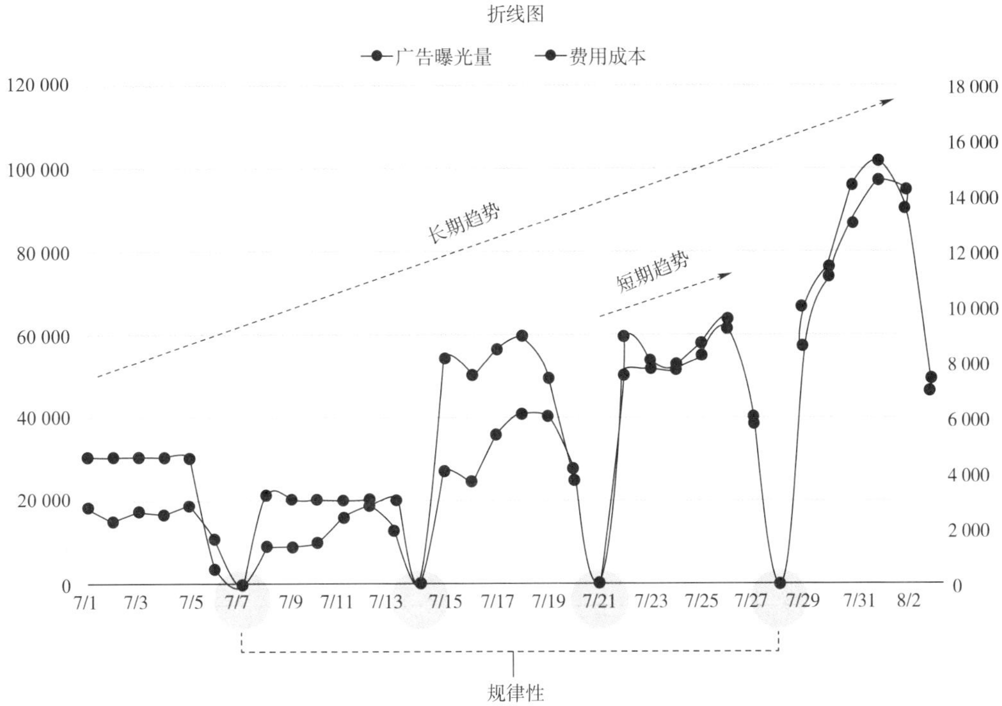

图6-9 图表法示例

协方差用于衡量两个变量的总体误差，如果两个变量的变化趋势一致，那么两个变量之间的协方差就是正值，说明两个变量正相关，如图 6-10 所示。

相关系数是研究变量之间线性相关程度的量，这里介绍的是皮尔逊相关系数。当两个变量的线性关系增强时，相关系数趋于 1（正相关）或者 -1（负相关）。当两个变量独立时，相关系数接近 0，如图 6-11 所示。

回归分析指确定两种或两种以上变量间相互依赖的定量关系的一种统计分析方法。回归分析按照涉及的变量的多少，可分为一元回归和多元回归分析；按照因变量的多少，可分为简单回归分析和多重回归分析；按照自变量和因变量之间的关系类型，可分为线性回归分析和非线性回归分析。回归分析比较复杂一些，这里不做深入介绍，感兴趣或有需要的读者可以查找其他专门材料进行深入学习。

投放时间	广告曝光量（y）	费用成本（x）	$y_i-\bar{y}$	$x_i-\bar{x}$	$(x_i-\bar{x})(y_i-\bar{y})$
2016/7/1	18,481	4,616	−16,344	−1,283	20,966,307
2016/7/2	15,094	4,649	−19,731	−1,250	24,663.380
2016/7/3	17,619	4,600	−17,206	−1,299	22,350,167
2016/7/4	16,825	4,557	−18,000	−1,342	24,154,482
2016/7/5	18,811	4,541	−16,014	−1,358	21,741,416
2016/7/6	10,430	568	−24,395	−5,331	130,058,373
2016/7/7	18	–	−34,807	−5,899	205,327,475
2016/7/8	…	…	…	…	…
2016/7/9	…	…	…	…	…
均值：	34,825	5,899		求和：	3,508,979,770
				n=34	106,332,720

图6-10　协方差示例（圈起的即为协方差值）

投放时间	广告曝光量（y）	费用成本（x）	$y_i-\bar{y}$	$x_i-\bar{x}$	$(x_i-\bar{x})(y_i-\bar{y})$	$(y_i-\bar{y})^2$	$(x_i-\bar{x})^2$
2016/7/1	18,481	4,616	−16,344	−1,283	20,966,307	267,109,992	1,645,712
2016/7/2	15,094	4,649	−19,731	−1,250	24,663.380	389,292,630	1,562,532
2016/7/3	17,619	4,600	−17,206	−1,299	22,350,167	296,029,230	1,687,435
2016/7/4	16,825	4,557	−18,000	−1,342	24,154,482	323,982,000	1,800,838
2016/7/5	18,811	4,541	−16,014	−1,358	21,741,416	256,432,182	1,843,330
2016/7/6	10,430	568	−24,395	−5,331	130,058,373	595,091,630	28,424,497
2016/7/7	18	–	−34,807	−5,899	205,327,475	1,211,492,442	34,799,533
2016/7/8	…	…	…	…	…	…	…
2016/7/9	…	…	…	…	…	…	…
n=34					S_{xy} 106,332,720	S_y 26,615	S_x 4,266
					r_{xy} 0.936 447 666		

图6-11　相关系数示例（圈起的表示相关系数为0.936）

5. 预测分析

预测分析是一种从经验（数据）中学习，以预测未来行为，并做出更好决策的技术。它将高级统计功能结合在一起，包括统计分析、预测建模、数据挖掘、文本分析、优化、实时评分和机器学习等。这些工具可帮助组织发现数据模式。

常见的预测分析方法包括指数平滑法、移动平均法等，如图 6–12 所示。

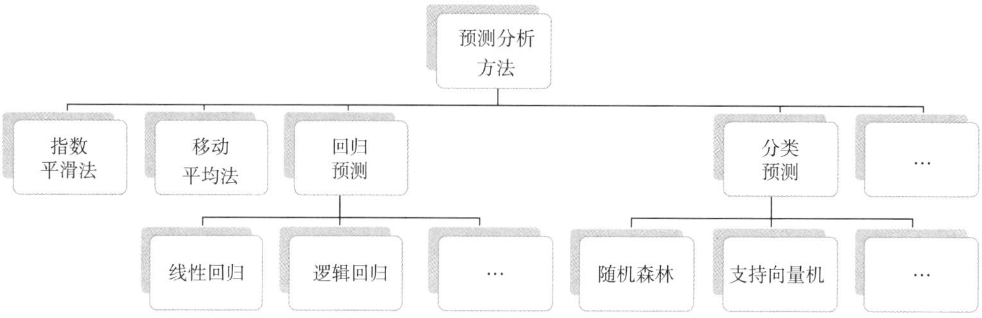

图6-12　预测分析常用方法

6.4.3　运营数据分析的常见应用

应用 6.4.2 介绍的基本的数据分析方法，通过对运营数据的分析能够得到一些规律，比如可以用于预测未来的一些趋势，也可以用于对比一些更具性价比的方法，也能细查运营过程中的一些问题点。在互联网产品运营的实践中，数据分析主要应用在以下一些方面。

1. 趋势分析

趋势分析是互联网产品运营过程中最简单、最基础，也是最常见的数据监测与数据统计和分析。例如，分析一款 APP 产品的 DAU（Daily Active User，日活跃用户）的变化趋势，通常是将一定周期内的 DAU 数据进行统计整理，建立一张 DAU 数据指标数值变化的折线图或柱状图，然后持续观察图形的变化趋势，如图 6–13 所示。在这个过程中，重点要关注的就是异常值，在不同的数据分析情景中异常值的表现和定义不同。在 DAU 趋势图中，如果某个时间段内的 DAU 明显下降，就属于异常值，说明产品的用户活跃度出现了明显的低落的问题。

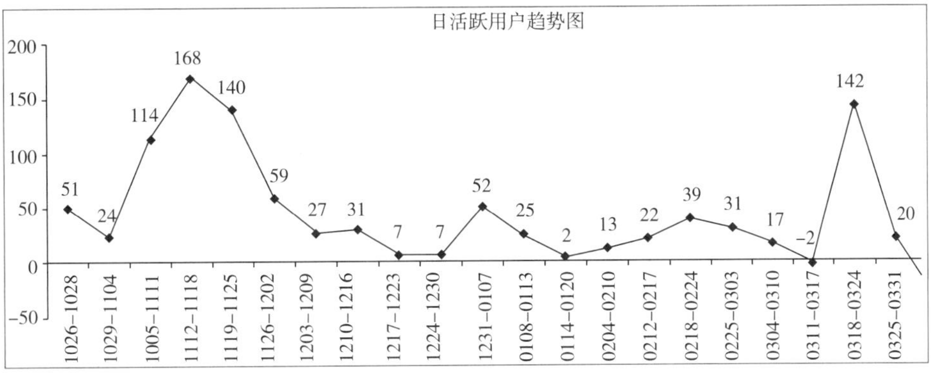

图6–13　趋势分析示例

2. 多维度拆解分析

在很多情况下，单纯监测和观察一个数据指标值并不能找出什么问题和规律，需要按照不同的维度对数据进行拆解分析，这样很多细节就可能会呈现出来。所以，多维分解分析就是指从业务需求出发，将指标从多个维度进行拆分解读，从而发现规律的过程。在这个分析框架下，需要一层一层拆解，具体到每一个维度对某个指标值进行分析。多维度拆解分析类似于从多个方面和角度观察事物，会对事物的认识更全面和具体。

例如，某个网站的资讯内容频道主要提供一些前沿 IT 技术解读的文章，该频道的网站的跳出率是 0.51、平均访问深度是 3.97、平均访问时长是 0.53 min。如果要提升该频道用户的参与度，显然单纯只有这样的单维度数据会让人无从下手；但是如果对这些指标进行拆解之后就会发现很多新的思路。通过访问来源分析发现，相比于其他渠道，从 CSDN、51CTO（比较有名的技术学习社区网站）等渠道过来的用户的参与度明显比通过微博、今日头条等渠道过来的用户要高，从 CSDN、51CTO 渠道过来的用户跳出率是 0.27，平均访问深度是 4.58，平均访问时长是 2.4 min；而从微博等新媒体渠道过来的用户跳出率达到 0.86，平均访问深度是 1.75，平均访问时间是 0.14 min。由此可以判断，对于该频道而言，从 CSDN、51CTO 等技术社区过来的用户质量更高，后续在推广渠道选择上，要对这类渠道有所侧重。

3. 用户归类分析

用户归类分析就是将用户根据一定的属性进行归类分群，便于再进一步研究细分群体的特征和规律。主要有两种归类的方法：第一种是根据用户的维度进行归类，比如从来源维度分，可以分为来自线下的推广、主动搜索、竞价推广等来源的用户；从用户登录平台进行归类，有PC 端、平板端和手机移动端用户；从用户身份可以分为学生、白领等。第二种是根据用户行为组合进行归类，例如，每周在 QQ 空间签到 3 次的用户与每周在 QQ 空间签到少于 3 次的用户；电商网站的用户有直接点击“立即购物”直接支付购买的用户和加入“购物车”再选择结算的用户。

4. 典型用户细查分析

用户行为数据是一种重要的运营数据，观察用户在所运营产品内的行为路径是一种非常直观的用户动向分析方法。在用户归类分群的基础上，一般可以抽取 3 ～ 5 个典型用户进行细查分析，即仔细深入地分析用户的全部“蛛丝马迹”，从中找出一些潜在的问题和规律。通常，个别典型用户的行为可覆盖该类用户群体的大部分行为规律。

例如，观察某阅读产品的一个用户在登录其账户时的用户行为数据，如图 6-14 所示。

用户动作/行为	时间
访问 平台首页	13:34:36
点击 登录按钮	13:34:51
输入 wxfy	13:35:14
输入 *******	13:35:24
点击 获取验证短信	13:35:34
点击 获取验证短信	13:36:38
点击 获取验证短信	13:37:45
退出	13:38:23

图6-14 用户登录行为数据

该用户的登录过程经历了如下操作流程：

“访问首页”→“点击登录”→“输入用户名”→“输入密码”→“获取验证短信”→“退出”。本来整个流程符合产品设定的业务流程，操作也是比较流畅的。但是，却发现该用户连续点击了 3 次“获取验证短信”，3 次点击之间时间间隔均达 60 s 以上，最后并没有出现所期待的“登录成功”，而是直接选择“退出”。用户为什么会多次点击“获取验证短信”呢？用户为什么最后没有登录成功而退出了呢？

这时就提示产品运营人群去亲自体验一下产品，体验一遍产品的登录流程。然后，可能会发现，点击“获取验证短信”后，经常迟迟收不到短信，就会不断点击“获取验证短信”，所以就出现了上面显示的用户行为轨迹所记录的情况。这时就要对产品进行优化，查看迟迟收不到短信的原因是什么，并予以解决，或者更进一步地审视，在登录环节设置短信验证码的环节是否确实必要，因为这成为影响用户登录成功的关键障碍。

很多互联网产品都或多或少存在一些不合人性的设计或 BUG，通过典型用户细查分析可以很好地发现产品中存在的问题并且及时解决。

5. 用户留存分析

提升用户留存，即让用户留下来持续使用产品，是运营人员的重要职责，所以对留存情况的分析始终贯穿在运营工作的全过程。衡量用户留存的常见指标有：次日留存率、7 日留存率、30 日留存率等。对于用户留存率的分析，一方面是分析留存率的变化趋势，另一方面是结合用户行为或用户群体进行关联性分析。

例如，某社区平台，当新用户注册后，一些用户注册后就发了至少一个帖子；一些用户注册后没有发任何帖子。按照这两种不同的行为可将新用户进一步分为两个用户群：一个是注册有发帖用户群；另一个是注册未发帖用户群。对这两个新用户群体留存情况的分析如图 6-15 所示。

从图 6-15 中可以很明显地看出，有发帖用户群留存率明显高于未发帖用户群。据此，可以为产品功能的设计和优化提供一些启示：既然用户新注册后如果能够发一个帖子，其后续留存率会明显提高，那么在产品功能设计和运营上，可以增加一些鼓励新注册用户发帖的功能和措施，从而提高用户后续留存率。例如，新用户注册完成后，立即弹出引导用户发帖的提示，并给予积分奖励。

6. 漏斗分析

漏斗分析模型也是运营实践中经常应用的数据分析方式。漏斗是用于衡量转化效率的工具，因为从开始到结束的模型类似一个漏斗形状，因而得名。漏斗分析要注意两个要点：第一，不但要看总体的转化率，还要关注转化过程每一步的转化率；第二，漏斗分析也需要进行多维度拆解，拆解之后可能会发现不同维度下的转化率也有很大差异。

例如，对一个电子商务网站的用户购物过程中的各环节的转化率进行漏斗分析，结果如图 6-16 所示。

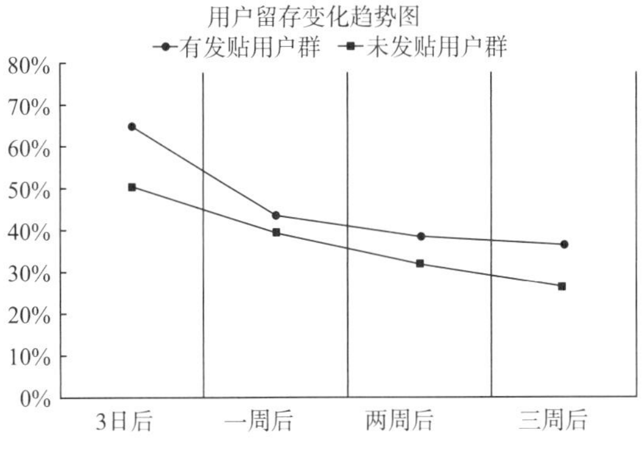

图6-15 用户留存率趋势图

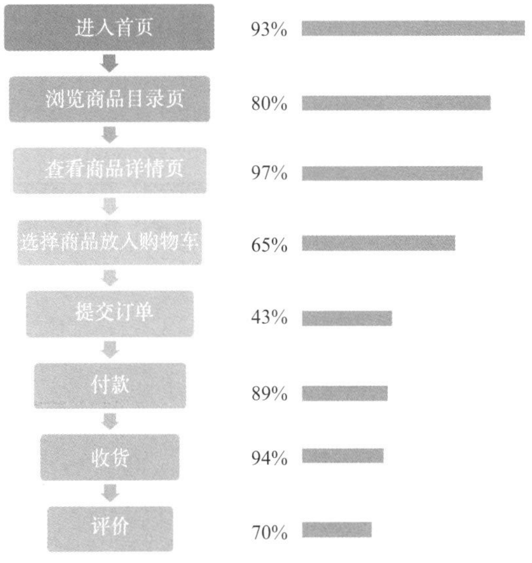

图6-16 购物转化率

通过漏斗分析不难发现，在整个购物流程中，用户流失最主要的环节是“提交订单”，这就提示运营人员，着力策划和实施针对该环节的刺激提升措施。

6.5 数据运营的常用工具

数据的采集、处理与分析是贯穿运营人员工作全过程中的任务，运营人员日常要处理的数据种类多、数量大，必须要借助一些专门的数据运营工具以实现自动化和高效化的数据分析与应用。

6.5.1 流量分析工具

数据采集是数据分析与应用的基础，在日常的运营工作实践中，运营人员可以采用第三方的一些数据采集工具和服务，下面简单对这类工具进行介绍。

目前的市场上，针对网站流量的网站数据分析工具还是比较多的，可选择的余地也很大，基本的流量统计数据一般都要求包括网站访问的 PV、IP、访客入口页面、搜索词以及热点图片等一些关键信息数据，当然还可以包括一些网站的主要流量来源，用户比较喜欢浏览的页面以及具体的栏目。这些关于流量的统计，可以帮助优化网站，可以更好地调整网站的外部链接以及采用什么样的推广方式。

1. Alexa.cn

Alexa.cn 是一款网站流量排名查询工具，如图 6-17 所示。

图6-17 Alexa首页

Alexa 免费提供 Alexa 中文排名官方数据查询、网站访问量查询、网站浏览量查询、排名变化趋势数据查询，一直致力于开发网页抓取和网站流量计算。例如，利用 Alexa 查询凤凰网（http://www.ifeng.com）的流量（PV、UV 值）情况，结果如图 6-18 所示，查询该网站的流量排名及趋势情况，结果如图 6-19 所示。

图6-18　凤凰网流程查询结果

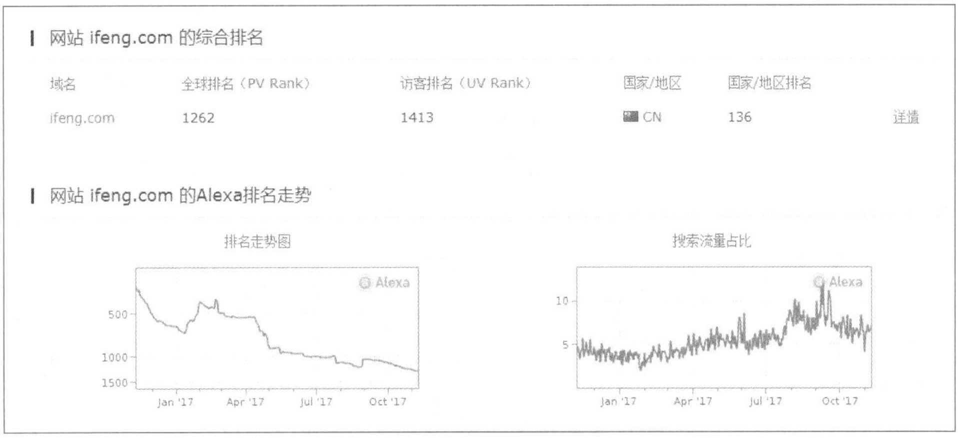

图6-19　凤凰网流量排名查询结果

2. 百度统计

Alexa 查询的结果主要是网站的基本流量情况及其在世界范围内的综合排名及走势，数据相对比较基础和简单。而百度统计是百度推出的一款稳定、免费、专业、安全的网站流量分析工具，能够提供访客是如何找到并浏览某个的网站。与传统的流量统计工具注重流量数量相比，百度统计尤其注重对流量质量、访客行为的分析，旨在助力网站优化和进步。

百度统计运用百度内部成熟的分布式计算框架，海量数据存储引擎等互联网先进技术，同时加之冷热双备、大规模服务器集群的稳定性保证，确保用户网站数据的安全性、稳定性、实时性。

百度统计分为网站分析、移动统计、流量研究院和百度推荐多个子产品，为你提供全面、专业、实时的互联网流量统 计和数据分析服务，如图 6-20 所示。

图6-20　百度统计首页

关于百度统计提供的具体服务和详细应用方法和步骤，可以登录百度统计官网（https://tongji.baidu.com/）进一步学习和了解。

除了百度统计，目前市面上还有很多第三方的专门提供数据分析全方位、全流程工具和服务的平台，如友盟+、GrowingIO、神策数据等。

根据友盟的官方介绍，友盟+以“数据智能，驱动业务增长”为使命，基于卓越的技术与算法能力，结合实时更新的全域数据资源，覆盖191个行业分类、输出300+应用或行业的分析指标，通过AI赋能的一站式互联网数据产品与服务体系，可以帮助产品运营方实现深度用户洞察、实时业务决策和持续业务增长，如图6–21所示。

图6–21　友盟+首页

更多更详细的关于友盟+提供的工具和服务的应用步骤和方法，可以访问其官网（https://www.umeng.com/）进一步学习和了解。

GrowingIO 是基于用户行为数据的增长平台，国内领先的数据运营解决方案供应商。为产品、运营、市场、数据团队及管理者等，提供客户数据平台、获客分析、产品分析、智能运营等产品和咨询服务，帮助企业在数据化升级的路上，提升数据驱动能力，实现更好的增长。GrowingIO 专注于零售、电商、金融、酒旅航司、教育、内容社区、B2B 等行业的数据分析与增长服务，如图 6-22 所示。

图6-22　GrowingIO平台首页

更多更详细的关于 Growing 提供的工具和服务的应用步骤和方法，可以访问其官网（https://www.growingio.com/）进一步学习和了解。

神策数据（Sensors Data）是专业的大数据分析平台服务提供商，致力于帮助客户实现数据驱动。公司围绕用户级大数据分析和管理需求，推出神策分析、神策智能运营、神策智能推荐、神策用户画像、神策客景等产品，如图 6-23 所示。

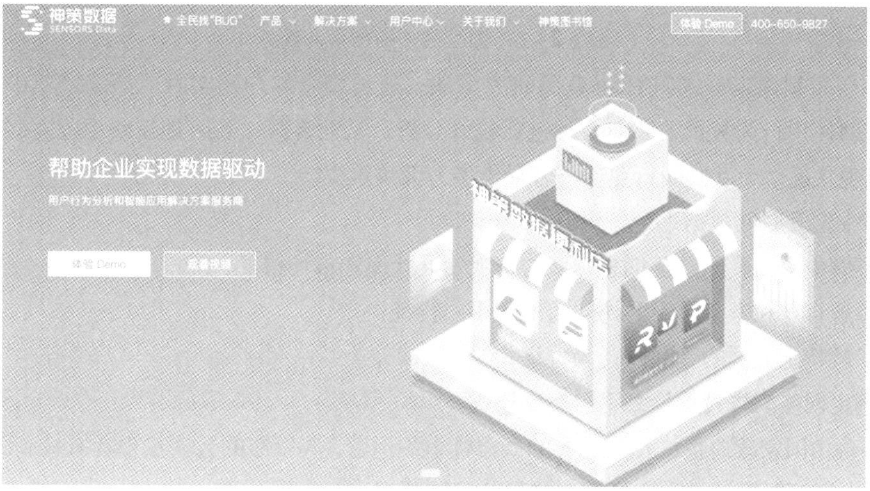

图6-23　神策数据官网

更多更详细的关于神策数据提供的工具和服务的应用步骤和方法，可以访问其官网（https://www.sensorsdata.cn/）进一步学习和了解。

在现实的运营实践过程中，运营人员可以根据自身的产品特性、运营需求，结合各家提供数据分析服务的工具平台的能力及特色，灵活选择和应用适合的工具为日常数据运营服务。

6.5.2 宏观市场数据获取工具

在开展互联网运营工作过程中，经常需要结合一些社会及市场热点事件进行运营策略的制定或运营活动的策划。然而，社会信息瞬息万变，海量信息指数级涌现，作为一个精力有限的运营人员，如何才能实时获取和了解各行各业的热点事件的现状及发展趋势呢？通常我们可以通过查询一些第三方行业数据调查与分析机构的行业信息统计报告，了解相关行业正在发生和将要发生的热点事件信息。

1. 互联网产业数据查询

如果想了解中国互联网产业发展情况，可以通过中国互联网络信息中心（CNNIC）发起并运行的中国互联网数据平台（http:// http://www.cnidp.cn）查询，如图 6-24 所示。

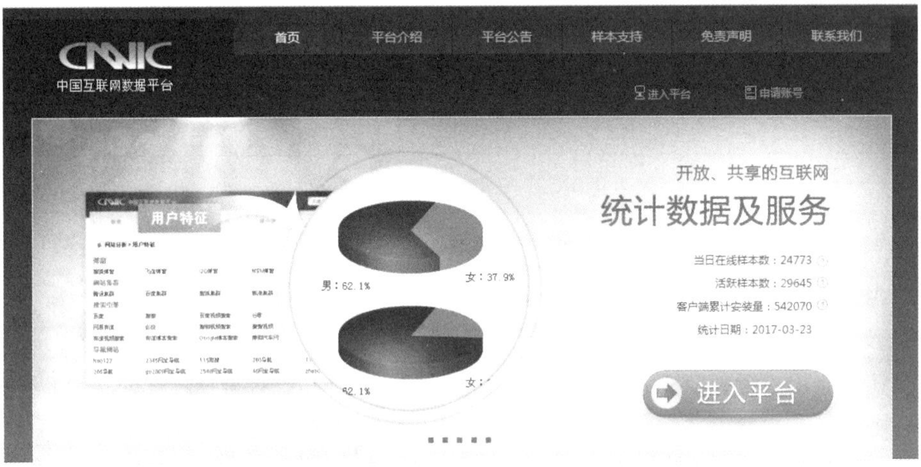

图6-24 中国互联网数据平台首页

该平台采用固定样本组 (Panel) 的研究方法，通过调查客户端实时、连续采集中国网民样本的互联网使用行为数据，并对数据进行统计分析，从而客观、及时地反映中国互联网发展的宏观和微观状况，为互联网行业参与者提供多方面决策支持。

使用中国互联网数据平台，可以：

① 了解中国互联网以及细分领域的宏观发展状况和市场格局；

② 了解自身和竞争对手的访问情况和用户特征；

③ 了解特定人群的互联网行为特征；

④ 制定网络广告投放计划平台运作模式。

该平台由国家政府机构及其领导的公益性组织运营，其发布的数据报告具有较高的权威性，对于了解中国互联网技术和市场整体格局及发展情况十分有用。

2. 互联网热点查询

如果想了解互联网上人们正在搜索的热门事件，可以通过百度搜索风云榜（http://top.baidu.com）获得相关信息，如图 6-25 所示。百度风云榜以数亿网民的每日搜索行为作为数据基础，建立权威全面的各类关键词排行榜，可以分门别类地查询各行各业的热点事件。

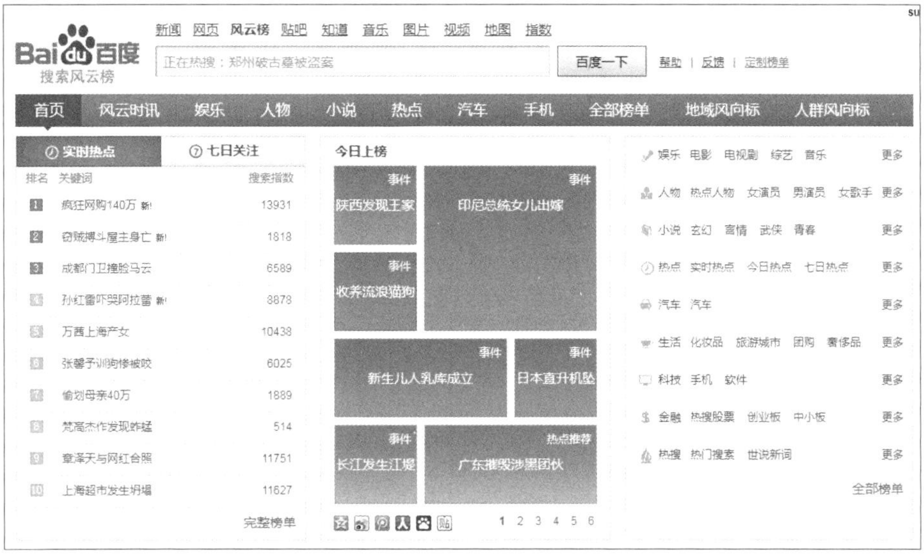

图6-25　百度风云榜首页

3. 新媒体热点查询

如今，以微博为代表的新媒体已成为热点事件讨论和发酵的重要阵地，如果想了解在微博上正在发生的热点事件，可以通过微博数据中心提供的微指数（http://data.weibo.com/index）和微报告（http://data.weibo.com/report/）获取，如图 6-26 和图 6-27 所示。

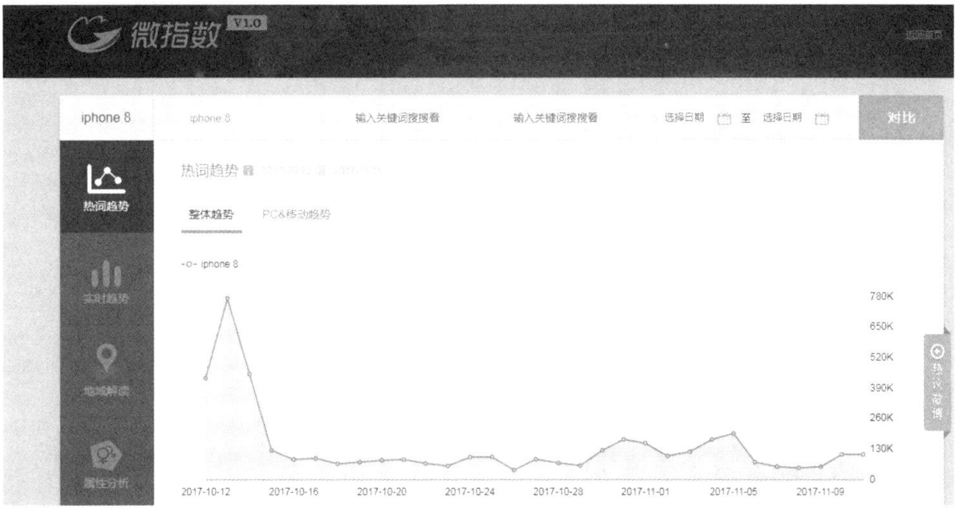

图6-26　微指数查询

图6-27　微报告首页

还有几乎人人都使用的微信也推出了微信指数查询功能，微信指数整合了微信上的搜索和浏览行为数据，基于对海量云数据的分析，从而形成当日、7 日内、30 日内以及 90 日内的“关键词”的动态指数变化情况，方便人们看到某个词语在一段时间内的热度趋势和最新指数动态。

微信指数目前是通过微信小程序的形式为用户服务，首次使用时，需要通过微信搜索“微信指数”，然后就会出现微信指数小程序的链接，如图 6-28 所示。

然后点击微信指数小程序链接，即可进入微信指数查询界面，此时即可输入某个关键词查询其微信指数，比如输入“运营”，其微信指数如图 6-29 所示。

图6-28　进入微信指数

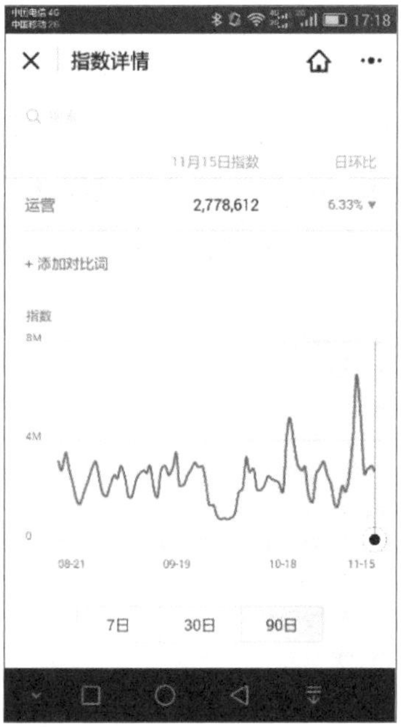

图6-29　“运营”的微信指数

与微信指数一样，近年比较流行的新媒体今日头条也提供头条指数（http://index.toutiao.com）用于查询在头条平台上传播和热议的事件，如图 6-30 所示。

图6-30　头条指数首页

类似的行业数据统计工具还有很多，互联网运营人员在运营实践过程中，如果想获取哪方面的数据时，都可以先去查询是否有相关数据的专门统计平台，直接获取现成的数据统计结果。这为运营人员全面掌握市场动态，做出正确有效运营决策提供了有力保证。

思考与练习

1. 简要概括说明数据运营的定义及其主要工作内容。

2. 名词解释：

CPC、CPS、CPA、一次会话用户数、DAU、PV、UV、K因子、GMV、ARPU、SKU、SPU。

3. 简述数据指标体系的搭建要素及其含义。

4. 名词解释：

描述性分析、对比分析、分类分析、相关性分析、预测分析。

5. 对于运营数据分析，常见的分析应用方式有哪些？

6. 请查询下列网站当前的UV、PV数据及排名情况：

人民网、新浪微博、教育部官网。

7. 请分别查询下列关键词的百度指数、微信指数、头条指数：

关键词	百度指数	微信指数	头条指数
活动运营			
互联网产品			
用户体验			
第一性原理			
学霸			
创新创业			
00后			

实践应用篇

本篇主要从实践应用的角度，分析和介绍前面几章学习的互联网运营理念、方法和工具如何应用在社群、新媒体运营和几个主流行业产品的实践中。最后通过一个“个人公众号运营”实训任务，驱动学习者对本书所介绍的整套方法工具体系进行综合实践和应用。

第7章 新媒体与社群运营综述

按照运营所依赖的媒介划分，把依赖新兴的基于网络互联技术媒介的运营工作称为新媒体运营，而基于新媒体的用户连接与群组聚集功能属性所衍生出来的社群运营，是在新媒体运营基础上更加聚焦于用户经营的运营实践模式。所以，不管是新媒体运营还是社群运营仍然属于互联网运营的范畴。新媒体和社群运营是集内容建设、活动策划、用户经营和数据分析于一体的综合运营实践过程，互联网运营的基本知识、基本思维、基本方法和工具同样适用于指导新媒体与社群运营的实践。

新媒体与社群运营是互联网运营新手相对容易上手并能综合应用到互联网运营基本方法和工具的实践领域，适合初学者践行运营基本框架，深化运营方法论的认识。加之目前市场上对新媒体与社群运营的人才需求日益增长，本章专门就新媒体与社群运营的综合应用实践策略和方法进行梳理和介绍。

7.1 新媒体与社群运营的基本概念

新媒体、社群及新媒体运营、社群运营是近年来随处可见、随时可闻的热门词汇。在国家层面，我国专门出台了《关于推动传统媒体和新兴媒体融合发展的指导意见》；在市场企业层面，新媒体与社群运营基本成了所有企业的标配岗位。由此可见，新媒体及社群运营的重要意义。

7.1.1 新媒体运营的定义

在了解新媒体运营与社群运营的定义之前，首先对新媒体和社群的概念先做一个介绍。

1. 新媒体的定义

顾名思义，新媒体的本质是媒体，是相对于传统媒体而言的新形态、新形式的媒介载体。

一方面，在时间维度上，新媒体是指近些年才兴起和涌现的媒体形态；另一方面，在技术维度上，新媒体是伴随着移动互联、智能终端等技术的发展而兴起的。所以，本质上讲，新媒体的核心是现代新兴前沿科学技术在媒体领域的应用。

所以，新媒体是一个宽泛的概念，主要指新时代利用数字技术、网络技术，通过互联网、宽带局域网、无线通信网、卫星等渠道，以及计算机、手机、数字电视机等终端，向用户提供信息和服务的传播形态。相对于报刊、户外、广播、电视四大传统意义上的媒体，新媒体也被形象地称为“第五媒体”。

除了支撑技术与传统媒体不同，新媒体区分于传统媒体的特性就是传播力的提升和互动性的增强。

首先，新媒体让信息的传播效率大大提高，从此只需要一键触发，海量信息就可以以比特流的形式迅速传遍大江南北的每一个角落。这主要得益于新媒体让每个普通个人成为信息传播源，信息不再是单一从媒体机构而来，个人也可以将自己生产的信息内容借助互联网平台去传播和影响他人，这也是新媒体运营的最基本前提。

其次，新媒体基于互联网的开放共享特性，不再像传统媒体那样只能进行信息的单向传输，而是可以实现信息双向乃至多向网状交叉传播和互动。在互动的过程中，还可以基于原始信息源不断生成新的内容，使得信息的表现形式不断变得多样化、使得信息的内容不断丰富和完善。

在新媒体技术的推动下，传统新闻媒体机构也纷纷推动与新媒体融合发展，相继推出新媒体客户端。例如，央视推出的“央视新闻”客户端，网易、搜狐等早期老牌新闻门户网站也相继推出其新闻客户端。所谓客户端就是指搭载在移动端的APP，如图 7-1 所示。

图7-1 传统媒体推出的APP

不仅在传媒领域，在社会生产生活的各个领域，新媒体都被广泛地重视和应用。例如，党政机构、企事业单位都开始开设其官方新媒体账号，用于宣传政策主张或产品信息，如图 7-2 所示。

新兴技术没有止境，像 5G、人工智能、VR/AR 等最新前沿技术仍在不断涌现，可以预见，随着这些技术发展的不断成熟和壮大，基于这些技术的新媒体形态还将继续涌现，近两年基于无线通信技术的提升和机器智能算法的发展而兴起的短视频平台（如抖音、快手），正发展成为与微博、微信等一样的新媒体形态。所以，对于新媒体的认识和应用也将不断深化，我们要时刻保持关注和学习，才能真正把新媒体应用好、运营好。

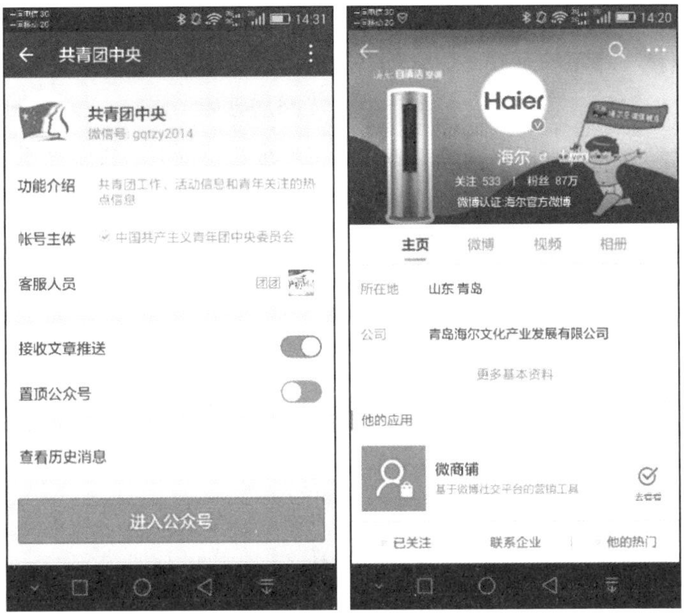

图7-2 政企单位官方新媒体账号示例

2. 新媒体的特征

相较于传统媒体，新媒体具有其鲜明的特征，主要表现为去中心化、高时效性、跨屏自适应性和个性定制化。

（1）去中心化

不管是广播、电视还是报纸都是单向传送信息，媒体处于强势的中心地位，决定着受众接受什么样的信息，即始终存在一个中心信息源负责发布信息，其他节点都处于被动接收信息的位置。而新媒体基于互联网开放交互特性，使得信息的生产、传播和接收呈现网络状结构，任何节点既可以是信息发送者也可以是信息接收者，而且信息在传输过程中每一个节点的用户都可以随时对信息进行反馈、评论、补充和互动，让用户可以积极参与到信息生产、传播的全过程中。在这个过程中，并没有一个固定的处于权威地位的中心节点，而是呈现一种动态的多向互动结构。

（2）高时效性

正是因为新媒体的去中心化的结构，使得多元主体适时进行信息的生产和传播成为可能，所以，新媒体的信息生产和传播效率大大提升。加之新媒体借助互联网技术，表现出明显的即时性特征，用户通过手机、计算机或者其他智能终端能够快速发布信息和及时接收信息，打破了传统媒体定时传播的规律，真正具备了无时间限制和无地域限制的传播。和广播电视等传统媒体相比，新媒体的资讯、新闻可以随时发布、即时传输，用户会在第一时间知道事件发生的一切。不受制作周期，截稿时间等客观因素的制约，网络上的资讯总是在随时更新、随时变化，甚至可以对热点事件进行网络直播。

当然，新媒体的高时效性也相应地带来一些诸如信息质量不高、虚假信息混杂等问题，信息内容不如传统媒体严谨、规范。

（3）跨屏自适应性

在新兴前沿科技支撑下的互联互通时代，互联网成了不断升级的网，新生的终端、节点接入原来的互联网，一起构成了新的、升级版的互联网新媒体。所以，新媒体具有跨屏自适应性的特性，这与传统媒体的信息内容与信息载体严格匹配是不同的，传统媒体条件下，报刊杂志只能承载图文信息，电视只能承载视频节目。新媒体的信息内容是可以跨屏自适应的，也就是说同样的信息内容，可以以不同的样式在不同的终端屏幕里呈现和传播。例如，一个网络新闻页面，既可以通过 PC 浏览器打开观看，也可通过手机 APP 观看，还可以在其他联网的具有显示屏的设备上观看，并不需要针对每个设备进行专门的信息内容改编，只需要用程序控制针对不同形态屏幕的显示格式即可，如图 7-3 所示。

（4）个性定制化

新媒体打破了过去传统媒体只能单向传输的束缚，可以实现受众与信息发布者的实时互动，可以做到面向更加细分的受众进行个性化信息内容匹配。个人也有机会通过新媒体定制自己需要的信息内容。也就是说，每个新媒体受众手中最终接收到的信息内容组合可以是一样的，也可以是完全不同的。这与传统媒体受众只能被动地阅读或者观看毫无差别的内容有很大不同，如图 7-4 所示。

图7-3　跨屏自适应显示示例

图7-4　用户可以自己定制感兴趣的内容类型

3. 新媒体运营的定义与本质

具体而言，新媒体运营就是通过利用基于互联网的微信、微博、今日头条为代表的新兴媒体平台工具进行产品宣传、推广、产品营销的一系列运营手段和过程。通过策划品牌相关的优质、高度传播性的内容和线上活动，向客户广泛或者精准推送消息，提高参与度，提高知名度，从而充分利用粉丝经济效应，达到相应的商业价值转化的目的。

所以，新媒体运营的本质是互联网运营，它是根据运营所依赖的媒介渠道的不同而界定的一种运营类型，其工作内容依然是围绕用户经营而展开，也依然需要进行内容建设、活动策划和数据分析，在此过程中也需要借助数据分析做出运营决策。

随着新媒体时代的到来与逐步发展，新媒体运营无疑是推动经济商业活动的重要一环，各个企业也越来越重视利用新媒体运营为其企业生产的产品服务，各企业单位对新媒体运营人才的需求也逐步扩大，新媒体运营成为近年来兴起的热门岗位之一。

下面是某个企业所招聘的新媒体运营的岗位职责：

① 负责移动互联网新媒体平台（微信、微博、手机终端为主）的日常运营及推广工作。

② 负责能够独立运营各种公众号，为粉丝策划与提供优质、有高度传播性的内容。

③ 负责策划并执行新媒体营销日常活动及跟踪维护，根据具体项目需求发送各种内容。

④ 负责增加粉丝数，提高关注度和粉丝的活跃度，并及时与粉丝互动，为其提供服务。

⑤ 挖掘和分析网友使用习惯、情感及体验感受，及时掌握热点事件，有效完成活动专题策划。

⑥ 紧跟新媒体发展趋势，积极探索新媒体运营模式。

⑦ 充分了解用户需求，收集用户反馈，分析用户行为及需求。

从上述职责描述可以看出，新媒体运营是对互联网运营方法论的综合实践过程，互联网运营的基本知识、基本思维、基本方法和工具同样适用于指导新媒体运营的实践。

7.1.2 社群运营的定义

毫无疑问，社群在大众认知里已经普遍流行，只要是上网的人，几乎没有对社群陌生的。然而，当你抛出一个问题：什么是社群？恐怕没有人立刻可以给出一个精确有共识的答案，多半都是一些五花八门的见解。这就是当前人们对社群的认知状态：既熟悉又陌生，整天似乎都挂在嘴边、见在眼前，但认真考究起定义来，似乎又说不清、道不明。

1. 社群概念的由来

社群如果被翻译成英文，一般会被翻译为 community，而我们非常熟悉的另外一个概念社区也是用 community 表示，都是指社会团体之类的意思。但实际上，在中文的语境里，尤其在网络世界里，社群和社区实际上是有明显的区别的。所以，本节从社会学和网络技术发展两个视角，梳理和剖析社群的本质特征和精确定义。

（1）社会学视角下的社群

在社会学视角下，提到社群，实际上很容易联系到另外两个概念，那就是社会和社区。在探讨社群的概念之前，有必要先对社会和社区的概念进行一番梳理。

现代通常意义上的“社会”一词来自于日本，对于英文“society”一词，近代中国学者严复先生曾将其译为“群”，日本人则将其译为“社会”，因双音节词又比单音节词更适合于口语，故而并不太严谨的“社会”一词反而击败了更为准确的“群”，牢牢地扎根于汉语中，流传至今。

人们对社会最为普遍的定义是：社会是由人与人形成的关系总和。显然，这是一个比较高度概括的抽象定义。具体而言，社会指在特定环境下共同生活的人群，能够长久维持的、彼此不能够离开的相依为命的一种不容易改变的结构。局部看，“社会”有“同伴”内涵，是为共同利益而形成的人与人的联盟。整体上，社会是由长期合作的个体，通过发展组织形成团体，一般指在人类社会发展中形成的默认的小到机构、大到国家等组织形式。总之，社会主要表征的是具有一定稳定关系的人们的集合，在这个概念里，主要强调了人与人之间的关系属性。

接下来再看社区这个概念，在汉语里，社区其实是个外来语。20 世纪 30 年代，中国社会学家在翻译英文学术著作时，把英语单词 community 翻译成“社区”（实际上，目前社群对应的英文也是 community），从此汉语里有了这个词语。

一般而言，社区是指若干社会群体或社会组织聚集在某一个领域里所形成的一个生活上相互关联的大集体，是社会有机体最基本的内容，是宏观社会的缩影。社会学家给社区做出的定义有 140 多种。社区是具有某种互动关系的和共同文化维系力的，在一定领域内相互关联的人群形成的共同体及其活动区域。尽管社会学家对社区下的定义各不相同，在构成社区的基本要素上认识还是基本一致的，普遍认为一个社区应该包括一定数量的人口、一定范围的地域、一定规模的设施、一定特征的文化、一定类型的组织。社区就是这样一个“聚居在一定地域范围内的人们所组成的社会生活共同体”。由此可见，社区的典型特点是：有一定的地理区域；有一定数量的人口；居民之间有共同的意识和利益；有着较密切的社会交往。

相比于社会的概念而言，社区同样是具有一定社会关系的人群的集合，只是在社区的概念里，社区中的人们的关系更为具体，尤其强调具有一致的文化特征，相互之间的交往更加紧密，相对社会中的人们之间的关系而言，社区是一种强关联关系；同时，社区在社会的基础上，更加具体、突出地强调地理关系的属性，而且这种地理关系在距离感上也更加临近和紧密，在规模上比社会更加具象和狭小。

总体而言，无论是社会还是社群，在这两个概念里，我们可以简化地认为他们具有 3 个共同的界定维度或关键点，一个是看不见、摸不着的精神文化关系，一个是看得见、摸得着的位置距离关系，还有一个是联结的人群的规模。两者的区别只是在于，在这 3 个维度上，他们的特征各有侧重和不同，从社会到社区，精神文化关系更加具体和紧密，位置距离关系更加贴近和紧凑，群体规模逐渐缩小，总体是一种弱关联关系到强关联关系的差异。

同样的，社群其实是和社会、社区一脉相承的概念，也是指具有一定关系的人们的集合。我们照例可以从精神文化关系、位置距离关系以及人群规模这 3 个维度，对社群的特征加以分析。从精神文化关系上来看，社群比社会所指代的关系更为紧密和具体，接近于社区中的人们的关系强度，甚至在新的互联网条件下，这种关系会比社区组织更强（或者可以说，在互联网条件下，反而使得原来基于物理位置关系的社区的联结关系变弱了，通过互联网联结的关系变得更强了）；从位置距离关系上来看，社群中的人们之间的位置距离并不如社区中的人们的距离那么贴近但也不排斥在位置距离上很贴近（或者可以说，位置距离关系对社群的影响不再那么重要）；从人群规模上来说，社群的规模可大可小，既可以是如社区那般的规模，也可以是较大的规模。

那么，问题来了，社群中人们的位置距离关系并不一定紧凑，而且规模有可能还比较大，为什么还能维持一种强关联关系呢？答案就是互联网技术的发展，这也是为什么社群的概念主要是在近年互联网充分发展后才出现。互联网尤其是移动互联网的普及，为人们提供了新的参与互动、发展关系的环境，相较于以往强烈依赖于地理位置的实体环境，这种基于互联网的新的环境，最大的特色就是可以跨越时空的限制。

综上所述，在社会学视角下，社群是同社会、社区一脉相承的概念，是在互联网环境下超越时空限制而聚集在一起的人们的集合，其精神文化关系具体而强烈，交往互动频繁而紧密，其规模可大可小，位置距离关系不再成为互动交往、发展关系的障碍。简而言之，社群就是基于互联网环境的一个强关系集合体。

（2）网络技术视角下的社群概念

正如上文所分析的，网络技术提供了人与人之间互动和发展关系的新工具和环境，搭建了人们进行聚集的新空间。实际上，网络技术的发展和普及，也使得原来关于社会、社区等概念的含义产生了诸多变化。

从网络技术的视角来看，社群其实就是在互联网条件下衍生的一种新的人群聚集方式，它丰富和发展了人们原来主要依赖物理位置环境聚集的方式。在这种新的聚集形式下，原来跨时间、跨距离就会弱化人们之间的联结关系的困境被打破，原来很多受限于时空而不能开展的群体活动现在基于网络可以轻松开展。这将带来两个好处，一是跨时空的大规模互动和协作在社群形态下得以实现，使得互动和协作的效率得以提升；二是因为互动和协作效率的提升而带来的价值创造活动的活跃，社会总价值不断增大。

如果追溯互联网的发展为社会中的人们带来的改变，可以发现，互联网首先为人们带来了信息获取效率的提升，比如电子邮件让大家通信更快捷；门户网站让消息传播更丰富和更快捷；紧接着产生的以博客、社交网络等为代表的 Web 2.0 技术，让人们之间的信息共享和交互更加便捷；21 世纪第 2 个十年以来产生和兴起的移动互联网应用的发展，又进一步为人们的生活与工作协同交互带来了巨大便利。

在没有互联网的时候，人们要发展关系、形成文化、开展交往，要合作开展生产活动，都依赖于物理空间位置这个基本的条件。所以，那时人们只能以实际居住生活的社区或以一个工厂、公司的厂房办公室等物理性空间为环境，开展上述这些社会化活动。有了互联网之后，使得有些活动即便不组织到一个特定物理空间里，也可以顺利开展了。这其实是创造了一种新的群体交往与协作模式或形态，就是社群。过去群体交往和协作的模式是高度依赖于物理位置关系的社区或称公司，有了互联网，又增加了一种新方式。

当然，这个发展过程是循序渐进的。其实仔细回想你会发现，社区这个概念除了前面讲的基于物理区域的含义，在互联网发展到 Web 2.0 的时候，社区在互联网语境下还指代另外的事物。在互联网的语境下，社区是一个网络板块，指不同的人围绕同一主题引发的讨论，如天涯社区，猫扑社区，类似具有社区性质的网络产品还有论坛、贴吧、看吧、知乎等。国内规模最大、话题最丰富的当属百度贴吧了，如图 7-5 所示。

网络社区实际上为分布在不同时空下的人们提供了一种就相同主题进行内容创作和消费的互动协作功能。过去没有互联网的时候，这种讨论与协作，必须得聚集到同一个物理空间来开展，但有了互联网就打破了这个局限。

社群延续了网络社区的这种促进人与人互动协作的意义，而且提供了更加广泛的领域和形式的协作，因为互联网进一步发展出了更为便利高效的沟通工具、生产工具和协作工具等超越时空限制的工具。比如，企业组织可以使用“钉钉”“企业微信”等办公协同应用软件进行日常生产协作过程中的沟通以及财务、业务等流程的推进，如图 7-6 所示。

图7-5　网络社区代表：百度贴吧

有了突破时空限制的工具，就可以自然而然地促成交往和协作吗？答案显然是否定的，互联网只是像过去的社区楼房一样提供了基本的网络环境设施，同过去基于物理空间的社区概念一样，社群也是只有形成统一的精神文化价值观、一致的目标、共同的利益诉求的一定数量的人聚集起来，才能成立。

图7-6　协作工具示例

过去基于物理空间的社区形成的协作群体，人们面对面，看得见摸得着，是比较具体和形象的，这有利于增进人们的互信；但基于互联网的社群，人们相互之间只有间接的身份、角色信息共享，这使得社群方式的协作群体给人的印象是抽象和虚拟的。这种虚拟和抽象似乎增加了人们相互信任的门槛，但当互联网技术渗透到生产生活的各个层面和环节，使得信息高度透明、实时共享时，加之一些第三方如政府等权威机构及时适应网络发展形势，提供了监管跟踪和立法保障，降低了人们之间的信任门槛，所以，基于互联网的社群具备了发展和壮大的基础。尤其是随着未来基于区块链技术的去中心化的、防篡改、加密的价值互联网的发展和普及，在没有第三方中心权威介入的情况下，人们也将通过加密协作网络实现互信，相信社群这种对等的、强关联关系的互动协作体届时将更加广泛地被人们所接受。

与此同时，基于互联网的社群比起以往的社会组织或社区组织，相互之间的交往和互动关系更加频发和紧密了。或者说，由于互联网的超越时空的信息、价值传递特性，使得原来的物理空间里社区组织中的人们不再主要依靠面对面的沟通交流方式，而换做使用互联网这个工具来互动和协作。也可以说，基于物理位置的社区也发生了向基于互联网环境的社群的异化。从这个意义上说，这时社群和社区、社会并非并列的概念了，社群实际上是在互联网条件下对原来社会、社区这些概念的继承和发扬。亦即在互联网时代，凡是具有稳定精神文化共识、追求共同目标的、具有稳定结构的人群集合，都可以用社群来概括。

2. 什么是社群运营

综上所述，社群的本质是借助互联网技术支撑下的新媒体连接和凝结的一个广泛的群体，从广义上讲，是一个具有稳定精神文化共识、有共同共识目标和稳定结构的人群集合。因此，在互联网运营实践中的社群运营，其实是用社群这种方式聚集和服务用户，以更好地经营用户，为产品带来更大的商业利益。

所以，从本质上讲，在互联网产品运营实践场景下的社群运营，实际上还是一种用户经营的方式，互联网运营的基本思维、方法和工具同样对社群的运营具有指导意义。社群运营本质上同新媒体运营一样，是一种综合了用户运营、活动运营、内容运营和数据运营的综合实践过程。

而且社群运营与新媒体运营之间有着诸多联系，社群运营其实也只有在新媒体出现和普及之后才成为一种新的运营方式，因为没有各种新媒体介质的连接和支撑，这种超越时空的社群运营也就成了空中楼阁，无从谈起。

所以，在互联网产品运营的实践范围和语境下，从本质上讲，新媒体运营和社群运营具有共同目标指向——经营用户，只是侧重点不同，新媒体运营的概念里更强调新媒体之于用户经营的意义，而社群运营的概念里更强调以社群化的模式框架进行用户经营。因此，在现实的运营实践中，新媒体运营和社群运营的工作内容和职责往往是大同小异的，或者只是同样的工作被从不同角度进行了定义。当然，在更狭义的范围下，有时社群运营还专门用于指代对各种软件群组用户的管理和维护，比如 QQ 群运营、微信群运营也被称作社群运营。本书讨论的社群运营，主要指限定在为某个产品的用户经营而服务的社群运营。

同时，如果突破互联网产品运营的实践领域，将社群上升成为一个独立的存在，把社群本身当作一个独立的产品或者独立的事物，而不仅是局限于聚集、服务产品用户，那社群运营就有了另外的意义，那时社群运营本身可以是一个独立的商业模式。由于本书主要聚焦于互联网产品运营，所以，主要讨论社群运营的狭义的概念和实践操作，如果对将社群运营作为一种商业模式感兴趣的读者，可以另外搜集其他材料进行学习。

3. 社群与新媒体软件工具的关系

社群的兴起和发展，天然地是和社交软件的出现密切相关的。那么，社群与新媒体软件等工具是什么关系呢？实际上，根据前面在对社群的本质特征及定义的梳理中已经知道，以新媒体软件工具为代表的移动互联网应用为社群提供了基础设施，正是这些基础设施，为社群这种新的组织形态搭建了环境。具体而言，软件工具对社群的支撑作用主要发挥在以下几个方面。

（1）软件工具是社群关系连接的媒介

社群说到底是人与人基于互联网环境的关系的连接，基于互联网尤其是移动互联网的社交软件工具的发展和普及，成为连接具有相同价值观的人群的媒介。社群中的人们只有互动交往才能形成关系，交往越密切关系才会越深切，过去要想进行更为实时连贯而高效准确的互动交往只能通过面对面完成，而到了互联网时代，人们基于社交软件就可以随时随地和任何人互动，这为社群的关系建立与管理，提供了极大的便利。目前，微信是最常用作社群关系建立和沟通的工具，通过微信，社群中的人们随时可以进行沟通交往，也可以进行各种信息的分享。比如，在一个专注于佛教修行的社群里，人们随时随地可以沟通分享对于佛教的感悟和心得，如图 7-7 所示。除此之外，基于各种场景的应用软件，都具备了实时沟通交流的关系连接和管理功能，甚至一些大型互联网组织还专门开发了自己独属的交流协作工具，比如，京东有咚咚；美团有大象；今日头条有飞书。

（2）软件工具是社群内容沉淀的空间

社群中的人们相互之间会进行讨论、分享等活动，而这必将产生各种各样的信息内容，这些信息代表的是社群集体的经验、知识和智慧的凝结。为了使这些信息内容能够传承，被更多的人看到，需要被结构化地梳理和存放，当有足够多的信息内容被沉淀下来之后，就形成了一个宝贵的社群知识库。在过去的传统社会组织中，主要利用书籍、图书馆、博物馆等方式整理、记录和传承这些内容。而在社群这种新型组织中，基于互联网的软件工具无疑为社群内容的沉淀提供了记录和传承的空间，使得信息内容的沉淀更加轻松和方便。比如，基于微信平台，可以借助其提供的公众号功能，组织和发布社群形成的内容，发布之后这些内容就被永久地沉淀下来了，如图 7-8 所示；基于 QQ 平台，可以使用 QQ 空间来沉淀社群形成的内容，如图 7-9 所示。

而且需要指出的是，过去的组织环境下，信息内容的生产和整理记录实际上是存在脱节的，主要表现为主体的脱节和时间上的脱节。主体的脱节是指信息内容的生产者和记录者往往不是同一个人；而且生产和记录传承在时间上往往是具有时间差的，即先有生产，再有整理记录。而基于互联网的新组织环境下，信息内容可以是即产即存的，即信息内容在生产的同时，就可以被记录保存下来。

图7-7　利用微信沟通的修佛社群

图7-8　利用微信公众号沉淀社群内容

图7-9　利用QQ空间沉淀社群内容

（3）软件工具是社群活动开展的平台

不管是什么组织里的人群聚集在一起，要践行组织的价值观、完成组织的目标，必然要开展这样或那样的活动。比如，在过去的基于位置关系的社区里，人们可能需要不定期开会，每天开展健身运动，这就需要在社区里建立会议室、运动场及运动器材等支撑工具。同样的，在社群组织里，也会开展丰富多样的活动，包括会议、投票、讲座分享等。这时，也需要一些工具设施予以支持，这就产生了基于互联网支撑人们开展活动的各种工具，比如视频会议工具、直播分享工具、投票工具等。实际上，很多综合性的应用软件，都集成了可以开展各种各样的活动的工具。所以说，软件工具为社群活动的开展提供了平台。

由此可见，各种基于互联网的以新媒体为代表的工具，尤其是所附带的群组功能，并不是社群本身，只是构成社群赖以存在的新环境的基础设施。只有有了这些工具设施的支撑，社群这种新组织形态才能够赖以存在。反过来，社群组织发展的各种需要，是这些工具软件设计和生产的依据。

7.2 新媒体与社群运营的载体

不管是新媒体运营还是社群运营，都离不开各种各样的新媒体作为基本的支撑载体。前文介绍到新媒体的形态发展会越来越多、越来越全，所以，新媒体运营的载体也是多种多样的。总体上，按照新媒体平台内容属性或技术形态等侧重点的不同，可以把新媒体运营的平台分为五大类。

7.2.1 社交媒体平台

社交媒体平台主要是指互联网上基于用户关系的内容进行生产与交换的平台。社交媒体是人们彼此之间用来分享意见、见解、经验和观点的工具和平台，现阶段主要包括社交网站、微博、微信、博客、论坛、播客等。社交媒体是大批网民自发贡献、提取、创造信息资讯，然后传播的过程。

社交媒体近十年来随着互联网 Web 2.0 技术蓬勃发展，爆发出令人眩目的能量，其传播的信息已成为人们浏览互联网的重要内容，不仅制造了人们社交生活中争相讨论的一个又一个热门话题，而且吸引传统媒体争相跟进。

目前，我国比较普及的社交媒体平台主要有微信（公众号、朋友圈）、新浪微博和 QQ 空间，如图 7-10 所示。

微信　　微博　　QQ 空间

图7-10　中国最普及的社交媒体平台

QQ 空间主要是由早期的博客演变而来，博客在产生之初主要是作为用户自我创作和发表的平台，它的传播主要靠博客品牌的知名度或者内容的质量，进而由搜索引擎进行流量分发。

QQ 空间在此基础上，加入了 QQ 的社交关系链，使得每个用户的 QQ 好友很容易地就成为其传播的首批用户，从此它便成了具有社交属性的网络日志创作与分享平台。

微信与微博是近几年最流行、最普及的大众社交媒体，虽然他们都是社交媒体平台，但在基本逻辑和侧重点上还是各有侧重，不尽相同。

微信更多的是基于社交附加的媒体属性，在微信里，在“朋友圈”中原创发布的普通内容并不能被直接转发，微信公众号也只有被关注了才能收到其推送的文章。所以，微信是窄传播、深社交、紧关系。微信就像一个朋友圈子，不是谁想来就能进去的，朋友圈之间必须是好友关系，熟人关系，这是一个封闭的社交圈。

在微博里，当用户看到感兴趣的信息时，只需要点击“转发”，瞬间就能将信息转发到微博里，任何一个人都能看到，形成病毒式的链式传播。所以，微博具有广传播、浅社交、松关系等特点，人与人之间不需要特定的关系维系，任何人都可以发表消息，任何人都可以旁听，用户可以把消息传出去，也可以发表自己的想法和观点。

7.2.2　资讯媒体平台

资讯媒体平台主要是指基于现代互联网新技术，以生产、传播新闻资讯为主要业务的媒体平台。主要分为综合性社会热点新闻资讯类平台和垂直领域新闻资讯平台，前者包括今日头条、一点资讯、UC 头条、网易新闻、搜狐新闻等新媒体平台，后者包括教育领域的芥末堆、创新创业领域的“i 黑马”等新媒体平台。

在上述资讯媒体平台中，有些内容生产机制是第 4 章介绍的 OGC 模式，有些是 PGC 模式，有些支持 UGC 模式。一般的新媒体运营主要是指依赖支持 UGC 内容生产模式的媒体平台开展运营活动，目前主流的 UGC 资讯媒体平台主要有今日头条号、百度百家号、企鹅自媒体，还有一些新闻门户网站推出的自媒体号，如凤凰自媒体、网易自媒体、搜狐号等。

新媒体运营人员经常要操作的平台主要有今日头条号、百度百家号和企鹅自媒体。

今日头条是当前上升势头较好的自媒体平台，“头条号”是针对媒体、国家机构、企业以及自媒体推出的专业信息发布平台，致力于帮助内容生产者在移动互联网上高效率地获得更多的曝光和关注，如图 7-11 所示。

图7-11　头条号

今日头条通过深挖数据，形成了基于用户行为从而构建用户模型并进行个性化推荐的产品特色，能很好地完成人与信息的服务连接。今日头条的内容基本上也属于新闻类，但是它所推荐的内容不仅包括狭义上的新闻，还包括购物、游戏、电影、音乐、财经等多个类目的资讯。

百家号是百度为内容创作者提供的集内容发布、内容变现和粉丝管理的平台。百家内容基本上属于新闻类，囊括了互联网、时政、体育、人文等多个领域，文章需要有自己独到的见解和认知，如图 7-12 所示。

图7-12　百度百家号

企鹅自媒体是腾讯旗下的一个自媒体平台。在企鹅自媒体平台上发布的优质内容，能通过天天快报、腾讯新闻客户端、微信新闻插件和手机 QQ 新闻插件进行一键分发，并且可以让内容更多、更精准地曝光，如图 7-13 所示。

图7-13　企鹅自媒体平台

还有其他一些开放给个人用户的新媒体资讯平台，其功能逻辑也都大同小异。

7.2.3　视频媒体平台

视频媒体平台主要是指基于现代互联网科技技术，以视频形态生产和传播信息内容的新媒体平台，主要分为视频分享网站和直播平台。

比较主流的支持用户收看、上传、分享视频的网站有优酷、腾讯视频、爱奇艺等，如图 7-14 所示。

值得指出的是，在前述所提到的资讯媒体平台的内容创作中，通常也可以嵌入来自这些视频媒体平台的视频。

直播平台是近年随着网络带宽技术升级而逐渐兴起的视频媒体平台形式，主要有 YY 直播、斗鱼直播、花椒直播等，如图 7-15 所示。

图7-14　主流视频媒体平台

图7-15　直播平台示例

基于直播平台的信息传播具有能实时与用户互动的优势。相较于传统电视，互联网视频的一大优势就是能够满足用户更为多元的需求。不仅是单向的观看，还能实时进行交互，例如发弹幕、打赏送礼物，甚至还能由用户发起改变节目进程。基于直播的互动更具有真实感和立体性。

随着移动互联网通信技术和移动智能终端的普及，以抖音和快手为代表的短视频媒体平台快速崛起，如图 7-16 所示，这类媒体平台以机器算法分发方式为支撑，以短视频内容为主要内容形式，以用户体验为中心，迅速获取了海量用户的关注和喜爱。当前，短视频平台与直播高度整合，形成了独具特色的短视频媒体平台，开始深度融入和影响商业运营、个人 IP 打造等诸多领域。

图7-16　短视频媒体平台

7.2.4　音频媒体平台

音频媒体平台是指基于现代互联网科技技术，以音频形态生产和传播信息内容的新媒体平台。与视频媒体平台类似，音频媒体平台既可以录播语音也可以直播语音。

目前比较综合性的音频平台主要有喜马拉雅 FM、荔枝 FM、蜻蜓 fm 等，如图 7-17 所示。

图7-17　音频媒体平台示例

与文字、视频等内容形态的传播方式相比，音频在信息内容传播方面有其独特价值，具有明显优势。

音频媒体能够与其他很多行为活动同步执行。用户不论是运动、做饭，还是坐在公交上，眼睛被占用的时候，耳朵是空闲的，所以并行执行是音频首先具有的天然优势。音频比文字、图像拥有更多的编码，不仅能传递信息、表达审美、营造气氛，同时还能承载情感，唤醒读者本身的即时反应。

7.2.5　知识媒体平台

知识媒体平台是指基于现代互联网科学技术进行严肃知识信息生产和传播的新媒体平台。

这类媒体平台主要通过一套内容生产机制确保在平台上生产和传播的内容必须是科学严谨的知识信息。

目前知识媒体的内容生产方式主要有 PGC 和 UGC 两种方式。

以 PGC 方式生产内容的知识媒体平台的典型代表有得到 APP，该 APP 主要通过邀请知识大咖入驻平台，为用户提供专业的知识订阅服务，如图 7-18 所示。

以 UGC 方式生产内容的知识媒体平台的典型代表是知乎，知乎是一个真实的网络问答社区，社区氛围友好与理性，连接各行各业的精英。用户分享着彼此的专业知识、经验和见解，为中文互联网源源不断地提供高质量的知识信息内容，如图 7-19 所示。

图7-18　得到APP页面示例

图7-19　知乎

以上是目前基于互联网技术的新媒体运营承载平台的主要分类。当然，上述分类并不是说各个分类中的媒体是截然不同的，只是基于其侧重点不同的人为分类，目的是便于人们了解和认识。实际上各分类之间也会存在一些交叉，比如绝大多数的资讯媒体平台也是支持视频、音频内容的生产和传播的。

7.3　新媒体与社群运营的操作策略

本书所讨论的新媒体运营与社群运营实际上都是基于新兴媒体超强的连接性与互动性，对产品用户的经营活动。所以，互联网运营的指导思想和基本方法工具同样适用于新媒体与社群运营。接下来，在前面几章所介绍的互联网运营的基本框架的指导下，在具体操作层面，进一步概括介绍一下新媒体与社群运营的基本操作策略。新媒体与社群运营的操作策略可以概括为“四化”策略，即价值产品化、内容稀缺化、活动游戏化和运营数据化。

7.3.1　价值产品化

价值是运营、发展用户的根本支柱。新媒体与社群运营所面向的对象因价值而聚集、交互，进而体验、使用和依赖产品，由此可见价值之于新媒体与社群运营的重要意义。所以，在新媒体与社群运营中，首要的核心工作就是保证有源源不断的价值输出，持续为所运营的用户所享用，一个价值枯竭、没有持续价值输出的新媒体账号或社群，将难以为继，逃脱不了衰亡、溃散的结局。

价值是相对于某主体的积极效用及其数量值；产品是能够持续满足用户需求解决用户问题的东西。两相对比，不难发现，产品是价值的实现形式和载体，价值依附于产品并基于产品发挥效用。所以，价值产品化是指基于实际的具象产品的打造与运营，为用户群提供稳定可预期的价值获得感，从而将新媒体与社群运营的价值体系做实、做精、做长。

将新媒体与社群运营的价值产品化具有以下几个方面的意义：

第一，产品化要求新媒体与社群运营者始终要抱有用户思维。即坚持用户视角，以用户为中心，紧密跟踪和洞察用户需求，确保运营者所输出的价值始终能够与价值享用者（即其用户）的需求匹配或是超出其预期。这样才能确保价值不跑偏、始终输出恒定的长期价值，从而有效维系核心价值对用户群体的吸引力和凝聚力。

第二，产品化意味着效用最大化。效用是衡量价值大小、优劣的重要指标。产品的目的在于解决用户问题、满足用户需求，产品能否被用户接纳和认可，关键取决于产品带给用户的解决方案的效用是否具有竞争力。所以，以产品化的方式打造价值，始终要以追求价值享用者效用最大化为目标，不断优化产品体验、迭代产品功能。

第三，产品化意味着专业化。产品是凝聚了思想创意和劳动的结构化产物，需要通过专业的知识、技术和工程来实现。所以，在新媒体与社群运营的具体操作实践中，产品化意味着以产品理念、思维为指引，以专业的产品设计和开发方法工具为抓手，以标准化的流程步骤，精心设计和打造符合用户群体特性的产品表现形式，持续输出满足用户群体需要的产品价值。

第四，产品化意味着结构化和规模化。产品通过结构化的方式彰显价值，让价值具象化，从而给予用户稳定可预期的价值效用数量值，让用户直观体验到获得感；同时，结构化即是一种标准化，这为规模化的生产复制和传播提供了基础，这样使得该价值可以通过产品复制进行放大，增强社群的价值辐射能力。

综上所述，价值产品化是坚持用户视角、输出精准化价值的综合体现，可以促使运营团队积累形成可持续的价值打造与供给服务体系。所以，价值产品化是构建新媒体与社群运营的价值体系和贯彻互联网运营的价值思维的基本操作框架，是新媒体与社群运营的基本出发点和落脚点。

7.3.2　内容稀缺化

内容是新媒体与社群运营的向心力，它引导着相关人群的注意力始终关注和聚焦于你的新媒体账号或社群。因为，内容是帮助用户关注者和参与者认知、理解和认同产品价值的核心载体和符号，人们在深入参与、体验一个实际的价值产品之前，都需要通过一定的内容先了解该价值是否符合自己的兴趣和需求。然而，并不是只要有了内容就具有引人关注的魅力，也不是所有内容形态都能被受众喜欢，也就是说，内容的向心力并不会自动发生。要想在新媒体与社群运营中使内容能够让受众愿意看、喜欢看和看得懂，让内容能够及时、准确、深刻地传达社群价值体系的内涵，必须做到内容稀缺化。

在当前用户注意力过载的现实情况下，只有稀缺的东西才能被争相关注和追随。在当前互联网环境下的内容生态里，由于新媒体的兴起让人人都可以参与信息内容的生产和传播，所以，互联网信息内容呈现出有数量没质量的现象，信息内容的数量以指数级的速度在发布，单位时间内的信息内容数量大大超过了人们的关注极限。更为糟糕的是，大多数内容粗制滥造、复制粘贴、东拼西凑，内容质量堪忧。虽然基于新媒体带给人们的人人可创作的优势，极大地丰富了内容创作数量和内容源，但其创作的信息内容却存在重复、低质等问题，引不起人们的兴趣，激不起人们的热情。因此，要想获得更多受众更持续的关注和追随，必须保证承载产品价值宣传功能的内容具有一定品质。这就要求社群新媒体与运营者不断提升内容的原创性，打造精品，创造稀缺。物以稀为贵，受众对稀缺的东西总是给予更高的评价和关注。

这里所说的内容稀缺化包括内容的表现形式、内在价值等各个方面的稀缺化，即要对内容的性质、内容的内核、内容的呈现形式、内容的传播方式等的持续创新，通过不断的创新打造具有稀缺感的内容信息价值。比如“罗辑思维”公众号作为罗辑思维社群最早的内容传播平台，就采取了与众不同的传播方式，成为新媒体与社群运营实践的佼佼者。该公众号并不直接向其社群粉丝用户推送文章，而是每天早上由该公众号的运营者发送 60 秒的语音，在语音中浅显易懂地引入一个主题，然后让用户回复一个关键词到公众号里，然后订阅与该关键词相关的文章。通过这样的方式，一来用户可以在起床穿衣的同时，调动听觉系统迅速通过 60 秒语音了解当天的内容是否是自己感兴趣的内容，如果不是就不用再订阅和打开文章了。这样的稀缺方式既为该公众号塑造了独特的形象，又充分为受众着想，不仅节约用户时间，还保障了受众对于个性化和主动性的掌控感。

综上所述，内容稀缺化就是要以新颖、差异化的创新策略，使新媒体与社群运营的信息内容传播在内核价值和外在表现上都呈现出品质化、稀缺化，从而引起受众极大兴趣和关注的内容传播策略。

7.3.3 活动游戏化

某种意义上说，活动是驱动价值产出、流动和享受的主要形式，也是加深聚焦于新媒体和社群的用户群体相互交往、密切其相互关系的主要手段，活动的频率、规模和质量，也是衡量新媒体和社群活力的重要指标。然而，并不是所有的用户都天然地愿意付出行为、参与活动、投身协作，每一个行为都需要被激励和驱动，才能充分施展发挥。所以，在新媒体与社群运营中，需要对举办的各类活动形式和过程进行精心策划，以便于其能够激起人们参与的兴趣和投入的热情。将活动进行游戏化设计，是实现提升活动可参与性的有效策略。

活动游戏化从字面上理解，就是让人们参与活动就像玩游戏一样有乐趣和着迷。严格来说，就是一种将游戏的机制和设计技巧应用于活动目标与过程的策划，以吸引和激励人们达到某个目标的策略。将新媒体与社群运营活动进行游戏化设计，意在借助游戏让人深度参与、近乎上瘾的作用，从而让活动得以高质量地开展。

将新媒体与社群运营活动进行游戏化设计，主要具有以下一些重要作用：

第一，游戏化的活动能够激起人主动挑战的斗志。游戏机制下，通过一系列的进阶式的关卡和成就设计，能够不断激发参与者的挑战斗志，从而一步一步克服障碍、不断前进。

第二，游戏化的活动能够加强人们之间的联系。在游戏化的机制里，形成了一个较强的社会纽带，创造了较活跃的社交网络。人们在社交网络用于互动的时间越多，就越有可能产生一种积极的“亲社会情感”。这有利于加强新媒体和社群所聚集的人群之间的紧密而亲近的关系。

第三，游戏化的活动能够激发人们全情投入。游戏化的活动，能够激励人们更积极主动、热情洋溢、自我激励地参与到自己正在做的事情当中。这是因为游戏通过一种阶段式奖励机制，让人们感受到“付出就有回报”的奖励，从而激励人们全力以赴。在游戏化机制里，更为重要的奖励来自于自我的不断提升和升级，这给人们带来前所未有的成就感。

第四，游戏化的活动能够维持一种可持续的参与式经济。游戏机制带给人最大的价值是满足感，满足感是一种无限的可再生资源，能够驱动人们持续参与到一种可持续的经济体系当中。所以，将新媒体与社群运营活动游戏化，有利于将新媒体和社群运营所聚集的用户群体打造成一个可持续的参与式经济生态。

第五，游戏化的活动能够激发超级协作。在游戏化的机制里，人们可以基于共同目标，分工协作，合力攻克难关，获得共同利益。游戏化的活动能够将不同个体紧密团结起来，共同想象和创造未来，从而打开“一加一大于二”的合作共赢的美好局面。

综上所述，活动游戏化是激发用户群体积极参与、主动作为、合作联盟的有效手段，是策划和运营新媒体社群活动的基本策略。

7.3.4　运营数据化

前面针对新媒体与社群运营中的价值如何构建、内容如何创作、活动如何策划等具体方向，指出了基本的操作策略。这里需要指出的是，前述的价值产品化、内容稀缺化、活动游戏化和策略的有效执行，都必须依赖于运营数据化的有效支撑。运营数据化是强调要把数据作为实现新媒体与社群运营精准策划、高效实施的基本依据，让数据说话，为具体的运营操作导航。

之所以要强调数据对于新媒体与社群运营的重要性，是因为新媒体与社群运营是要基于互联网条件而连接聚集用户群体，这使得用户群体的所有的沟通、互动和协作等行为过程，都是基于互联网这个基础设施和条件发生和开展的，这意味着在此过程中，可以很方便地基于互联网的数字化便利，记录一切与运营相关的行为痕迹数据和结果数据，通过采集、分析和应用这些数据，可以分析总结规律、预测趋势，为新媒体与社群运营提供指导。

运营数据化对于新媒体与社群运营的具体操作和实施而言，具有重要的基础支撑作用，构建良好的数据化运营体系，是做好新媒体与社群运营的重要保证。其重要意义主要表现在以下几个方面：

第一，数据为运营策划提供精确依据。无论是在规划针对用户群体的价值产品时，还是在策划新媒体的传播内容时，或是策划任何运营活动时，都需要基于对相关数据分析，寻找方向和确立定位。比如，在进行针对用户的价值产品设计时，就需要充分了解产品使用对象的特性和需求，这要依赖于对使用对象的身份相关信息以及其日常行为过程数据的收集与分析，从而准确界定产品使用对象的需求；在策划某项运营活动时，同样需要基于对活动参与对象的相关数据分析，确定能让活动对象接受和喜欢的活动内容和形式……总之，通过数据分析和应用，能够让运营动作有的放矢，精准发力。这与在第 1 章将数据分析作为互联网产品运营“一二一”工作框架中其中一个支撑是一脉相承的。

第二，数据为运营行为提供实时反馈。一个运营动作实施之后，效果到底好不好？下次该如何改进？这些都要基于对运营过程中各环节、各维度的数据分析，得出结论。比如，通过收集和分析参与的人数、互动的频次、会话的内容等数据，可以判断一个活动是否受欢迎以及活动存在哪些待改进的地方。尤其是随着 5G 技术的突破和普及，物联网智能大数据技术的发展，让所有数据都可以被实时感应、记录和反馈，从而为各种运营动作的实时调整、优化提供即时、精准的支持。

第三，基于数据可以实现运营自动化、智能化。数据是一切客观事物和行为的数字化表现，当我们能够把全部主体的全部过程、全部环节的数据都捕捉和采集的话，就意味着可以基于计算机的强大的程序化计算能力，实现自动化、智能化的处理行为主体的行为，对其作出反应，并适时将处理的结果以信息数据的形式反馈给行为主体。这将有利于我们在新媒体与社群运营实践过程中，借助信息化工具帮助运营者自动完成一些运营工作，从而提高运营效率。

综上所述，数据化是实现新媒体与社群运营自动化、智能化，提高运营效率的必备基础，是实现其他运营操作策略的有力支撑。所以，在新媒体与社群运营实践中，要重视运用数据化的方式，实现高质量的运营。

以上，就是新媒体与社群运营操作的“四化”策略，是在新媒体与社群运营具体操作层面的基本策略框架。尽管“四化”策略是固化的，但适应这些策略的具体实践内容和形式可以是灵活多样、丰富多彩和生动鲜活的，“四化”策略只是指明了一个方向，如何在明确的方向上开拓前进，还需要具体的探索和实践。所以，在具体的新媒体与社群运营实践中，要在坚持上述“四化”基本原则的前提下，结合各自运营的实际，灵活多元地拓展适应各项策略的方法和工具。

思考与练习

1. 简单谈谈新媒体、社群的定义。
2. 简单谈谈新媒体运营与社群运营的定义，并简要分析其区别与联系。
3. 请阐述新媒体与社群运营的载体有哪些类别，并在相应类别中举出一些实例。
4. 简要谈谈如何做好新媒体与社群的运营，有哪些策略？

第8章　互联网运营案例与实践训练

本章首先选取一些不同行业的互联网运营案例进行复盘，分析这些案例是如何贯彻互联网运营的基本思维、基本策略和基本方法的。之后通过一个个人微信公众号的运营任务引导，驱动学习者将所学的内容建设、活动策划、用户经营及数据分析的方法和工具应用到具体的运营实践过程中去。

8.1　互联网运营案例分析

下面分别从教育培训、电商、本地生活服务、金融保险、内容资讯和实体零食等行业，选取 6 个运营案例进行复盘和剖析，拆解其中的底层逻辑。

8.1.1　教育培训行业运营案例

1. 案例还原

（1）案例名称

七巧板探险营。

（2）活动目标

促进课程销售。

（3）核心玩法

- 分销：邀请其他用户购买可赚取佣金 5 元，邀请好友填写手机号码即有 0.3 元现金到账；
- 阶梯奖励：邀请用户数满 5 位送拉杆箱，满 10 位送学习机器人，邀请数量在排行榜排第 1 的，送 5 000 元奖金 + 年课。

（4）用户参与路径

看到宣传海报——海报扫码——红包弹窗——领红包——下单优惠明细展示——付款——邀请好友日赚 200 元——关注公众号——推送文案 + 海报——分享赚 0.3 元佣金 +5 元佣金

活动过程页面如图 8-1、图 8-2 所示。

图8-1　探险营活动页面示例1

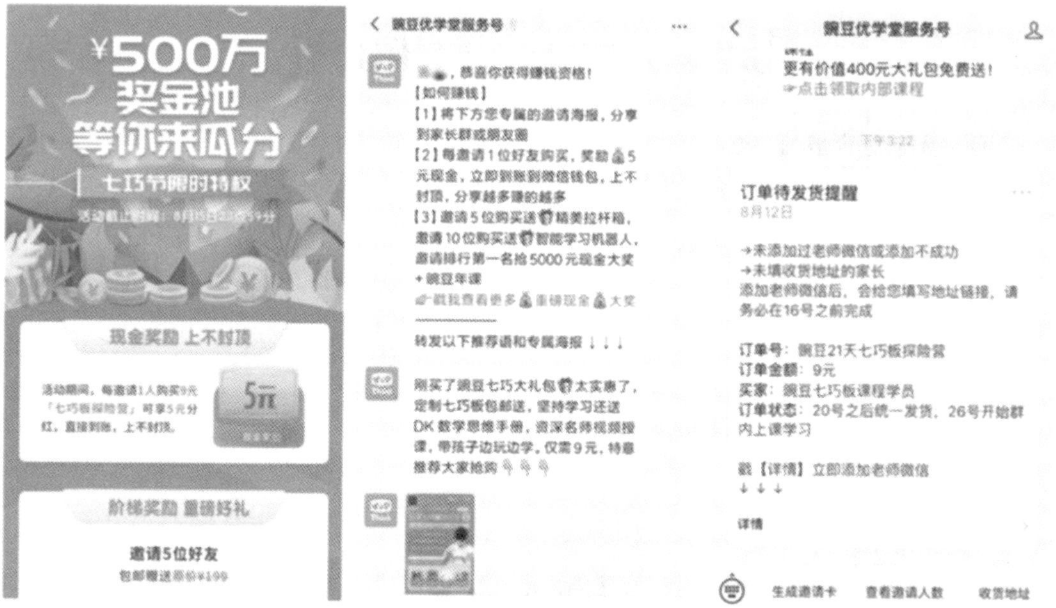

图8-2　探险营活动页面示例2

2. 案例拆解分析

下面分别就该案例中的一些关键环节的玩法进行拆解，分析其原理和特色。

（1）开红包领优惠

从传统常见的“原价¥199，现在只要¥9 ”的方式，变成“先折扣价，再领红包优惠，最后才变成 9 元”的路径，并以明细价格的形式展示，加上“每天仅需 0.43 元”的刺激，可以让用户突破对以前的“简单原价展示与限时折扣”的审美疲劳与耐受，有利于引起用户注意。

（2）挽留弹窗

如果用户取消支付，则展示挽留弹窗——“已有 X 人一起参加活动”，刺激用户产生一种避免失去和从众的心理，从而继续完成销售转化。

（3）邀好友流程

引导用户关注公众号可获得文案 + 海报，同时展示整个邀请活动的阶梯奖励和奖品，这样通过奖品进一步强化用户参与下一步活动步骤的动力，同时也巧妙增加了对公众号的关注，与用户建立长期连接。

(4) 奖励设置

奖励设置分层分级，邀请达 5 人、10 人、排行榜前 15 名都有奖励，多阶梯奖励刺激，有利于激励更多的邀请行为，邀请到好友绑定手机即可获得 0.3 元实时奖励，刺激性强。

(5) 消息再次提醒

推送海报后，间隔性向用户推送已有 X 人赚到 Y 元，用金钱利益引导和刺激用户生成邀请海报和连接，立即赚钱。

(6) 消息推送

对于没有购买课程的用户，会推送给他们两条客服消息，后续再推送模板消息，引导用户添加老师微信个人号，以便于后期可以再推送消息触达用户。

（7）小结

上述玩法其实可以广泛地应用到在线教育和知识付费领域，进行用户拉新和促销转化。

8.1.2　电商行业运营案例

1. 案例还原

（1）案例名称

旅行领特产。

（2）活动目标

促活、转化。

（3）核心玩法

- 邀请好友助力获得“里程”，一个星期内，每个人只能帮同一个人助力 3 次；
- 完成每日任务、每天登录游戏、分享给好友、浏览商品一分钟、指定页面拼单、邀请好友开通城市旅行、偷取好友里程。

（4）用户参与路径

选择旅游城市——前进获取里程——到达目的地——免费领特产（开通的每个城市，完成里程后可获得相对应的特产）。

活动过程页面如图 8-3 所示。

图8-3 旅行领特产活动页面示例

2. 案例拆解分析

（1）刺激消费

页面中适时提示“*X* 里程即将过期”，作为用户视角会忍不住去点击查看，目的在于引导用户去浏览购买商品；

解锁其他形象会有里程加成，需要拼单才能完成新形象解锁，这样等于是刺激用户购买消费；

可以切换城市，但是需要拼单购买商品才可以达成，这都是刺激消费的招数。

（2）打卡瓜分里程

设置较低的参与门槛低（支付 5 里程），但是完成难度较大（早上 5 ~ 8 点打卡，连续 3 天），能够去完成活动的都是精准用户。

（3）社交

可以偷取好友的“里程”，同时有谁偷了自己的“里程”也会有动态提示，通过加入这种社交因素，满足了用户的社交互动需求，同时，促进用户因好奇、有趣而参与活动。

（4）小结

上述案例实际应用了游戏化活动设计的思维，游戏化运营思维可以通用，需要围绕着产品想让用户完成的动作，去设置游戏任务，比如，电商产品的游戏核心始终围绕着让用户分享、消费去设置奖励机制，资讯类的产品则围绕着让用户去浏览资讯内容、分享拉新去设置奖励机制。

8.1.3 本地生活服务行业运营案例

1. 案例还原

（1）案例名称

打卡 5 部电影赢全年观影不花钱。

（2）活动目标

提高留存率、促进复购。

（3）核心玩法

- 通过观看指定电影，获取电影优惠券；
- 达到指定数量电影观看数量，获得全年免费观影券抽奖机会。

（4）用户参与路径

看到活动宣传信息——进入活动页面——接受挑战——获得指定影片 4 张 5 元 优惠券——打卡 1 部影片——获得淘票票 5 元优惠券——打卡 3 部影片——获得淘票票 8 元优惠券 & 电影票抽奖券 1 张——打卡 5 部 电影——获得 2 张淘票票 8 元优惠券 & 全年观影抽奖券 1 张。

活动过程页面如图 8-4 所示。

图8-4　打卡观影活动页面示例

2. 案例拆解分析

（1）时间选择

暑期正是电影的热卖期，用户有看电影的需求，在此时举办每周打卡看电影赢大奖的活动这种玩法，可以刺激用户坚持来活动主办平台购票，能很好地提升平台的复购率和用户留存。

（2）奖励设置

奖励的阶梯性设置，可以引导用户坚持参与活动，这利用了用户占便宜、博取更大利益的心理。抽奖获取全年观影资格的玩法，还利用了用户以小博大、投机的心理。

（3）小结

打卡赢奖励的运营玩法，适用于高频低价的商品：高频，用户才有需求；低价，门槛低用户易参与。这类玩法也可以用在不同类型的产品上，用在内容社区可以提高用户活跃产出内容，用在电商平台可以提高平台用户复购率，提升 GMV。比如，应用于电商平台的话，可以设置订单打卡，根据平台用户复购频率，设置周打卡任务和月打卡任务，每周或者每月完成一定的订单数（真实订单 & 订单实际支付价格达到 N 元），有机会获得大奖。

8.1.4 金融理财行业运营案例

1. 案例还原

（1）案例名称

人人赚赏金活动。

（2）活动目标

拉新，促进新用户下载和注册。

（3）核心玩法

- 注册领红包；
- 分享赚红包。

（4）用户参与路径

看到二维码——扫码进入注册页——注册领红包——分享赚红包——现金红包支付宝实时到账 + 业务优惠短信触达。

活动过程页面如图 8-5 所示。

图8-5 人人领赏金活动页面示例

2. 案例拆解分析

（1）页面风格设计

二维码页面以红包为背景，主题“扫码领现金，人人有份” + 支付宝 logo，有利于增强信任背书，涉及现金奖励的活动，第一眼打消用户疑虑、取得用户的理解和信任非常重要。

红包领取页面，20 万现金红包实时滚动，增强信任和紧迫感，按钮文案设计也很好，“注册领取支付宝奖励”很好地利用了占便宜心理和支付宝信任背书 。

领取奖励页，不仅有平台简介，还有优势介绍和专业背书，很好地增强了用户信任感。

（2）即时兑现

注册后既有现金红包支付宝实时到账，可以进一步增加用户信任，此时提醒用户可以进行邀请好友赚现金红包，利用用户获取更多利益的心理，进行社交裂变，进一步实现拉新。

（3）小结

金融理财类的活动因为涉及敏感的现金，用户普遍警惕心理较高，所以取得用户信任是首要任务。该活动巧借支付宝、微信红包进行宣传，增强信任，并在多个环节的页面和动作设置都注意不断强化用户信任，是保证活动能够取得预期效果的关键。

8.1.5　内容资讯行业运营案例

1. 案例还原

（1）案例名称

日更挑战活动。

（2）活动目标

促进用户活跃，坚持在平台输出内容。

（3）核心玩法

- 发表 1 篇文章，字数大于 300；
- 坚持不中断，天数累加，如果中断，天数归 0；
- 报名即获得 1 张复活卡，每坚持 6 天增加 1 张复活卡；
- 奖励动态调整，根据活动热度、参与人数灵活调整。

（4）用户参与路径

看到活动信息——报名——获得复活卡——坚持写作发布文章——天数累加——每增加 6 天再获取 1 张复活卡——写作中断，天数归 0——使用复活卡复活——根据累计天数领取奖励。

活动过程页面如图 8-6 所示。

图8-6　挑战日更活动页面示例

2. 活动拆解分析

（1）奖励设置

按照每天、6天、20天、45天，阶梯式设置奖励，一步步由浅入深、由易到难引导用户深度参与：

每天奖励——专属成就海报；

坚持6天送复活卡；

坚持20天送日更达人徽章；

坚持45天送精选纸质书一本。

（2）组队日更

引导关注公众号、添加个人号、拉群，这样可以和更多人一起交流，利用从众和攀比等心理，增加坚持日更成功率。

（3）页面元素设计

标题模块：写作日更，让坚持成为习惯——而不是"写作日更，赢×××大礼"，主打价值观方向，满足自我实现需求；

学员模块：已有X人参加，引导产生从众心理；

福利模块：左右滑动可以看到阶梯式的奖励，而不需要很长的页面，奖励直观可见，激励效果更明显；

我要挑战：按钮下有"报名立即送一张复活卡"，利用"损失规避"心理，降低参与的决策成本，促进用户参加。

（4）小结

上述案例中的玩法设计主要解决了3个问题：

- 吸引用户参加：以成就感为主、福利奖励为辅的方式激励和吸引用户参与，而不是纯靠外部利益驱动；
- 让用户更容易参加：增加诸如"你已发布了X篇文章，比Y%的用户更易坚持下来"的激励话语增加成就感，用复活卡机制，解决特殊情况的发生、随时开始，不限时间、奖励很容易获得，这些都是降低用户参与门槛的措施；
- 让用户坚持下来：通过APP推送、关注公众号、每天公众号发布模板消息提醒、加入微信群，管理员每天提醒及私聊了解情况，增加开始的仪式感，比如报名参与挑战后，让自己打出"我要挑战"4个字，让用户"承诺与一致"，增加坚持下来的概率。

8.1.6 实体零售行业运营案例

1. 案例还原

（1）案例名称

1元请全城人吃饭。

（2）活动目标

获客、促销。

（3）核心玩法

群裂变＋小程序裂变。

（4）用户参与路径

看到活动宣传海报——海报扫码进群——引导分享朋友圈＋城市本地群——领取奖励，进入小程序——添加管理员个人号，复制小程序 ID+ 截图给管理员，管理员开通资格——用户小程序购买——到线下出示二维码核销。

活动参与过程页面如图 8-7 所示。

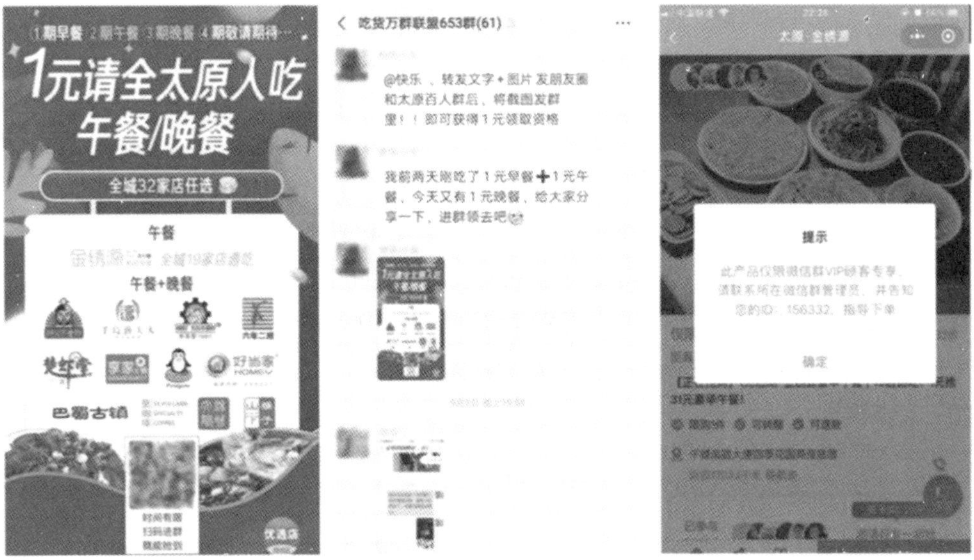

图8-7　1元请全城人吃饭活动页面示例

2. 活动拆解分析

（1）指示消息

制作动图和视频，引导用户操作，降低用户参与门槛，促进用户快速拿到用户 ID，开通会员。

（2）裂变流程

海报群裂变：觉得不错—分享朋友圈—获得购买资格，这样完成了一次裂变；同时还通过小程序分销裂变：邀好友一起来买—再走进群—海报群裂变，实现二次裂变。

（3）主题包装

1 元请全城人吃晚餐，“请”这个很吸引人眼球，有人请我吃饭，暗示有便宜可占。

（4）即时反馈

管理员在群里及时回复大家的消息，解答问题和引导用户分享，这样可以提升分享转化率，因为有很多人不知道怎么分享。

（5）招募团长

从本地人群中筛选出有活动能力、有影响力的人做小区团长，可以再次促进裂变传播。

（6）小结

上述活动主要利用社群、小程序工具，通过社交裂变给线下零售店铺引流，一方面打造店铺的知名度，一方面促进销售转化，后续通过会员制等方式，锁定用户成为长期消费用户。

8.2 运营实践演练：运营一个自己的微信公众号

通过前面内容的学习，已经知道了什么是运营、运营的价值意义及其基本任务，也已经比较系统地学习了内容运营、活动运营以及用户运营、数据运营的基本方法和工具。

虽然本书分开介绍内容运营、活动运营、用户运营及数据运营，但其实这只是出于学习理解的需要，便于学习和理解。在实际运营实践中，运营是一个系统性的过程，是各个角色相互衔接、相互协同的综合实践过程。所以，下面通过一个综合实训案例的演练，引领各位读者运营一个属于自己的微信公众号，将所学内容进行融会贯通式的综合应用。

8.2.1 创建一个微信公众账号

（1）请登录微信公众平台官网 https://mp.weixin.qq.com/ 注册一个微信订阅号。

请把你的这个微信订阅号当作是一个互联网产品（实际上很多人利用微信订阅号建立自己的自媒体产品），首先在注册的时候，最关键的是运营工作，就是为你的订阅号进行定位，并取一个符合定位的名称。在注册过程中，对应地就需要填写在如图 8-8 所示的“账号名称”和“功能介绍”文本框里。

图8-8 微信公众号基本信息填写界面

（2）请运用你所学的关于内容运营的知识，完成下面的工作：

① 为你的订阅号取名：账号名称取为 ______________________________

为什么取这个名字，如何考虑的？ ______________________________

② 用精炼且能打动用户的文字描述你的订阅号的功能特色：

8.2.2　获取第一批用户

拥有了自己的微信订阅号之后，接下来最重要的工作莫过于获取订阅号的第一批用户了，这实际上属于用户拉新的工作。

（1）首先，请根据你的订阅号功能定位，确定微信订阅号的目标用户群体。

① 你的订阅号面向的目标用户群体是：

② 这个用户群体有什么特征？请为其进行用户画像。

（2）你的订阅号主要为目标用户群体提供什么服务，解决什么核心问题？

（3）为了获取第一批种子用户，以便作为用户拉新的基础，你打算首先通过微信朋友圈，将自己的好友作为第一批用户吸引他们关注你的订阅号。

① 首先，你准备在朋友圈分享了关注你的订阅号的二维码，需要为其配一段推广说明文字，以便吸引微信好友关注你，请策划撰写不超过 50 字的内容，以便于吸引朋友关注：

② 由于二维码配文字介绍还是不够突出，你打算利用“创客贴”在线图片设计工具设计一个微信推广图片，在朋友圈和微信群以及一对一地发给微信好友，以邀请大家关注你的微信订阅号。

a. 请写出你对推广图片的布局构思（版式怎么构图？主要呈现什么元素？）：

b. 该推广图片需要配一句不超过 10 字的推广宣传文案，请根据所学文案内容标题的知识，为你的推广图拟定一个能够吸引目标用户的标题：

c. 根据你的构思和文案，利用“创客贴”工具完成你的推广图设计和制作。

8.2.3 生产第一篇内容

有了第一批用户关注你的订阅号，这时候就要抓紧为这批用户提供价值了，否则他们从你的订阅号获取不到任何价值，就可能取消对你的订阅号的关注。订阅号能够提供给用户的价值的最基本形式就是内容，即图文画等多媒体元素并茂的文章。

（1）首先，你需要再次回顾之前你对该订阅号的功能定位，谋划一篇符合这个定位的文章。

① 你拟定的文章的主题是：

② 利用思维导图工具，围绕该主题进行文章内容结构建构，你拟定的文章内容目录为：

③ 请按照已完成的构思，撰写文章的具体内容。

（2）文章具体内容写就后，需要对其进行二次营销性包装，以便于更广泛地传播和扩散。

① 现在每一个人都关注了几十到上千个微信订阅号，要想让用户打开你的订阅号，查看你的文章，首先第一个入口节点就是文章的标题，请按照 4.2 节所述的关于标题写作的技巧和原则，尝试用不同的方式，为文章拟定一个易于引起注意的标题（不超过 10 个字，标题太长，在手机终端屏幕上一行显示不出来，用户就无法完整获取你想表达的意思，如图 8-9 所示）：

a. 拟定一个场景化的标题：

b. 拟定一个揭秘化的标题：

c. 拟定一个问句化的标题：

d. 拟定一个揭秘化的标题：

e. 拟定一个结果化的标题：

② 当你的文章标题引起了用户的注意，用户点击之后，就进入了订阅号的标题列表，如图 8-10 所示。这时候按照之前介绍的漏斗模型的规律，有一部分用户会流失掉。那么，为了尽量减少用户流失率，就需要通过文章标题的摘要进一步提炼文章的核心特色和卖点，以吸引用户进一步打开文章阅读。请为你的文章拟定一段能进一步激起用户阅读欲望的摘要（不超过 50 个字）：

____

____

____

图8-9　标题不宜过长

图8-10　标题列表的摘要示例

（3）实际上，用户对一篇文章是否喜爱，并不光取决于内容所表达的思想内涵本身，还受到文章的版式布局、表现形态等因素的影响。所以，在正式发布文章之前，还需要对文章进行精心排版布局，并配置相应的图表甚至音视频，以便于用户更轻松地阅读和更容易地理解。

① 请通过相关图片素材网站，收集文章需要的配图素材，并用图片处理工具进行需要的修改。

② 请运用“秀米”，选择一个符合你的文章主题的版式模板，对你的文章进行排版，使其结构更清晰，版式更加视觉化，如图 8-11 所示。

③ 排版就绪后，你就可以将第一篇文章发布推送给关注你的订阅号的用户了。

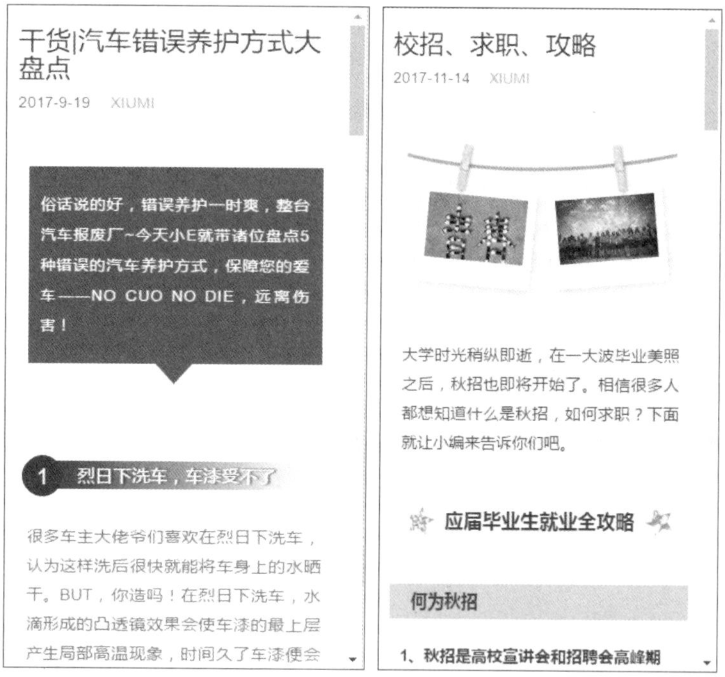

图8-11　结构化视觉化版式示例

8.2.4　策划一个拉新活动获取更多用户

当你的订阅号开始产出内容，你需要有更多的用户来消费你的内容。那么，除了吸引你自己的微信好友关注你的订阅号，还需要吸引更多的用户来关注，所以你准备策划实施一个传播分享活动，利用微信好友再进一步分享传播给更多的用户来关注你的订阅号。你打算制作一个H5页面来实现这个传播分享活动。下面进入活动策划过程：

（1）活动的目标是：____

____

____

（2）请策划活动的具体实施方案：

① 活动的形式是：____

____

____

② 活动的规则是：____

____

____

____

③ 活动针对用户的利益点是：

____

____

____

____

____

④ 利用“易企秀”制作本次传播活动所需要的 H5 页面：

a. 计划共设计 ________________ 个页面。

b. 各个页面呈现的内容是：

____

____

____

____

____

____

（3）活动页面制作完成并发布后，每天统计新增关注粉丝的数量，制作一个 7 日的粉丝增长的趋势图。

（4）总结分析活动：梳理复盘活动过程，总结分析活动中做得好的地方以及活动存在的问题及可以优化的对策。

____

____

____

____

____

____

8.2.5　常态化运营

获取了第一批用户，并开始对用户输出有价值的内容，后续就要进入你的订阅号的常态化运营阶段了。常态化运营的过程，就是不断进行拉新、促活、留存等运营工作的过程，进而在运营中不断塑造订阅号的品牌，提升其影响力。

（1）为了更好地支撑和体现订阅号的内容品牌，现在需要将你的订阅号提供的内容和服务进一步进行规划，给用户一个相对稳定的认知，让其认识到关注你的订阅号可以获得哪几个方面的内容和服务。可以将你的公众号提供的内容服务细分成几个小栏目，比如某个服务高校计算机相关教师的微信公众号规划了“学干货”“看周边”两个栏目，在这个栏目规划中，还说明了栏目的定位、内容侧重点及素材来源，如表 8-1 所示。

表8-1 内容栏目规划示例

栏　目	栏目介绍	内容说明	素材来源
学干货	主要是技术、教学相关的干货，教师上课可用到的资源和方法，包括但不限于： 1. 技术知识点讲解、案例、项目等资源，例如如何使用Ajax+PHP实现短信发送功能。 2. 教学方法、技巧，例如如何制作微课，开学第一课怎么上。 3. 技术前沿动态介绍。 4. 资源推荐，例如知乎上比较好的问题、课程、博客	1. 尽量是从已有的资源进行整合。 2. 结合教师的教学周期发送相关内容，例如开学季、考试季、毕业季等。 3. 总结一些视频课程的内容，整合编辑成成图文形式。 4. 整合一些论坛内容的回答。 5. 形式可以是图文或小视频	1. 公开课，视频库、技术论坛。 2. 某网站“名师讲堂”模块。 3. 爱课程 http://tmooc.icourses.cn/。 4. 全国高校教师网络培训中心
看周边	教师教学以外工作、生活信息、吐槽： 1. 教师、高校相关政策信息。 2. 待遇、培训、评职称、师生关系、健康等信息	此类问题比较贴近教师生活，容易引起共鸣，注意引导互动	1. 知乎“高校教师”主题的问题及回答，例如高校教师的待遇如何？Java课老师布置很多算法作业合适吗？诸如此类问题https://www.zhihu.com/topic/19620379/hot。 2. 全国高校教师网络培训中心-研修社区 http://forum.enetedu.com/Index/Index

请规划一下你的订阅号的小栏目，分别为其取名，并定义该栏目的主要服务及特点：

栏目名	栏目定位介绍	核心内容	内容素材来源

（2）规划好订阅号的内容栏目后，后续就需要确定一个内容生产和发布的流程了。对于一个公众号来讲，文章的风格、发布时间要相对有自己的规律，方便用户对你的订阅号建立一个稳定的印象和认知。一般来讲，运营人员需要建立内容运营的 SOP，即内容生产、传播的标准化流程，在这个标准化流程中规定了内容生产的来源、方式、时间、步骤等，如表 8-2 所示。这样能够确保有持续而稳定的内容产出。

表8-2　内容运营SOP示例

类型	阶段	流程	工作事项	说明	分工	时间安排	产出
日常内容	内容的生产/活动的策划	确定主题	1. 确定主题	一周一篇干货，一篇IT教师周边。如果N+2周有特殊节假日或者特殊教学阶段，需要明确具体的主题，其他的就按日常来	全体	第N周的周五	云协作/推送内容/发送排期及跟踪表（发送时间、发送主题、发送渠道负责人）
			2. 确定内容要求	风格、主线之类			
			3. 确定分工	每人（小华和晓力）主负责一篇，并每周轮流交换类型。需要资源再另行协商			
		收集素材	搜集写作素材，可从素材库中查找，或另行搜索	搜索过程中获得有效素材可以添加到素材库中，并做好标记——标签、来源链接	内容负责人	第N+1周	云协作/素材库/大类/××××（素材标题）
				使用素材库中的素材也要做好标记，在标题前添加“【已使用】”			
		撰写内容	1. 撰写内容、文案	能够在内容撰写形式上做点文章			云协作/推送内容/N+2周的日期（如20160905-0911）××××（推送内容的标题）
			2. 撰写人发送到群里，其他人提出修改意见				
			3. 定稿				
	内容的呈现	编辑格式	各渠道负责人按照渠道的特点编辑格式	格式要有自己固定的风格	QQ——小华 微信——晓力	第N+2周	1. 推送的内容。 2. 云协作/推动内容/发送排期及跟踪表（发送时间、发送主题、发送渠道负责人）
		按时推送	按照固定时间进行推送	可根据数据、实际效果调整推送时间，但是都要形成固定的时间点			
		存档	填写发送排期与跟踪表				
	内容效果监控	数据记录	各渠道负责人统计记录内容推送后一周的数据情况		QQ——小华 微信——晓力	第N+3周	1. 云协作/报表数据/推送内容相关数据统计表。 2. 云协作/方法分享/反思总结
		数据分析与总结	针对数据，对发送内容进行总结				

续表

类型	阶段	流程	工作事项	说明	分工	时间安排	产出
临时性内容	内容编写与呈现		编写QQ空间、朋友圈状态		晓力	当周/当天	云协作/推动内容/发送排期及跟踪表
	内容效果监控	数据记录	各渠道负责人统计记录内容推送后一周的数据情况		QQ——晓力 微信——小华	3天/一周后的数据	1. 云协作/报表数据/推送内容相关数据统计表。 2. 云协作/方法分享/反思总结
		数据分析与总结	针对数据，对发送内容进行总结				

请参考以上示例，建立你的订阅号内容运营的 SOP（标准化流程）：

类型	阶段	流程	工作事项	说明	分工	时间安排	产出

（3）微信订阅号的运营与其他互联网产品运营的核心目标是一致的，主要都是围绕用户做好服务，不断提升用户价值从而实现产品（订阅号）价值最大化。根据 3.3 节所介绍的搭建用户成长体系相关知识，结合运营过程中与用户的互动服务实际情况，将订阅号粉丝用户进行分级管理，并进行分级归类，便于针对不同级别的用户提供不同等级的价值，如图 8-12 所示。

图8-12　微信订阅号粉丝用户分级示例

(4) 在常态化运营过程中，运营数据的采集和分析是不断优化运营手段和策略的重要依据，所以，要适时对一些运营指标进行统计和分析。对于微信订阅号来讲，需要统计的数据有文章的阅读率、点赞率、分享率，还有用户（粉丝）的增长情况以及取消关注的情况。请适时对相关数据进行统计，做趋势、多维拆解、用户留存等方面的分析，根据分析结果，适时调整微信订阅号运营策略和手段。

8.2.6　价值转化

不管是什么产品，运营的最终目的都要导向商业价值的获取。即以为用户提供的服务价值换取产品的商业回报。微信订阅号的运营也是一样，通过不断输出有价值的内容、提供有价值的服务，吸引更多的用户关注，当你的订阅号具有大量的流量的时候，就可以考虑商业变现了。

通常，微信公众号主要有以下几种商业变现模式。

1. 流量主广告

流量主广告就是以流量换广告费，通过展示甚至效果付费的方式来获得广告分成收入。当你的微信订阅号拥有成千上万的粉丝（达到微信官方规定的数字），并有相对活跃的访客量的时候，你的订阅号就可以申请“流量主”权限，作为一个广告曝光的平台了。这是从互联网产品最基本的一种变现方式，也是草根自媒体最容易想到的方式。如图 8-13 所示。

图8-13　流量主广告示例

2. 众筹打赏

为扶持优质内容，微信官方从 2015 年年初开始逐步测试向一些拥有持续原创能力的媒体机构和个人主体发放“原创”标识，绝大多数获此标识的微信公众号，可以同时开通赞赏功能，接受人们通过微信支付直接实现的“打赏”。也就是说，如果你的微信订阅号能够持续输出优质的原创内容，就可以申请开通“打赏”功能，那些忠诚的核心用户，会因为感谢你而直接为你提供的优质内容“打赏”一定现金，如图 8-14 所示。

3. 开店导流卖东西

这个模式就是基于公众号形成的粉丝社群效应，开始通过公众号推广售卖一些与公众号主题相关的一些垂直商品，从而获取商业利润。比如，“幻方秋叶 PPT”公众号通过出售 PPT 培训教程，也在网上取得了超过百万的收入，如图 8-15 所示。

图8-14 微信公众号“打赏”示例

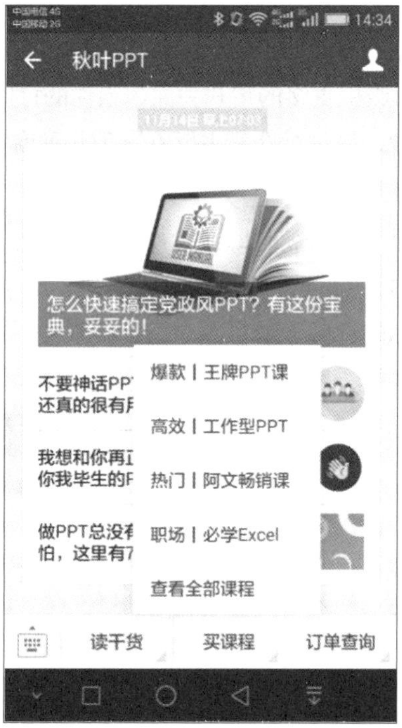

图8-15 开店导流卖东西示例

4. 原生广告

原生广告是不同于“流量主”广告的另外一种广告模式，这种模式不需要非得开通“流量主”功能，就是在你提供的内容里直接嵌入广告。当然，不能是直接的硬广，一般都是精心设计策划的内容，把广告巧妙地植入到内容之中，让用户感觉这些内容并不像广告。相比而言，原生广告具有低门槛的优势，所谓低门槛，是指这一模式并不像广点通那样需要达到 5 万粉丝才能开通，只要有广告主或者公关公司愿意接洽投放，主动权完全在微信公众号手中。

5. 线上导线下

线上导线下就是把公众号上的粉丝用户组织到线下某个场景中去消费，从而实现变现。比如组织相亲会、线下培训，然后再收取费用赚钱。

了解完这些基本的变现模式后，请把目光转回到你自己运营的微信订阅号上，你的订阅号目前的内容、粉丝用户是一个什么样的状况呢？你打算把它运营成什么状况？结合你的订阅号的特点，尝试规划一下微信公众号的变现模式及方案，请写出你的构想：

你坚持到这一步了吗？你成功了吗？无论成败与否，这都是一个很好的创新创造的实践过程，关键在于去行动，每行动一步就会有一步的收获。

思考与练习

马老师是一位教少儿编程的老师，设计开发了一门适合小学三年级到五年级学生学习的编程课程，准备通过在线的方式进行教学。但要开始教学，必须先有人报名他的课程，他打算对第一批100名学员实行优惠，原价199元的课程，可以49元抢先学习。请你策划一个运营方案，帮马老师实施一个线上课程推广的活动，帮助他获取100个报名学员。